窓口の相談事例にみる

事項別

不動産登記の Q&A 210選

8訂版

日本法令不動産登記研究会 編

表示・所有権保存／移転、更正・相続・抵当権、抵当証券・信託登記 等

は　し　が　き

　本書が世に出てから、すでに四半世紀が過ぎようとしていますが、今回8訂版を出すことができましたが、これも読者の皆様の支援があったからであり、深く感謝する次第であります。

　今回の改訂にあたりましては、充分な時間を頂きましたので、全面的な見直しをさせていただきました。その中で、法令の改正や新しい先例が出されたことに伴い多くの部分にわたり加筆訂正を行いました。また、読者の方からご指摘のあった点についての検討を行い修正と説明不足を補いました。

　そのほかに、登記所での窓口相談、司法書士の方からの問合せ、インターネット上で問題となっているものなどを参考にさせていただき、新しい問題として8問を作成し、古い問題8問と差し替えました。

　今回の改訂に伴い、注意した点は、申請する側に立ち、より実務的にすることです。そのために書式を増やし、説明を丁寧に行い、よりわかりやすくしました。また、先例については、読者の方が、目にしやすいようにと先例が掲載されている文献はなるべく掲載するように努めました。

　終わりに、本書の発行までに株式会社日本法令の八木正尚氏には大変お世話になり何とか8訂版を出せることになったことを感謝しております。

　なお、本書の執筆にあたりましては、元東京法務局登記官の玉山一男氏のご協力を得ました。記して御礼申し上げます。

2019年3月

　　　　　　　　　　　　　　　　　日本法令不動産登記研究会

CONTENTS

第1章　申請手続

申請方法

Q001　新不動産登記法の主な改正点 ……………………… 2
新しい不動産登記法について教えてください。

Q002　申請書の様式と使用する文字 ……………………… 5
登記申請書はどのような用紙を用いて作成すればよいですか。また、数字を記載する場合、「壱、弐、参、拾、…」のような文字を使用しなければならないのですか。

Q003　登記済証を提供できない場合の登記申請 …………… 6
贈与による所有権移転登記をしたいのですが、登記済証（権利書）が見つかりません。その場合、登記はどのようにすればよいでしょうか。

Q004　登記済の手続きのされた保証書による申請 ………… 7
旧法当時、抵当権を設定する際に、登記済証の添付をすることができなかったので、保証書を添付して登記を完了しました。今度、抵当権設定登記を申請するに当たり、その登記済の手続きのされた保証書を提供した場合には登記識別情報の提供があったものとみなされるでしょうか。

Q005　DV被害者が登記義務者となって申請する場合の手続き
……………………………………………………………… 9
DV被害者が登記義務者となって登記申請する場合には、住所が変更していてもその旨の変更登記をすることなく所有権移転登記が申請できると聞きましたが、その場合の申請の方法等を教えてください。

Q006　DV被害者が登記権利者となる場合 ………………… 16
DV被害者が売買によって不動産を取得しました。所有権移転の登記をしたいのですが、現在の住所を知られたくないためにはど

のような申請をすればよいでしょうか。

登記識別情報

Q007　登記識別情報 ……………………………………… 20
登記識別情報とは何ですか。

Q008　登記識別情報の通知方法 ……………………… 23
登記識別情報はどのような方法で通知されるのですか。

Q009　登記識別情報の通知の可否　…所有権移転登記の抹消… 28
AからBへの所有権移転登記がされている土地について、「錯誤」を原因として所有権移転登記を抹消した場合には、前の所有者であるAのために登記識別情報が通知されるのですか。

Q010　登記識別情報の通知の可否　…所有権の持分更正… 29
登記記録上、甲持分2分の1、乙持分2分の1の共有となっているのを、甲持分3分の2、乙持分3分の1と更正する予定です。この場合、登記識別情報は通知されるでしょうか。

Q011　登記識別情報の通知を希望しない場合の委任状の記載方法 ……………………………………… 30
登記申請を代理人がする場合に、登記識別情報の通知を希望しない場合には、委任状にその旨の記載をする必要がありますか。

事前通知制度

Q012　事前通知制度 ……………………………………… 33
登記済証が見当たりません。「事前通知制度があるから登記済証がなくても大丈夫だ」と言われたのですが、事前通知制度とはどのようなものなのですか。

Q013　会社代表者への事前通知の方法 …………… 37
登記義務者が会社の場合、法23条による事前通知は書留郵便で出されますが、代表者個人の住所に通知してもらう場合も書留郵便で出されるのですか、それとも本人限定受取郵便で出されるのですか。

目次

資格者代理人による本人確認

Q014　資格者代理人による本人確認 ……………………… 39
　　　資格者代理人による本人確認について教えてください。

**Q015　印鑑証明書等を資格者代理人による本人確認の資料と
　　　することの可否** …………………………………………… 43
　　　登記申請人の印鑑証明書、住民票の写しは、規則72条2項3号でいう「官公庁から発行され、または発給された書類」として認められるでしょうか。

添付情報（添付書面）

Q016　印鑑証明書等の有効期間の計算方法 ……………… 45
　　　次の場合、印鑑証明書等の「作成後3か月」の期間の満了日はいつになるでしょうか――①2月28日作成の場合、②4月10日作成の場合、③3月30日作成の場合。

Q017　サイン証明書の原本還付の可否と有効期間 ……… 48
　　　所有権の登記名義人である外国人が登記義務者となる場合には、印鑑証明書の代わりにサイン証明書を提出しますが、このサイン証明書は原本還付できるでしょうか。また、有効期間はあるのでしょうか。

Q018　報告形式の登記原因証明情報の原本還付の可否 ………… 49
　　　報告形式の登記原因証明情報は原本還付されないと聞きましたが、他の管轄の不動産が記載されている場合もそうでしょうか。

**Q019　特例方式により相続登記をする場合の登記原因証明
　　　情報のPDF化の範囲** …………………………………… 50
　　　オンライン申請の特例方式によって登記申請する場合には、申請情報とあわせて登記原因証明情報をPDF形式で提供しなければならないそうですが、相続を証する書面はどのようにすればよいですか。

Q020　会社法人等番号 ………………………………………… 52
　　　申請人が会社または法人の場合には、資格証明情報を提供する取

扱いでした。今度、その代わりに会社法人等番号を提供するようになったということですが、どのようなことですか。

第2章　表示に関する登記

表示登記一般

Q021　管轄指定 …………………………………………………… 56
A登記所およびB登記所の管轄にまたがる建物を新築しましたが、登記申請はどちらの登記所に行えばよいでしょうか。

Q022　表題部所有者の更正の可否 ……………………………… 57
表題部所有者をAとして登記をしましたが、これをBに更正することはできますか。

土　地

Q023　地目の認定 ………………………………………………… 58
地目の認定について具体的な基準があれば教えてください。

Q024　分筆登記　…共有者の1人からの申請の可否 ………… 60
分筆の登記は共有者の1人から申請することができますか。

Q025　分筆登記　…相続人の1人からの申請の可否 ………… 61
被相続人名義の甲土地について、相続人であるA・Bで遺産分割協議をして、分筆後の甲1の土地はAが、甲2の土地はBが相続することとなりました。そこで分筆登記の申請をしたいと考えていますが、Bが協力してくれません。Aのみで分筆登記の申請をすることは可能でしょうか。

Q026 分筆登記

…相続登記前に被相続人名義の土地を分筆登記する
場合の申請者 …………………………………………… 62

被相続人名義の甲土地について、その相続人A・B・Cで遺産分割協議をした結果、当該土地を甲1・甲2の2筆に分筆して、甲1はAが、甲2はBが相続することとなりました。相続登記をする前に分筆登記の申請をしたいと考えていますが、A・Bのみから申請できますか。

Q027 分筆登記

…信託登記のされている土地の分筆登記の可否 …… 63

土地の分筆登記を頼まれましたが、当該土地には、所有権移転登記と同時に信託の登記がされています。分筆登記は可能でしょうか。

Q028 分筆登記

…工場財団の組成物件となっている土地の分筆登記の
可否 …………………………………………………… 65

工場財団の組成物件となっている土地について分筆登記をすることは可能でしょうか。

Q029 合筆登記

…登記名義人の住所が異なる場合の住所変更の要否 …… 66

同一所有者の甲地と乙地を合筆したいと考えていますが、甲地の登記簿に記録されている所有者の住所が変更前の住所のままです。合筆の前提として、住所変更の登記をしなければならないでしょうか。また、所有者がすでに死亡している場合はどうでしょうか。

Q030 合筆登記 …信託登記された土地の合筆の可否 ……… 68

信託の登記のある土地を合筆できますか。

Q031 合筆登記

…工場財団の組成物件となっている土地の合筆の
可否 …………………………………………………… 69

工場財団の組成物件となっている土地を合筆することはできますか。

Q032　更正登記
　　…共有者の氏名等がわからない場合の添付書面 …… 71

昭和30年代に登記所が全焼したため、登記簿および土地台帳が回復されました。その後に一元化された土地登記簿の表題部の所有者欄には、「甲ほか18名」と記載されています。この登記簿は、表題部のみで共同人名票の編綴がなく、甲以外の18名の共有者については、登記簿上からはその氏名等がわかりません。この土地の所有者の更正登記を申請したいのですが、その添付書面を教えてください。なお、地元自治会の引継書類で、地租改正事業（明治6年から14年）の際に作成されたものと思われる地元町会が保管している「字一筆限地図」、「地租会計（明治17年7月調）」、「総名寄帳（明治12年1月）」、「地引帳」を持参しました。

建　物

Q033　一体化　…一体化の事例 ………………………… 73
区分建物の一体化する事例を教えてください。

Q034　一体化
　　…2個区分の建物を敷地と一体化させない方法 …… 76
土地はA・Bが共有し、建物はAが単独所有する2個区分の建物を建てました。一体化させたくないのですが、どうすればよいでしょうか。

Q035　滅失登記　…申請方法 ………………………… 77
建物を取り壊したので、建物の滅失登記をしようと思います。申請方法を教えてください。

Q036　滅失登記　…工場財団の組成物件の滅失登記 ………… 83
工場財団の組成物件となっている建物を取り壊したいと思っています。滅失登記の申請方法について教えてください。

第3章　所有権保存の登記

所有権保存

Q037　所有権保存登記と住所変更登記 ……………… 86
建物の表題登記をした後、所有権保存登記をするまでに住所を移転しました。所有権保存登記をする前提として、表題部所有者の住所変更の登記をしなければならないでしょうか。

Q038　保存登記の可否　…共有者の1人からする保存登記… 87
A・B共有で建物を建て、その旨の表題登記もされています。所有権の保存登記は、A・Bがそろって申請しなければなりませんか。

Q039　保存登記の可否　…死亡者名義の保存登記 ……… 88
亡父名義の建物がありますが、表題登記しかしていません。父名義で保存登記をすることは可能でしょうか。

Q040　保存登記の可否　…受遺者からの保存登記 …… 89
叔父から建物を遺贈されましたが、その建物は表題登記しかされていません。私の名で所有権保存登記の申請をすることはできるでしょうか。

Q041　保存登記の可否　…承継会社名義での保存登記 ……… 90
建物（区分建物ではない）の表題部所有者であるA株式会社が、B株式会社に会社分割（新設分割または吸収分割）されたのですが、分割後の承継会社であるB株式会社名義で所有権保存の登記ができますか。

Q042　登記申請　…共有者が死亡している場合の申請方法… 92
A・B共有の建物がありますが、表題登記しかしておらず、所有権の保存登記をしようと考えています。Aはすでに死亡していますが、この場合、登記申請はどのように行えばよいでしょうか。なお、Aの相続人はCです。

第4章　相続登記

相続登記一般

Q043　相続登記の手続き ……………………………………… 96
父（A）が亡くなったので、相続登記をしたいと考えています。手続きについて教えてください。なお、相続人は、母（B）と、私を含めた子供3人（C、D、E）です。

Q044　法定相続分 ……………………………………………… 107
法定相続分について教えてください。

Q045　相続権の有無　…養子に行った子 …………………… 111
私の兄弟に、養子に行った者がいます。今般、父が死亡しましたが、養子に行った子にも相続権はあるのですか。

Q046　相続権の有無　…離縁した養子の子 ………………… 112
被相続人である養親Aは、養子であるBの死亡後にBを離縁しました。Bには養子縁組後に生まれた子Cがいますが、Cは遺産分割協議に参加できますか。

Q047　相続権の有無
　　　　…一方の資格で相続放棄した二重相続資格者 ……… 113
長男Aが死亡し、相続が開始しましたが、Aの養子になっている三男C（Aの実弟）は、相続放棄の申述をしました。なお、直系尊属はすべて死亡しており、Aにはほかに子はいません。この場合、兄弟姉妹が相続人となると思いますが、Cには兄弟としての相続分があるのでしょうか。

Q048　除籍簿が滅失している場合の登記の手続き ………… 115
相続登記の申請に必要な除籍簿の一部が滅失等によってその謄本が取得できない場合には、何を提供すればよいでしょうか。

Q049　外国人　…在日韓国人の相続 ………………………… 116
在日韓国人の相続については、日本と韓国、どちらの法律が適用

目次

されるのですか。

Q050　外国人 …韓国の相続法 ……………………… 118
在日韓国人である父が亡くなりました。韓国民法における法定相続人と相続分について教えてください。

Q051　外国人 …韓国人の相続証明書 ……………… 120
私の父が平成29年（2017年）に亡くなりましたが、父は在日韓国人です。相続人は、母と私と兄の3人で、いずれも韓国籍です。日本にある父名義の土地・建物を母名義とする相続登記を申請したいのですが、相続を証する書面として何を添付すればよいでしょうか。

Q052　外国人 …在日韓国人の相続放棄 …………… 130
先日、父が死亡しましたが、父には多くの負債がありますので、相続の放棄をしたいと考えています。父も私も在日韓国人ですが、日本の裁判所で相続放棄の申立てができるでしょうか。

Q053　台湾の戸政事務所発行の戸籍謄本と奥書証明 ……… 132
台湾の戸政事務所発行の戸籍謄本については、台北駐日経済文化代表処の奥書証明が必要でしょうか。

遺産分割協議

Q054　参加者 …成年被後見人がいる場合 ………… 133
共同相続人の中に成年被後見人がいます。この場合、誰が遺産分割協議に参加するのですか。

Q055　参加者 …行方不明者がいる場合 …………… 134
遺産分割の協議をしたいと思っていますが、相続人のうち、1人の行方がわかりません。どうすればよいのでしょうか。

Q056　参加者 …相続登記を行う前に相続人が欠けた場合 …… 135
父Xの名義になっている不動産がありますが、父が亡くなった後、その相続の登記をしないままにしておきましたら、先日、母Yも亡くなりましたので、その相続登記をしたいと思っています。子は3人（A・B・C）いますが、3人による遺産分割協議書を作成して登記はできるでしょうか。なお、母は相続放棄もしていませんし、相続分以上の特別受益も受けていません。

CONTENTS

Q057 遺産分割協議後に他の相続人が死亡して相続人が1人となった場合の手続き ……… 139

父が死亡した後、その旨の登記をしないでいたら母も亡くなりました。母の生前中に、父の所有する不動産は私が全部相続するということで話がまとまっていましたが、遺産分割協議書は作成していませんでした。子は私1人です。この場合、父から直接、私への相続登記は可能でしょうか。

Q058 参加者 …相続分を第三者に譲渡した場合 ……… 141

共同相続人の甲・乙・丙のうち甲は、遺産分割協議の前に相続人以外の第三者であるAに自己の相続分を譲渡しました。この場合、Aは共同相続人とともに遺産分割協議に参加することが可能でしょうか。可能とした場合、遺産分割協議により特定の不動産を取得したときの登記原因は何になりますか。

Q059 添付書面 …印鑑証明書の有効期限 ……… 143

遺産分割協議書に署名押印しましたが、登記をしないでそのままにしておいたところ、そのうちの1人が死亡してしまいました。この場合、その遺産分割協議書に当時発行の印鑑証明書を添付して登記申請をすることはできますか。

Q060 添付書面 …印鑑証明書を添付できない場合 ……… 143

父が死亡した後、母と私と妹で遺産分割の協議をして、父名義の不動産は私が相続するという遺産分割協議書を作成し、全員が押印しました。しかし、その後、母が亡くなり、母の印鑑証明書の取得が不可能となりました。相続の登記をするにはどうすればよいでしょうか。なお、母の相続人は私と妹だけです。

Q061 登記申請 …書面作成前に相続人が死亡した場合 ……… 145

父が死亡した後、母と私と弟で遺産分割協議をして、父所有の不動産について母が2分の1、私が2分の1を取得するとの協議が成立しました。しかし、その協議書を作成する前に母が死亡してしまいました。どのような手続きをすればよいでしょうか。

Q062 登記申請
　　　…特別受益者を除いて協議を行った場合 ……… 148

相続人が3人いますが、そのうちの1人の「相続分のないことの証明書」と、他の2人による遺産分割協議書を添付した相続登記

の申請は受理してもらえますか。

Q063　登記申請　…遺産分割の協議を代理人がした場合 …… 148
遺産分割の協議を委任された代理人から、当該遺産分割の協議書を添付して相続登記の代理申請をした場合、その申請は受理されますか。

Q064　登記申請
　　　…共同相続の登記後に遺産分割協議が調った場合 …… 149
共同相続の登記後に遺産分割協議が調ったので、その旨の登記をしたいのですが、登記手続について教えてください。

Q065　登記申請　…数次相続における遺産分割の原因日付 …… 152
被相続人甲所有の不動産について、平成30年4月16日にA・B・C名義に法定相続による登記をしましたが、その後、同年4月30日に、Aの相続人D・EとB・Cで当該不動産をAの単独所有とする遺産分割協議が成立しました。この場合、①「平成30年4月30日遺産分割」を原因とするA名義への所有権移転の登記申請は受理されますか。②受理されるとした場合、その後、Aから相続人D・E名義に法定相続による所有権移転の登記申請をするときには、当該登記の登記原因日付（平成30年4月7日）が、前記①の遺産分割による移転登記の登記原因日付と前後することになりますが、差し支えありませんか。

特別受益

Q066　特別受益の証明書　…作成方法 …………………… 155
特別受益証明書の作成はどのようにすればよいでしょうか。

Q067　特別受益の証明書　…利益相反行為との関係 ……… 156
成年後見人と成年被後見人が共同相続人である場合、成年後見人が作成した成年被後見人の特別受益の証明書を添付して相続登記の申請をすることはできますか。

遺　言

Q068 遺言内容と登記申請
　…相続財産の一部につき協議により持分を決定する
　　ように遺言した場合 ……………………………… 159

相続人が3人（A・B・C）いて、相続不動産が2個（甲・乙）の場合において、被相続人が「甲不動産はAに相続させる。乙不動産についてはB・Cが相続して各自の持分は2人で協議して決定するように」と遺言したときは、乙不動産についてはB・Cの遺産分割協議書（印鑑証明書付き）と遺言書を添付して相続の登記をすることは可能でしょうか。

Q069 遺言内容と登記申請
　…指定された土地が分筆されている場合 ………… 160

Xは、「何町何丁目10番1の土地をAに相続させる」との遺言書作成後、10番1の土地を10番1と10番3に分筆しました。現在も、いずれの土地もXの名義のままです。今般、Xが死亡したのですが、Aは10番3の土地についても遺言書に基づいて相続できるでしょうか。

Q070 遺言内容と登記申請
　…遺言書に抵触する登記が抹消されている場合 …… 162

AからBへ「平成30年○月○日売買」を原因とする所有権移転の登記がされてありましたが、その後、錯誤を原因として上記登記は抹消されています。今般、Aの遺言書を添付してCへの相続の登記が申請されました。遺言書の作成日付は上記所有権移転の売買日付よりも前（平成28年）です。この場合、登記申請は受理されるでしょうか。

Q071 遺言内容と登記申請
　…妻には相続し、甥には遺贈する場合 …………… 163

遺言書が「甲建物の3分の1は妻に相続する。残りの3分の2は甥Aに遺贈する」となっている場合、登記手続はどのようにすればよいでしょうか。

Q072　遺言内容と登記申請　…受遺者が先に死亡した場合……164
Xには、3人の子（A・B・C）がいましたが、そのうちAは早くに亡くなっています。今般、Xが死亡しましたが、その遺言書には、「甲不動産をAに相続させる」旨の記載がありました。Aには子Dがいますが、Dは甲不動産を代襲相続できるでしょうか。

Q073　遺言の方式　…在日韓国人の場合……………………165
将来を考えて遺言書を作成したいと思っています。私は在日韓国人なのですが、遺言の方式は日本と韓国、どちらの方式で行うべきでしょうか。

Q074　遺言の方式
**　　　　…外国方式による自筆証書遺言を添付した場合……168**
フランスに住所を有する日本人甲男は、住所地で死亡しました。相続人乙女から、日本にある不動産につき、乙女に相続させる旨の記載のある遺言書を添付して、相続を原因とする所有権移転の登記を申請したいのですが、遺言書は、遺言全文、日付、氏名は自書されており、フランス法の方式によって検認手続を経ているものの、押印はありません。このような遺言書に基づく登記申請は受理されるでしょうか。

Q075　遺言の方式　…清算型遺言に基づく登記手続…………171
次のような遺言書がありますが、どのような登記手続をすればよいか教えてください。
「遺言執行者は、土地建物を売却してその代金から一切の債務を弁済し、かつ、遺言の執行に関する費用を控除したのち、その残金を次のとおり相続させる。
　妻Aに2分の1、長男Bに2分の1
　遺言執行者として、長男Bを指定する。」

相続人の不存在

Q076　登記申請　…相続人が韓国人である場合………………177
日本に住所を有する韓国人甲男が死亡しましたが、相続人の存在が不明であるため、日本の家庭裁判所において相続財産管理人が選任されました。甲男所有の不動産を法人名義とする登記手続について教えてください。

Q077 登記申請 …相続財産法人名義の登記の抹消 ………… 178
A死亡後、相続人が存在しないということで相続財産法人名義の登記がされましたが、その後、相続人がいることがわかりました。Aの離婚した妻が、離婚はAが勝手にしたものであり無効である旨の訴訟を提起して、認められたからです。そこで、妻への相続登記をしたいのですが、相続財産法人名義の登記を抹消する方法を教えてください。

Q078 登記申請 …特別縁故者が存在する場合 ………… 179
知り合いが亡くなりましたが、相続人がいない場合には、特別縁故者が不動産を取得できると聞きました。どういう場合に取得できるのでしょうか。

相続登記の更正

Q079 登記申請 …相続登記と真正な登記名義の回復 ……… 186
ある土地についてA・B名義に相続の登記をしましたが、本当はこの土地はAだけが相続したものでした。「真正な登記名義の回復」を原因として、Bの持分をAに移転できるでしょうか。

Q080 登記申請 …代位による相続登記と更正 ………… 188
仮差押えの前提として代位によってA・B・Cの3人に相続の登記がされましたが、A1人に相続させる旨の遺言書が見つかりましたので、相続登記の更正をしたいと考えています。どのようにすればよいでしょうか。

第5章 所有権移転の登記

所有権移転

Q081 農地法3条と所有権移転 ………… 192
農地を取得する場合には農地法の許可が必要と聞きましたが、ど

ういうことでしょうか。

売買

Q082 登記申請 …登記をする前に売主が死亡した場合 ……… 193
不動産を購入しましたが、登記をする前に売主が亡くなってしまいました。所有権移転の登記は、どのようにすればよいでしょうか。

Q083 登記申請 …登記をする前に買主が死亡した場合 ……… 195
不動産を売却しましたが、登記をする前に買主が亡くなってしまいました。所有権移転の登記は、どのようにすればよいでしょうか。

Q084 登記申請 …登記をする前に会社が清算結了した場合 ……… 197
会社から不動産を買いましたが、その旨の登記をしないでいたら会社が清算結了してしまいました。清算結了した株式会社名義の不動産の所有権移転登記の手続きはどのようにすればよいでしょうか。

Q085 登記申請
　　…成年被後見人の居住用不動産を売却する場合 ……… 198
私が後見している成年被後見人Aの居住用の不動産について、Aを代理して売却することとなりました。登記の申請手続について教えてください。

Q086 登記申請
　　…債権と譲渡担保権を売却した場合の登記原因 ……… 203
債権者が譲渡担保で不動産の所有権を取得している場合に、第三者にその債権と譲渡担保権を売却したときの所有権移転登記の登記原因としては何が適当でしょうか。

Q087 判決による登記 ……… 203
私は、原告から訴えを起こされ「被告は、原告に対し、別紙目録記載の不動産につき、○○年○月○日売買を原因とする所有権移転登記手続をせよ」という判決を受けましたが、原告が登記をしないので固定資産税がかかり困っています。私から、本件判決正本をもって所有権移転登記の申請ができますか。

Q088 相続財産管理人による登記申請 ……………… 205
相続財産管理人を登記義務者とする売買による所有権移転登記手続を教えてください。

贈　与

Q089 登記申請 …贈与による所有権移転登記 ……………… 211
私の名義になっている土地と建物の各2分の1を妻に贈与したいと考えていますが、その登記の申請書の書き方を教えてください。

時効取得

Q090 登記申請
　　…共有者の一部の持分についてのみ行う登記申請の可否 ……………… 215
A・B共有の土地がありますが、当該土地について時効取得しました。その旨の登記を行いたいと思いますが、Bが登記に協力してくれませんので、とりあえず、Aと共同で、Aの持分についてのみ時効取得を原因とする所有権移転登記をすることを考えています。このような登記申請は受理されるでしょうか。

Q091 登記申請
　　…占有の承継者が取得時効を完成させた場合 ……… 216
X所有の不動産について、Aが所有の意思を持って占有を開始しましたが、死亡し、Aの相続人であるBが占有を承継して取得時効が完成しました。この場合の所有者は誰になるのでしょうか。時効起算日の占有者がAですから、いったんXからAへの所有権移転登記をする必要がありますか。

Q092 登記申請 …農地を時効取得した場合 ……………… 217
農地を時効により取得したので、その旨の所有権移転の登記をしたいと考えていますが、農業委員会の許可は必要でしょうか。

Q093 登記申請 …時効取得した土地を相続する場合 ……… 219
Xの所有する土地をAが占有し、時効が完成しました。時効完成後にAが死亡したのですが、Aの相続人Bが当該土地を自分の名

義にするにはどのような登記をすればよいのでしょうか。

真正な登記名義の回復

Q094　登記申請
　　　…真正な登記名義の回復による登記の可否 ………… 220

AとBが、Xから土地を買い、その登記も済ませました。しかし、実はBは名前を貸しただけで、本当はAだけが所有者です。本来ならば、共有者A・Bとあるのを所有者Aに更正する登記を申請したいのですが、当該土地のB持分には抵当権が設定されており、更正登記をするための抵当権者の承諾を得るのが困難な状態にあります。そこで、Bの持分を「真正な登記名義の回復」を原因としてAに移転しようと考えていたところ、Bが死亡したのでBの相続人Cの協力を得てBの持分をAに移転できると考えますが、どうでしょうか。その場合、BからCへの相続の登記が必要でしょうか。なお、Bの相続人はCのみです。

Q095　登記申請　…真正な登記名義の回復と農地法の許可 …… 222

AからBに「売買」を登記原因として所有権移転登記がされている農地について、「真正な登記名義の回復」を登記原因として従前の所有権の登記名義人でないCを登記権利者とする所有権移転登記を申請する場合には、AからCに対する所有権の移転についての農地法3条による許可書の添付は必要ですか。

Q096　登記申請
　　　…相続登記がされている農地の真正な登記名義の
　　　回復 ………………………………………………………… 223

農地について、AからBへ「相続」を原因とする所有権移転登記がされています。しかし、相続登記に錯誤があり、実際に相続しているのはCです。BからCへ「真正な登記名義の回復」を登記原因として所有権移転登記を申請する際には、農地法の許可書の添付が必要ですか。

その他の原因

Q097　競売申立の前提としての相続財産法人への変更登記の要否 …………………………………………………………… 224

登記記録上の所有者が死亡し、すべての相続人が相続放棄をしている場合、抵当権の登記名義人が当該不動産に対して競売の申立てをするには、その前提として相続財産法人への変更の登記が必要でしょうか。

Q098　代償分割による移転 ………………………………… 226

遺産分割協議の中で、私が父所有の不動産を相続することになりましたが、その代わりに私の所有する不動産を弟に贈与することを考えています。どのような登記をすればよいでしょうか。

第6章　所有権の更正登記

名　義

Q099　登記申請
**　　　…所有権保存登記の単有名義を共有名義に更正する場合** …………………………………………………… 228

A名義で所有権保存の登記がされていますが、これをA・B共有名義に更正する方法を教えてください。

Q100　登記申請
**　　　…所有権保存登記の共有名義を単有名義に更正する場合** …………………………………………………… 233

A・B共有名義で所有権保存がされていますが、これをA単有名義にする場合の申請書の記載方法を教えてください。また、当該不動産に抵当権が設定されている場合の抵当権者の承諾書の添付の要否についても教えてください。なお、A・Bの持分は各2分

の1で登記されています。

Q101 登記申請 …共有名義を単有名義に更正する場合 …… 237
AがCから不動産を単独で買ったのに、誤ってA・B共有の名義で登記をしてしまいました。この登記をA単独名義に更正する場合、Cも登記義務者になるのでしょうか。

持　分

Q102 登記申請 …持分更正 …………………………………… 239
不動産を夫婦で買って、各持分2分の1として登記をしましたが、持分が間違っていたことがわかりました。どうすれば持分を正しいものにできるでしょうか。

Q103 登記申請 …持分更正と承諾書の要否 ………………… 242
A持分2分の1、B持分2分の1の共有となっている不動産の持分を、A持分3分の2、B持分3分の1と更正したいと考えています。次の場合には抵当権者の承諾書は必要でしょうか——①不動産全体に抵当権が設定されている場合、②A持分のみに抵当権が設定されている場合、③B持分のみに抵当権が設定されている場合。

第7章　抵当権の登記

設　定

Q104 登記簿 …債務者が記載されていない登記簿 ………… 246
ふるい登記簿を見ますと、抵当権設定登記の登記事項欄に債務者が記載されていません。債務者は誰になるのですか。

Q105 登記申請
　　　…一体化後における建物のみの追加設定の可否 …… 247
抵当権設定の登記のある土地を敷地として区分所有の建物が新築

され、その表題の登記によって敷地権の表題の登記がされた後、敷地についての既存の抵当権の被担保債権と同一の債権を担保するために当該区分建物のみを目的として抵当権を追加設定することはできますか。

Q106 登記申請
…所有権取得以前の日付による抵当権設定登記の可否 …………………………………… 248
抵当権の目的たる不動産を本年8月10日に取得しましたが、抵当権設定契約は同年8月7日にしました。この場合、8月7日の日付をもって抵当権設定の登記をすることはできますか。

Q107 登記申請 …借地権に対する抵当権設定登記の可否 …… 249
借地権にも抵当権設定の登記は可能でしょうか。

Q108 登記申請 …「元本債権と利息債権」の登記の可否 …… 250
保証委託契約による求償債権を担保するための抵当権の設定登記を申請する場合、債権額の内訳として、「元本債権及び利息債権」を登記することは可能でしょうか。

Q109 登記申請
…抵当権付き債権を目的とする根質権設定登記の可否 ………………………………………… 251
抵当権付き債権を目的として根質権設定の登記をすることはできますか。

変　更

Q110 登記申請
…抵当権の債務者変更登記と印鑑証明書添付の要否 … 253
抵当権の債務者の変更または債務者の表示変更の登記の場合には印鑑証明書の添付が必要ですか。

Q111 登記申請 …抵当権の債務者を更正する方法 ………… 254
A・B共有名義の不動産に債務者Aとして抵当権を設定しましたが、本当はA・Bの連帯債務だったので、更正の登記をしたいと考えています。どうすればよいのでしょうか。

Q112 登記申請 …債務免除による債務者の変更 ……………… 256
A・B共有名義の不動産に、連帯債務者A・Bで抵当権を設定しましたが、債務免除によって債務者をAの1人にしたいと考えています。どのようにすればよいでしょうか。

Q113 登記申請 …取扱店が変更した場合 ……………………… 258
抵当権者の銀行の取扱店が変更しましたが、その登記の申請書の書き方を教えてください。

Q114 登記申請 …外貨債の抵当権の債権額の変更の可否 …… 259
外貨債の抵当権の債権額（米ドル貨）を円貨に変更したいのですが、可能ですか。可能な場合、その登記手続についても教えてください。

Q115 登記申請 …債権者の交替による更改を行った場合 …… 262
抵当権の被担保債権について、債権者を変更する更改契約に基づく抵当権の名義人交替の登記手続は、変更登記によるべきでしょうか、あるいは移転登記によるべきでしょうか。変更登記とした場合、利息・損害金の利率を従前より高くできるでしょうか。また、登記申請人は誰になるでしょうか。

抹　消

Q116 登記申請 …代物弁済により抵当権を抹消する場合 …… 264
抵当権者が代物弁済により所有権を取得したため、代物弁済された債権にかかる当該抵当権を抹消する場合、登記原因は「混同」でよいでしょうか。

Q117 登記申請 …「混同」による抹消を行う場合 …………… 265
「混同」を登記原因として抵当権を抹消する場合にも、登記義務者の権利に関する登記識別情報の提供は必要ですか。

Q118 登記申請 …設定者が異なる抵当権を抹消する場合 …… 266
A所有の甲不動産とB所有の乙不動産が同一債権のために共同担保として設定されています。抹消登記を申請しようと思うのですが、同一の申請書で申請できますか。

CONTENTS

Q119 登記申請
　　…抵当権設定者の不動産に破産の登記がされている
　　場合 …………………………………………………… 267
抵当権設定者の不動産に破産手続開始決定の登記がされている場合の抵当権の抹消登記の申請は、破産管財人と抵当権者による共同申請でよいのでしょうか。

Q120 登記申請
　　…清算結了した会社の清算結了前に消滅した抵当権
　　の抹消 ………………………………………………… 269
株式会社を解散して清算結了した会社ですが、清算結了前に消滅した会社を抵当権者とする抵当権の登記がまだ残っていました。抹消登記の手続きについて教えてください。元の清算人はいます。

Q121 登記申請
　　…設定者の死亡以前に消滅した抵当権の抹消 ……… 270
父は、銀行を抵当権者とする抵当権設定登記をしていましたが、亡くなる前に債務を弁済し、抵当権は消滅しています。この抵当権抹消の登記の申請はどのようにすればよいでしょうか。なお、相続による所有権移転登記はまだしていません。

Q122 登記申請　…設定者の死亡後に消滅した抵当権の抹消 - 273
父の名義であった不動産に抵当権を設定していましたが、父が死亡した後も相続による所有権移転登記をしませんでした。今般、私がローンの返済をして無事ローンの返済が終わりましたので、この抵当権を抹消したいと思いますが、どのような手続きが必要でしょうか。

Q123 登記申請　…共有者の死亡と抹消手続 …………… 274
兄（A）とわたし（B）の共有名義の不動産に、金融機関から融資を受けるために抵当権を設定していました。兄の死亡後もローンの返済はわたしが行い、返済も無事終了したので、この抵当権を抹消したいと思いましたが、兄の相続登記をしなければ抹消登記はできないと言われましたが本当でしょうか。兄には相続人がいますが、相続の話はなかなかまとまらないようです。

目次

Q124　登記申請
　　…抵当権設定登記の抹消登記申請手続と代理権の
　　　不消滅 …………………………………………………… 275

金融機関から融資を受けて抵当権を設定していました。2年前に全額返済し、抵当権設定登記の抹消登記に必要な書面の交付を受けましたが、抹消登記の申請を忘れていました。当時の委任状等を添付して抵当権設定登記の抹消登記の申請をすることはできますか。抵当権者の代表者は現在変更されています。

Q125　登記申請
　　…供託書正本を添付してする抵当権抹消登記 ……… 280

先日、登記事項証明書を取り寄せたら、ふるい抵当権が残っていました。登記されている抵当権者がどこの人で、相続人がいるのか否か、親に聞いてもわかりません。このような場合には供託をすれば抵当権設定の登記は抹消できると聞いたのですが、手続きはどのようにすればよいのですか。

Q126　登記申請
　　…休眠担保権抹消の場合の行方不明を証する書面 …… 285

休眠担保権抹消登記申請書には、登記義務者の行方の知れないことを証する書面を添付しますが、配達証明付き郵便の場合に「宛名不完全」のスタンプ印のある封筒は、被担保債権の受領催告書が不到達であったことを証する書面に当たりますか。

Q127　登記申請　…除権決定による抵当権抹消登記 …………… 287

債務を弁済したにもかかわらず抹消登記をしていない抵当権が登記記録上残っていますが、抵当権者の行方がわかりません。除権決定を得て抹消できると聞きましたので、その方法を教えてください。

第8章　根抵当権の登記

根抵当権

Q128　極度額の増額 ………………………………………… 290
根抵当権の極度額の増額をしたいと考えていますが、同順位の根抵当権がある場合、同順位者の承諾は必要ですか。

Q129　債権の範囲の変更 ……………………………………… 291
確定前の根抵当権を全部譲渡して、譲渡人の債権も当該根抵当権で担保させる方法としての債権の範囲を変更する場合の登記申請書の書き方を教えてください。

Q130　合意の登記の満了日が土曜日の場合の取扱い …………… 293
根抵当権の債務者が死亡したので、指定債務者の合意の登記をしたいと思いますが、その満了日が土曜日に当たります。そうすると、登記の申請は金曜日までにしなくてはならないのですか。

Q131　会社合併以前に根抵当権が消滅した場合の抹消登記 …… 294
根抵当権者である会社が合併により消滅しましたが、合併の日以前に根抵当権が消滅している場合には、根抵当権の抹消登記の登記義務者は誰になるのですか。

元本確定

Q132　登記申請　…共同根抵当と元本確定の登記の要否 …… 296
所有者を異にするA・Bの不動産に共同根抵当権が設定されています。A不動産については、根抵当取引の終了により確定の登記をしましたが、B不動産については設定者の協力が得られません。そこで、B不動産について根抵当権移転登記をする場合、A不動産の登記事項証明書を提供することにより、確定の登記を省略して、代位弁済を原因とする根抵当権の移転登記をすることができるでしょうか。

Q133 登記申請 …根抵当権者が単独でする元本確定の登記… 298
根抵当権者が単独で元本の確定の登記を申請することができるということですが、その申請手続について教えてください。

Q134 登記申請 …不動産が共有の場合の元本確定請求 …… 299
共有の不動産に根抵当権を設定しています。根抵当権者が民法398条の19第2項により元本確定請求をする場合には、共有者全員に確定請求をしなければなりませんか。また、所有者の異なる不動産が複数ある場合はどうですか。

Q135 登記申請 …法人が破産した場合の根抵当権確定請求 … 301
民法398条の20第1項4号による根抵当権の確定登記を申請する場合に提供する破産手続開始の決定があったことを証する情報は、会社の登記事項証明書でもよいでしょうか。

Q136 登記申請 …根抵当権設定仮登記の元本確定の登記 …… 302
根抵当権設定仮登記の元本確定の登記の申請は受理されますか。

分割譲渡

Q137 分割譲渡の可否 …分割しただけで譲渡しない登記 …… 303
甲単有の根抵当権を2個に分割し、いずれも根抵当権者を甲とする登記は可能ですか。

Q138 分割譲渡の可否 …同時に3個に分割譲渡 …………… 303
根抵当権を同時に3個に分割譲渡できますか。

Q139 分割譲渡の可否
…分割譲渡した根抵当権の再度の分割譲渡 ………… 304
分割譲渡した根抵当権を再度分割譲渡することは可能ですか。

根抵当権と相続

Q140 登記申請 …根抵当権の債務者の死亡と合意の登記 …… 306
根抵当権の債務者が死亡したので相続の登記をし、その後6か月以内に指定債務者の合意の登記をしたいと考えています。申請書の書き方と登記の記録例、また、その場合の根抵当権で担保され

る債務にはどのようなものがあるか教えてください。

Q141 登記申請
　　　…債務者の相続の登記と合意の登記がされている
　　　場合の追加設定 ………………………………………… 309

根抵当権の債務者の相続の登記と、指定債務者の合意の登記がされている根抵当権を追加設定する場合の申請書の記載方法と登記の記録例を教えてください。

Q142 登記申請
　　　…根抵当権者の相続と合意の登記がされている場合
　　　の追加設定 ……………………………………………… 312

根抵当権の根抵当権者の相続の登記と合意の登記がされている根抵当権を追加設定する場合の登記の記録例を教えてください。

Q143 登記申請
　　　…死亡後6か月が経過した債務者の相続による
　　　根抵当権の変更 ………………………………………… 313

根抵当権の債務者が1人の場合において、その債務者が死亡して相続が開始したけれども、何もしないうちに6か月が過ぎてしまいました。債務者の相続の登記をしたいと思いますが、その場合、元本確定の登記が必要でしょうか。また、相続人はA・B・Cの3人ですが、このうちAが他の2人（B・C）の債務を引き受ける場合の登記の申請書の書き方と登記の記録例を教えてください。

Q144 登記申請　…債務者の死亡と連帯債務者への変更 …… 316

根抵当権の債務者が1人の場合において、債務者が死亡した後、相続の登記もしないうちに6か月が過ぎてしまいました。相続による債務者の登記をした後、その債務者を連帯債務者にするにはどういう方法があるのでしょうか。相続人はAとBの2人です。

Q145 登記申請
　　　…債務者の1人が死亡したまま6か月が経過した
　　　場合の確定の有無 ……………………………………… 319

根抵当権の債務者が2人いる場合に、そのうちの1人が死亡しましたが、相続の登記と指定債務者の合意の登記をしないままに6か月が過ぎてしまいました。この場合、根抵当権は確定するので

しょうか。確定しないとすれば、指定債務者の合意の登記はできるでしょうか。

Q146　登記申請
…債務者の1人が死亡したまま6か月が経過した場合の相続債務の引受け ……… 320

根抵当権の債務者甲・乙のうちの1人乙が死亡しましたが、指定債務者の合意の登記をしないままに6か月が過ぎてしまいました。死亡した債務者について、相続する債務者の変更登記をして、そのうちの1人に相続債務を引き受けてもらうにはどういう方法がありますか。乙の相続人はA・B・Cの3人です。

第9章　地役権の登記

地役権

Q147　登記申請
…「駐車場」を目的とする地役権設定登記の可否 ……… 324

自己の住宅敷地に隣接する土地について、駐車場の利用を目的とする地役権設定登記を申請することは可能でしょうか。

Q148　登記申請
…地役権設定と登記識別情報の通知の有無 ……… 326

地役権設定の登記をした場合には、地役権者に登記識別情報が通知されるのですか。もし、通知されないのならば、地役権の抹消登記の際には登記識別情報の代わりに何を提供すればよいのですか。

Q149　登記申請　…地役権の移転登記の可否 ……… 327

要役地の所有者が所有権移転の登記をしたのですが、地役権の移転の登記は申請できますか。

第10章 質権の登記

質 権

Q150 登記申請
…転貸された賃借権を目的とする質権の設定登記 …… 330
登記されている賃借権を転貸した後、当該転借権を目的とする質権の設定登記を申請することは可能でしょうか。

第11章 賃借権の登記

設 定

Q151 登記申請 …共有持分に対する賃借権設定の可否 …… 334
共有持分に対して賃借権を設定する登記申請は受理されるでしょうか。

移 転

Q152 登記申請
…登記記録上存続期間が満了している賃借権の移転の登記 ………………………………………………… 335
売買を原因として賃借権の移転登記をしたいのですが、登記事項証明書を見ると存続期間が満了しています。この場合、賃借権の移転登記の前提として存続期間の変更登記が必要でしょうか。

第12章 仮登記

申請

Q153 登記申請
…仮登記権利者による根抵当権設定仮登記 …………… 338
仮登記権利者が仮登記義務者の承諾書を添付してする根抵当権設定の仮登記の申請書の書き方を教えてください。

Q154 登記申請
…破産手続開始前の日を原因日付とする根抵当権設定仮登記の可否 …………… 341
破産の登記がされている不動産について、破産手続開始前に得た破産者の承諾書を添付して、破産手続開始前の日を登記原因日付として根抵当権設定の仮登記を申請した場合は受理されますか。

Q155 登記申請
…共同根抵当権設定の仮登記の可否 …………… 343
共同根抵当権の設定の仮登記を申請した場合、受理されますか。

Q156 登記申請
…離婚を条件とした財産分与の予約と所有権移転請求権仮登記の可否 …………… 343
離婚をした場合には財産分与をする旨の予約をしましたが、この予約を担保するために所有権移転請求権の仮登記をしたいと考えています。このような申請は受理されるでしょうか。

Q157 登記申請
…所有権移転仮登記の「相続」による移転 …………… 345
所有権移転仮登記をしていますが、相続を原因として移転した場合の登記は主登記による仮登記でよいでしょうか。

CONTENTS

Q158 登記申請
…「持分放棄」を原因とする所有権移転請求権仮登記
の変更登記 …………………………………………… 346

A所有の不動産について、甲が代物弁済予約に基づいて所有権移転請求権の仮登記をした後、Aが死亡したので、B・Cが当該不動産を持分各2分の1とする相続の登記をしました。その後、甲がBの持分について権利放棄をしたため、権利放棄を登記原因として所有権移転請求権仮登記の変更登記をしたいのですが、その申請は受理されますか。受理される場合、その申請書の記載方法を教えてください。

Q159 登記申請
…根抵当権設定仮登記後、設定者が破産した場合の
本登記手続 …………………………………………… 348

甲社を根抵当権者、乙社を根抵当権設定者兼債務者とする根抵当権設定仮登記（法105条1号）後、乙社が破産した場合の本登記手続を教えてください。

Q160 登記申請 …死因贈与による仮登記の本登記 ………… 350

死因贈与に基づいて仮登記をしていましたが、この度、贈与者が死亡しましたので、その本登記をしたいと考えております。登記手続の方法を教えてください。

抹　消

Q161 登記申請
…1号仮登記に基づく仮登記の抹消の仮登記の可否 … 358

甲は、乙と売買契約をして所有権移転仮登記をしましたが、売買代金全額を返却し、売買契約を解除して、所有権移転仮登記を抹消したいと考えています。しかし、売買代金を数回に分けて返済するため、完済するまでには時間がかかるところから、その間に仮登記された権利が移転等の処分をされると困るので、仮登記の抹消の仮登記を申請したいと思っていますが、このような申請は受理されるでしょうか。

Q162　登記申請
…所有権移転に関する仮登記を共同申請で抹消する
方法 ……………………………………………… 359

所有権移転仮登記を「解除」を原因として、共同申請によって抹消する場合の申請書の書き方を教えてください。

Q163　登記申請
…所有権移転に関する仮登記の登記上の利害関係人
による単独抹消 …………………………………… 361

所有権移転に関する仮登記を、所有権の登記名義人が単独で抹消する場合の申請書の書き方を教えてください。

Q164　登記申請
…所有権移転請求権仮登記と混同による抹消 ……… 363

A所有の不動産について所有権移転請求権仮登記をしたBが、Aを相続してその旨の登記をしました。当該仮登記を「混同」を登記原因として抹消登記の申請をしたいのですが、このような申請は受理されるでしょうか。受理されるとしたら、添付書面は何を添付すればよいですか。

Q165　登記申請
…区分建物の敷地に設定されている所有権移転
仮登記を抹消した場合 …………………………… 365

敷地に所有権移転の仮登記がされた後に、敷地権（所有権）たる旨の登記がされている区分建物があります。1個の専有部分を乙に売却してその旨の登記申請をすることを考えていますが、その場合、乙の取得する敷地の持分につき所有権移転の仮登記を「解除」により消滅する登記の記録例はどのようになりますか。

Q166　登記申請
…1号仮登記を「権利放棄」を原因として抹消
できるか ………………………………………… 366

法105条1号によってされた売買による所有権移転の仮登記を抹消する場合、登記原因を「権利放棄」とした抹消登記は受理されますか。

第13章 利益相反行為

利益相反行為

Q167 利益相反行為への該当・非該当
…父親の会社の債務を担保するための物上保証契約 …… 368
父が代表取締役をしている会社の債務のために、その親権に服する子の不動産に抵当権を設定することは利益相反行為に該当しますか。

Q168 利益相反行為への該当・非該当
…親権者と共有不動産の売買 …… 369
親権者の母と未成年の子が共有している不動産を売る場合、親権者である母は子の代理人となることができますか。

Q169 利益相反行為への該当・非該当
…他人の債務の保証のための抵当権設定 …… 370
他人の債務を担保するために、父と未成年の子の共有名義となっている不動産を担保提供したいと考えていますが、この場合、子について特別代理人の選任が必要ですか。

Q170 利益相反行為への該当・非該当
…会社と取締役の直接取引 …… 371
利益相反行為になる、会社と取締役の直接取引について教えてください。

Q171 利益相反行為への該当・非該当 …会社分割 …… 373
代表者が同一の会社へ会社分割を原因として所有権移転をする場合には、利益相反になるでしょうか。

Q172 成年被後見人と成年後見人の売買 …… 375
成年被後見人A所有の不動産を成年後見人Bに売却する場合には、誰が成年被後見人を代理するのですか。

- **Q173 代表取締役の議決権行使の可否** ················· 377
  代表取締役を同じくする甲・乙会社間で不動産の売買契約をする場合に、取締役会の決議においてその代表取締役 A は議決権を行使できますか。

- **Q174 取締役全員が同一の会社間の保証を行う場合の取締役会の決議の有効性** ················· 379
  債務者甲会社（代表取締役 A）のために、乙会社（代表取締役 B）の不動産に根抵当権を設定する場合、甲・乙両会社の取締役全員が同一の場合には取締役会の決議は有効にできますか。

- **Q175 株式会社の場合の第三者の承諾を証する情報** ············ 380
  利益相反となる取引をする場合には、第三者の承諾を証する情報を提供しなければならないとされていますが、株式会社の場合には、何を提供すればよいでしょうか。

第14章　登記名義人表示変更

住所変更

- **Q176 登記申請　…所有権登記名義人の住所変更の登記** ······ 392
  住所を移転しました。住所変更の登記手続について教えてください。

- **Q177 登記申請**
  …和解調書に基づく所有権移転登記と住所変更登記の要否 ················· 396
  裁判上の和解により所有権移転登記を申請するのですが、登記義務者の住所が現在の住所と異なる場合、和解調書に登記記録上の住所と現在の住所が併記してある場合には、住所変更の登記を省略することはできますか。

Q 178　添付書面　…在外日本人の住所証明書 ……………… 397
外国に住所を有する日本人ですが、出国後、各国を移転したため、現在の在留証明書を発行する領事館の国名と住民票の除票の写しに記載されている出国先の国名が異なります。そのような場合、何を提供すればよいでしょうか。

Q 179　添付書面　…在日外国人の住所証明書 ……………… 398
日本に在住する外国人ですが、所有者の住所変更の登記を申請したいと考えていますが、何を添付すればよいでしょうか。

Q 180　添付書面
　　　…所有権の仮登記名義人の住所変更と添付書面 …… 401
所有権の仮登記名義人の住所が変更したので、住所変更の登記をする予定ですが、その場合、住民票の写しを添付するのですか。仮登記をしたときには、住民票の写しは添付しなかったのですが。

氏名変更

Q 181　登記申請　…氏名変更と原因日付 ……………………… 402
氏名変更の登記原因とその日付について教えてください。

Q 182　登記申請　…外国人と結婚した場合の氏の変更 ……… 406
外国人と結婚しましたが、氏を外国人配偶者の氏に変更することはできますか。できる場合、その登記原因の日付はいつになりますか。

Q 183　添付書面　…氏名変更の登記の添付書面 ……………… 407
結婚して氏名が変わりましたので、その変更登記をしたいと考えていますが、その際に戸籍謄抄本のほかに住民票の写しも必要だ、と言われました。なぜですか。

第15章 財団

消滅

Q184 工場財団の職権による消滅 … 412
工場財団に設定されている抵当権が全部抹消してから6か月内に新たな抵当権設定登記をしないと工場財団は消滅するとされていますが、その場合の職権による消滅手続について教えてください。

分割

Q185 工場財団の管轄指定 … 417
工場を分割する場合、管轄指定が必要な場合があると言われました。管轄指定の方法を教えてください。

工場財団の目的

Q186 工場財団と信託 … 423
工場財団を信託することはできますか。

第16章 抵当証券

発行

Q187 登記申請 …抵当証券発行後の追加設定 … 426
抵当証券が発行されている抵当権設定の登記に追加設定した場合の登記記録例を教えてください。

CONTENTS

Q188 登記申請 …抵当証券発行後の債権分割登記の可否 …… 428
抵当証券発行後に債権分割による変更の登記は可能でしょうか。

Q189 登記申請
…抵当証券を発行した抵当権を通常の抵当権に戻す
方法 …………………………………………………… 429
債権の分割をして抵当証券を発行した抵当権を通常の抵当権に戻したいと考えていますが、登記の申請方法と登記記録例を教えてください。

移 転

Q190 登記申請
…抵当証券が分割発行されている抵当権の移転登記
手続 …………………………………………………… 433
抵当証券が分割発行され、それぞれの証券が別人に裏書譲渡されている場合、当該抵当権の移転の登記申請手続はどのようにすればよいでしょうか。

Q191 登記申請 …弁済期到来後の移転登記 ……………… 435
抵当証券の裏書が弁済期の到来した後の日付をもってされています。この証券を添付して同日債権譲渡を原因とする抵当権移転の登記をしたいと考えていますが、申請は受理されるでしょうか。

抹 消

Q192 登記申請 …共同抵当証券と弁済による抹消 ………… 436
A・B両登記所による共同抵当証券が発行されている抵当権について、弁済による抵当権の抹消登記を申請する場合、AとB、どちらの登記所に申請すればよいのですか。

Q193 登記申請 …「解除」を原因とする抹消登記の可否 ‥ 437
抵当証券が発行されている抵当権の共同担保物件全部を「解除」を原因として抹消の登記申請は受理されますか。

Q194　登記申請
　　　…共同証券の一つについて「解除」を原因とする
　　　抹消登記の可否 …………………………………………… 438
　　甲・乙両登記所において共同抵当証券が発行されている場合、甲登記所に抵当証券の廃止の登記を申請すると共に「解除」を登記原因とする抵当権の抹消登記を申請することはできますか。

第17章　信託登記

信託の設定

Q195　信託の成立 ………………………………………………… 440
　　信託はどのようにして成立するのですか。

民事信託

Q196　民事信託 …………………………………………………… 444
　　最近、民事信託のことが話題になっていますが、民事信託とはどのような信託をいうのですか。

Q197　福祉型信託 ………………………………………………… 445
　　私Aは賃貸用のマンションを所有しています。私には成人に達した2人の子（B・C）がいますが、Cは重度の知的障害を患っています。私の死後のことを考えるとCの将来が不安です。知人に相談すると、信託を利用するとよいと言われました。信託を利用するとはどういうことでしょうか。

Q198　後継ぎ遺贈型信託 ………………………………………… 452
　　私Aが死亡したときには私の所有するアパートを妻Bに相続させ、妻のものになるようにしたいと考えております。また、その後、妻が死亡したときは、私の弟Cに相続させたいと思っていますが、どのような方法がありますか。私たち夫婦には子はいません。また、

両親もすでにいません。

信託の終了

Q199　共有不動産に対する信託の終了 ……………………… 454

A（持分3分の2）およびB（持分3分の1）共有の土地について信託による所有権移転登記がされています。受託者はX株式会社で、受益者はAおよびBです。

信託の終了事由として、「本信託の信託期間（○○年○月○日からAの相続開始時まで）の満了時に終了する。」と定められています。信託財産の帰属については、「本信託の終了時において、信託不動産については、X株式会社は、A及びBまたはAの相続人のうちX株式会社が任意に選択する者に対し信託の抹消及び所有権移転の登記を行い、現状有姿のまま引き渡す。」とされています。

今度、Aが亡くなりましたので、「信託財産引継」を原因とする所有権移転と信託抹消の登記を申請したいと考えています。その場合の登記手続と登録免許税を教えてください。

第18章　登録免許税

登録免許税の計算

Q200　登録免許税の一覧表と租税特別措置法 ……………… 464
登録免許税の税率について教えてください。

Q201　不動産の価額 ……………………………………………… 472
不動産の価額とは、具体的にどの価額のことをいうのですか。

Q202　課税標準の金額の端数処理 …………………………… 473
課税標準の価額は、何円単位までの金額を出せばよいのですか。

Q203　登録免許税の計算方法 ………………………………… 474
所有権移転登記の登録免許税の計算方法を教えてください。

目次

Q204　登録免許税額　…所有権保存登記の更正を行う場合 …… 477
甲は、所有権保存登記をするときに租税特別措置法72条の2の住宅用家屋証明書を添付して保存登記を完了しています。今般、所有者を甲・乙共有名義に更正したいと考えているのですが、登録免許税はどのようになりますか。

Q205　登録免許税額
　　　…相続人が受贈者の場合の死因贈与時の税率軽減の
　　　　有無 …………………………………………………………… 478
「死因贈与」を登記原因とする所有権移転登記の場合ですが、受贈者が相続人の場合には、「遺贈」と同じく登録免許税の軽減がありますか。

Q206　登録免許税額
　　　…工場財団と土地または建物を共同担保にした場合… 479
工場財団と土地または建物を共同担保にした場合の登録免許税はいくらになりますか。

Q207　登録免許税額
　　　…複数の抵当権抹消登記を同一の申請書で申請する
　　　　場合 …………………………………………………………… 480
敷地権（所有権）付きのマンションに専有部分を2個所有していますが、各専有部分には、抵当権者が同一の抵当権が設定されています。この抵当権の抹消登記を同一の申請書で申請する場合、登録免許税は4,000円ですか、それとも3,000円ですか。敷地は1筆です。抹消の登記原因およびその日付は同一です。

還　付

Q208　登録免許税の還付 ……………………………………………… 481
過誤納の登録免許税は、どのような方法で還付されるのですか。

Q209　代理人による還付金の受領 …………………………………… 483
登記の申請代理人も還付金の受領ができるということですが、還付を受ける際に注意すべきことを教えてください。

Q210 過誤納された登録免許税の還付 ……………………………… 487

平成29年10月に土地を購入し、所有権移転の登記を完了しましたが、昨年、市役所の税務担当部署から、平成29年度の固定資産課税台帳に登録された課税価格の記載に誤りがあり、課税価格の修正がされたとの通知を受け取りました。この通知書により、登記した時に納付した過誤納分の登録免許税の還付が受けられるでしょうか。

―〈凡例〉
本書で使用する略語は、次のとおりです。

法	不動産登記法
令	不動産登記令
規則	不動産登記規則
準則	不動産登記事務取扱手続準則
旧法	不動産登記法（明治32年2月24日法律第24号）
区分法	建物の区分所有等に関する法律
登免税法	登録免許税法
登免税法施行令	登録免許税法施行令
工抵法	工場抵当法
工抵規則	工場抵当規則
財団準則	財団登記事務取扱手続準則
通則法	法の適用に関する通則法
非訟法	非訟事件手続法
韓国民法	大韓民国民法
韓国国際私法	大韓民国国際私法
施行通達	平成17年2月25日民二第457号民事局長通達
特例通達	平成20年1月11日民二第57号民事局長通達
家事法	家事事件手続法
改訂先例・通達集	『改訂版実務に役立つ不動産登記先例・通達集』（日本法令）
登記研究	株式会社テイハン発行の月刊誌

通達等については、たとえば、「平成4年2月29日民三第897号第三課長（『登記研究』532号）」と記載し、『登記研究』の532号に登載されていることを示した。

第1章
申請手続

申請方法

Q001 新不動産登記法の主な改正点

新しい不動産登記法について教えてください。

　不動産登記法が全面的に改正され、平成17年3月7日から施行されました。
　主な改正点は、次のとおりです。

① **オンライン申請が可能になった**
　従来からの書面による登記申請に加えて、パソコンを使ったオンライン申請が可能となりました（法18条1号）。当初はオンライン申請ができる登記所は一部のみでしたが、現在では、すべての登記所でオンライン申請が可能となっています。また、平成20年1月15日からはオンライン申請における添付情報の提供方法の特例が認められました。

② **出頭主義を廃止した**
　従前の取扱いでは、権利に関する登記については申請人またはその代理人が登記所に出頭して登記申請をしなければなりませんでした。改正により、送付によっても登記申請書を提出すること

ができるようになりました。

　申請書および添付書面を送付する場合には、書留郵便または信書便事業者において引受けおよび配達の記録を行うものにより行い（規則53条1項）、申請書および添付書面を入れた封筒の表面には、不動産登記申請書が在中する旨を記載します（同条2項）。

③ **登記済証を廃止して登記識別情報制度を導入した**

　従前は、所有権保存・所有権移転・抵当権設定登記のように権利の保存、移転、設定等の登記が完了した際には、登記原因を証する書面または申請書の副本に申請書受付の年月日、受付番号、順位番号および登記済みの旨を記載し登記所の印を押捺して登記権利者に交付していました（旧法60条）。この登記済証を廃止し、これに代わるものとして「登記識別情報」を通知することとなりました。

④ **保証書制度を廃止して事前通知制度を強化した**

　保証書制度を廃止して、事前通知制度を強化するとともに、資

▶オンライン申請の特例方式

オンライン申請をする場合は申請情報をオンラインで送信しますが、添付情報（登記識別情報を除く）については、それが書面で作成されている場合、当分の間、その書面（添付書面）を登記所に持参または送付の方法によって提出することにより登記申請を行うことができます（令附則5条1項）。添付書面を送付の方法により提出するときは、申請の受付の日から2日以内に登記所に提出する必要があります（規則附則21条2項）。この期間の計算については、初日は算入しません（特例通達第1の1(7)（『改訂先例・通達集』39頁））。たとえば、6月1日にオンライン申請をした場合には、6月3日までに提出しなければなりません。このとき、期限が日曜、土曜、祝日等の行政機関の休日に当たるときは、その翌日が期限となります。

格者代理人による本人確認情報の提供を制度化しました。

⑤ **登記原因証明情報の提供を必要的なものとした**

　従前も、権利の登記を申請する際には登記原因証明書の提出を求められていましたが、登記原因証明書が最初から存在しない場合、または提出できない場合には申請書の副本の提出で代替することができました。登記原因証明書を提出させる理由として、登記原因を形式的に審査して不正な登記を防止することがあるのですが、申請書の副本による代替も認められていたため、不正な登記を防止するという目的が形骸化していました。そこで、登記原因の真実性を高めるために申請書の副本の提出を廃止して、権利の登記を申請する際には法令に別段の定めがある場合を除き必ず登記原因証明情報を提供することとされました（法61条）。

⑥ **原本還付の制度をわかりやすくした**

　従前は、どの書面が原本還付できるか明確ではなかったのですが、改正により原本還付できる書面とできない書面が明らかになりました（規則55条）。

Q 002 申請書の様式と使用する文字

登記申請書はどのような用紙を用いて作成すればよいですか。また、数字を記載する場合、「壱、弐、参、拾、…」のような文字を使用しなければならないのですか。

1 用紙のサイズと紙質

書面による登記申請書は、A4サイズの用紙を縦置き・横書きとして使用することを標準とします（平成16年9月27日民二第2649号第二課長依命通知）。用紙の裏面は使用しません。申請書は30年間保存されるため（規則28条9号・10号）、申請用紙はある程度丈夫なものであることが必要です。通常は、コピー用紙でかまいません。

とじ方は左とじとします。申請書が2枚以上になるときは、申請人またはその代表者もしくは代理人は、各用紙のつづり目に契印をしなければなりません（規則46条1項）。この契印は、申請人またはその代表者もしくは代理人が2人以上のときは、そのうちの1人がすれば足ります（同条2項）。ただし、登記権利者および登記義務者が共同して登記の申請をするときは、登記権利者から1人、登記義務者から1人の各人がしなければなりません（同項ただし書）。

2 申請書等の文字

申請書に記載する文字は、字画を明確にしなければなりません（規則45条1項）。数字については、「1、2、3、10、…」のようにアラビア数字を使用することもできます（「壱、弐、参、拾、…」の文字を使用しなければならないという規定はありません）。

Q003 登記済証を提供できない場合の登記申請

贈与による所有権移転登記をしたいのですが、登記済証（権利書）が見つかりません。その場合、登記はどのようにすればよいでしょうか。

　登記済証または登記識別情報が見つからなくても、次のいずれかの制度を利用することで登記申請をすることができます。各制度の詳細は以降のQを参照してください。

① 事前通知制度
　　➡ Q012・Q013
② 資格者代理人による本人確認情報の提供による申請
　　➡ Q014・Q015
③ 公証人による認証制度
　　➡ Q012

▶ 登記済証または登記識別情報の提供が必要な登記

　登記権利者および登記義務者が共同して権利に関する登記の申請をする場合その他登記名義人が政令（令8条1項）で定める登記の申請をする場合には、申請人は、その申請情報とあわせて登記義務者の登記済証または登記識別情報を提供しなければなりません（法22条、同附則6条3項）。ご質問の「贈与による所有権移転登記」は、この「登記権利者および登記義務者が共同して権利に関する登記の申請をする場合」に該当します。
　なお、登記済証とは、登記所がオンライン指定庁に指定される前に、所有権等の権利の取得の登記をした際に登記権利者に交付されていたものです。

Q004 登記済の手続きのされた保証書による申請

旧法当時、抵当権を設定する際に、登記済証の添付をすることができなかったので、保証書を添付して登記を完了しました。今度、抵当権設定登記を申請するに当たり、その登記済の手続きのされた保証書を提供した場合には登記識別情報の提供があったものとみなされるでしょうか。

登記識別情報の提供があったものとみなされます（参考『登記研究』695号質疑応答）。

(1) 従前の保証書による申請の取扱いについて

　旧不動産登記法当時においては、登記義務者が登記済証を添付できない場合には、申請書に登記を受けたる成年者2人以上が登記義務者の人違いなきことを保証したる書面を2通添付することを要するとされていました（旧法44条(注1)）。

　保証書を添付して所有権に関する登記を申請した場合には、却下事由がない場合には登記の申請があった旨を登記義務者に通知（事前通知）することを要するとされていました（旧法44条ノ2）。

　所有権に関する登記以外の登記申請があった場合には、登記完了後にその旨を登記義務者に通知（事後通知）をすることとされていました（旧細則69条の4）。

　登記官は、登記を完了したならば、保証書2通のうちの1通に、登記の目的および登記済の旨を記載し、登記所の印を押捺して登記義務者に還付していました（旧法60条2項）。

　旧法60条2項の規定により登記済の手続きのされた旧法44条の書面（保証書）は、その後の所有権に関する登記以外の権利に関する登記についての登記義務者の権利に関する登記済証として

取り扱うことができるとされていました（昭和39年5月13日民事甲第1717号民事局長通達^(注2)『登記研究』198号）。

(2) 今度、この登記済の手続のされた保証書を添付して抵当権の設定登記が申請された場合、受理されるかの質問です。

施行通達の第1の3、(3)（『改訂先例・通達集』21頁）では、登記済の手続がされた保証書については、法附則6条が指定されるまでの間（オンライン申請が可能な登記所と法務大臣が指定すること。現在では全ての登記所でオンライン申請が可能となっています）、従来の取扱い（昭和39年5月13日付け民事甲第1717号民事局長通達^(注2)）ができるとしていますので、6条指定後は、この従来の取扱いができないのではないかと疑問を持たれたものと思われます。

法附則7条では、6条の指定がされた後に旧法60条1項もしくは61条の規定により還付され、もしくは交付された登記済証を提出して登記の申請があったときは、登記識別情報が提供されたものとみなすとされています。この趣旨は、従来認められていた登記済証は、新法になったとしても本人確認の手段としての重要性に変更があるわけではないので、申請人の利便性と法の安定性を考えて、従来の登記済証もそのまま利用できるようにしたものと思われます。これは、登記済の手続きのされた保証書も同様ですので、所有権に関する登記以外の登記の申請に登記済の手続きのされた保証書を提供した場合には、登記識別情報の提供があったものとみなされます。

〈保証書への登記済の手続き〉

申請書に添付した保証書の1通には、登記の目的および登記済の旨を記載し登記所の印を押捺してこれを登記義務者に還付していました（旧法60条2項）。印は旧不動産登記準則72条1項による附録第52号様式の印（いわゆる小判）を押印していました。

(注1) 旧不動産登記法44条
　　登記義務者ノ権利ニ関スル登記済証カ滅失シタルトキハ申請書ニ登記ヲ受ケタル成年者二人以上カ登記義務者ノ人違ナキコトヲ保証シタル書面二通ヲ添附スルコトヲ要ス此場合ニ於テ保証ヲ為ス者ガ他ノ登記所ニ於テ登記ヲ受ケタル者ナルトキハ其登記簿ノ謄本ヲモ添附スルコトヲ要ス
(注2) 昭和39年5月13日民事甲第1717号民事局長通達
　　不動産登記法（以下「法」という。）第60条第2項の規定により登記済の手続のされた法第44条の書面（いわゆる保証書）及び共同担保目録に関する申請人の署名については、便宜次のとおり取り扱ってさしつかえないものと考えるから、この旨貴管下登記官に周知方しかるべく取り計らわれたい。
　　　　　　　　　　　　　記
　1　登記済の手続のされた保証書の取扱い
　　法第60条第2項の規定（昭和39年法律第18号改正前の法第60条第2項の規定を含む。）により登記済の手続のされた法第44条の書面（保証書）は、その後の所有権に関する登記以外の権利に関する登記についての登記義務者の権利に関する登記済証として取り扱うことができる。
　（編注：以下省略しました）

DV被害者が登記義務者となって申請する場合の手続き

DV被害者が登記義務者となって登記申請する場合には、住所が変更していてもその旨の変更登記をすることなく所有権移転登記が申請できると聞きましたが、その場合の申請の方法等を教えてください。

(1)　所有権の移転の登記を申請する際に、その登記義務者が登記記録上の住所から移転して変更している場合には、所有権移転登記を申請する前提として登記義務者の住所の変更登記をするのが原則です。

　しかし、登記義務者が配偶者からの暴力の防止及び被害者の保護等に関する法律1条2項に規定する被害者として住民基本台帳事務処理要領（昭和42年10月14日付け法務省民事甲第2671号法務省民事局長、保発第39号厚生省保険局長、庁保発第22号社会保険庁年金保険部長、42食糧業第2668号（需給）食糧庁長官

及び自治振第150号自治省行政局長通知）第6の10の措置（以下「支援措置」という）を受けている被支援措置者である場合においては、当該登記義務者が登記記録上の住所から転居しているときであっても、当該所有権の移転の登記の前提として、当該登記義務者である登記名義人の住所についての変更の登記をすることを要しないとされています（平成25年12月12日民二第809号第二課長通知（以下「平成25年通知」という。『改訂先例・通達集』74頁、『登記研究』808号））。

また、所有権の移転の登記の申請がされた場合において、法23条1項の規定（登記識別情報を提供することができないときの事前通知に関する規定）により通知をしなければならないときは、当該登記義務者の現在の住所に宛てて通知するものとされています（平成25年通知の3）。

なお、この扱いは所有権移転の登記のほか、抵当権その他の権利の移転の登記についても同様に取り扱って差し支えないとされています（平成25年通知の6）。

(2) 添付情報

本件の場合には、通常の所有権移転登記に必要な添付情報の他に、次の情報を提供しなければなりません。

① 登記義務者に係る住所について変更があったことを証する市町村長その他の公務員が職務上作成した情報（公務員が職務上作成した情報がない場合にあっては、これに代わるべき情報）

具体的には、「住民票の写し」または「戸籍の附票の写し」があります。

② 支援措置を受けていることを証する情報

具体的には、市区町村長が支援措置の申出者に対して通知する「支援決定通知書」が該当するものと考えられています（『民事月報』平成26年2月号27頁）。

(3) 申請書に記載する登記義務者の住所について

　申請書に記載する登記義務者の住所は、現在の住所を記載すべきなのか、それとも登記記録に記録されている住所を記載すれば足りるのか平成25年通知では不明です。結論としては、申請時の現在の住所を記載するものと考えます。

　上記通知では、所有権移転の前提としての登記義務者の住所変更の登記を省略できるとしているのみであり、申請書に記載する登記義務者の住所については何も言及していません。登記を申請する際には、申請人の現在の住所を記載するのが原則ですので、申請書には登記義務者の現在の住所を記載すべきと考えます。そのことを裏付けるように、平成25年通知の4の取扱いでは、「所有権の移転の登記の申請が不登法第18条第1号の規定による電子情報処理組織を使用する方法によってされた場合には、登記完了証に記録する登記義務者の住所については、登記完了証の記録内容に係る編集機能を使用して、登記記録上の住所を記録して作成する。」とされています。これは、オンライン申請した場合にはその登記完了証に申請情報に記載された住所が記録されるため（規則181条2項、34条1項1号）、それを修正しなさいということですから、この処置は申請情報（申請書）には現住所を記載することを前提としたものと思われます。

(4) 申請書等の処理

(1) 登記完了後の申請書等の処理

　登記完了後の申請書および添付書面その他の登記簿の附属書類を申請書類つづり込み帳につづり込む場合には、申請書の1ページ目の適宜の箇所に当該登記に係る申請が被支援措置者によるものであることが一見して明らかになるような措置を施すことになっています（平成25年通知の5）。

(2) 閲覧請求に対する対応
　(1)の附属書類に係る閲覧請求については、原則として、当該被支援措置者またはその代理人以外の者は法121条2項ただし書に規定する利害関係を有しないものとし、また、当該代理人からの閲覧の請求の場合は規則193条5項に規定する当該代理人の権限を証する書面に当該被支援措置者が記名押印し、その印鑑証明書を添付しなければなりません（平成25年通知の5、6）。
(3) 閲覧制限の申出があった場合の取扱い
　被支援措置者またはその代理人から閲覧の制限の申出がある場合には次のように取り扱います（平成27年3月31日民二第196号第二課長依命通知『改訂先例・通達集』78頁）。
　① 住所が記載されている部分を塗抹（とまつ）するなどして閲覧をすることができない措置を施した登記申請書等の写しを作成し、申請書類つづり込み帳につづり込む。
　② 申請書類つづり込み帳につづり込まれた登記申請書等の写しの1ページ目の適宜の箇所に、閲覧の制限があることが一見して明らかになるような措置を施す。
　③ 登記申請書等の原本は、申出書とともに封入し、申請書類つづり込み帳の最後部につづり込む。
(4) 閲覧制限の申出があった登記申請書等について閲覧請求があった場合の取扱い
　① 被支援措置者またはその代理人から閲覧の制限の申出があった登記申請書等について閲覧の請求があった場合には、原本を閲覧に供する。
　② 上記①以外の者から閲覧の制限の申出があった登記申請書等について閲覧の請求があった場合には、上記(3)①の写しを閲覧に供す。
　　ただし、請求人が当該登記申請書の附属書類である被支援措置者の印鑑に関する証明書の印影について法121条2項た

だし書に規定する利害関係を有する場合には、当該印影以外に係る部分を別用紙等で覆(おお)った上で、当該印影に係る部分に限りその原本を閲覧に供して差し支えない。

(5) **登記申請書等の閲覧制限の申出の方法**

被支援措置者またはその代理人は、申請書等の閲覧の制限の申出をすることができます。その場合には、次の書面を添付します。
① 申出書に被支援措置者であることを証する書面
② 被支援措置者の令16条2項に規定する印鑑証明書（市区町村長発行のもので発行後3か月以内のもの）
ただし、印鑑証明書を提出することができないやむを得ない事情があると認められる場合は、規則72条2項に掲げる方法により当該被支援措置者本人であることを確認することができるときを除く。
③ 被支援措置者の代理人が申出をする場合には、被支援措置者が記名押印した当該代理人の権限を証する書面および当該押印に係る被支援措置者の印鑑証明書

申出書見本

登記申請書等閲覧制限措置申出書

申出年月日	○○　年　　月　　日
申出人の表示	住　　所 氏　　名 □　登記申請人 □　その他 連絡先（自宅・携帯・勤務先） （　　　　）　－
代理人の表示	住　　所 代理資格 氏　　名 連絡先（自宅・携帯・勤務先） （　　　　）　－
閲覧制限の対象とする登記申請書等	法務局（地方法務局）　　　支局 　　　　　　　　　　　　　　出張所 　　受付　　　　号（　　　　　　）
閲覧制限の対象	□住所を証する情報　□印鑑に関する証明書 □遺産分割協議書　□特別受益証明書　□承諾書 □その他（　　　　　　　　　　　　　　）
申出の理由	○○に住所が記載されており、当該住所が公開されることにより、生命又は身体に危害を受けるおそれがあるため
添付書類	□支援措置を受けていることを証する情報 □代理人の権限を証する情報　□印鑑に関する証明書 □その他（　　　　　　　　　　　　　　）

上記のとおり申出します。
　　　　　　法務局（地方法務局）　　　支局　御中
　　　　　　　　　　　　　　　　　　出張所

申請書見本

```
　　　　　　　　　登　記　申　請　書
登記の目的　　所有権移転
原　　　因　　○○年○月○日売買
権　利　者　　○市○町○番○号
　　　　　　　甲　野　太　郎
義　務　者　　○市○町○番○号(注1)
　　　　　　　乙　川　恵　子
添付情報　　　登記原因証明情報　　登記識別情報　　印鑑証明書
　　　　　　　住所証明書　　変更証明情報(注2)　　支援決定通知書(注3)
　　　　　　　代理権限証明情報
（以下省略）
```

(注1) 変更証明情報（義務者の住民票の写し）に記載されている現在の住所を記載します。
(注2) 義務者の住所変更を証する情報として、登記記録に記録されている住所から現在の住所の移転の経緯のわかる住民票の写しまたは戸籍の附票の写しを添付します。
(注3) 支援措置を受けていることを証する情報として、市区町村長が支援措置の申出者に対して通知する「支援決定通知書」等を提供します。

＊　抵当権抹消登記申請と住所変更登記の要否
　　平成25年通知は、所有権または抵当権その他の権利の移転の登記において、被支援措置者が登記義務者となる場合においての住所変更登記の要否についてのものですが、抵当権抹消の登記の申請をする場合、被支援措置者が登記権利者となる場合にも、被支援措置者の住所変更登記を省略しても差し支えないものと考えます。

〔Q005〕DV被害者が登記義務者となって申請する場合の手続き

Q006 DV被害者が登記権利者となる場合

DV被害者が売買によって不動産を取得しました。所有権移転の登記をしたいのですが、現在の住所を知られたくないためにはどのような申請をすればよいでしょうか。

(1) 登記申請書には、登記権利者の住所および氏名を記載しますが、その場合の登記権利者の住所は、登記申請時の現在の住所を記載するのが原則です。しかし、本件のような場合には、住所証明情報（「住民票の写し」または「戸籍の附票の写し」等に記載されている前住所または前々住所を記載することができます。したがって、登記簿には、申請書に記載された前住所または前々住所が登記権利者の住所として記録されることになります。

(2) 登記権利者が配偶者からの暴力の防止及び被害者の保護等に関する法律1条2項に規定する被害者として住民基本台帳事務処理要領（昭和42年10月14日付け法務省民事甲第2671号法務省民事局長、保発第39号厚生省保険局長、庁保発第22号社会保険庁年金保険部長、42食糧業第2668号（需給）食糧庁長官及び自治振第150号自治省行政局長通知）第6の10の措置（以下「支援措置」という）を受けている被支援措置者である場合であって、次の要件に係る場合には、申請情報に記載された住所を登記権利者の住所として取り扱うことが認められています（平成27年3月31日民二第196号第二課長依命通知（以下「本通知」という『改訂先例・通達集』76頁、『登記研究』808号）。

〈要件〉

① **上申書の提出があること**

住民票上の住所地を秘匿する必要があり、当該登記権利者の印鑑証明書を添付して「住民票に現住所として記載されている住所地は、配偶者等からの暴力を避けるために設けた臨時的な緊急避難地であり、飽くまで申請情報として提供した住所が生活の本拠である」旨を内容とする上申書が申請情報とともに提供されること。

なお、この上申書は当該申請のためにのみ作成された書面であるから原本の還付はできないものと考えます（令55条1項ただし書）。ただし、添付した印鑑証明書は有効期限の定めがなく、また原本還付はできるものと考えます。

② **現在の住所証明書の提出があること**

上記①の申請情報の内容として提供された当該登記権利者の住所が、添付情報として提供された登記名義人となる者の住所を証する市町村長その他の公務員が職務上作成した情報（公務員が職務上作成した情報がない場合にあっては、これに代わるべき情報）において前住所または前々住所等として表示されていること。

③ **申請情報および添付情報等から上記①の上申書の記載内容に疑念を抱かしめる事情がないと認められること**

(3) 添付情報

本件の場合には、通常の所有権移転登記に必要な添付情報の他に、次の情報を提供しなければなりません。

第1章 申請手続

① 登記権利者の前住所または前々住所等が表示された登記権利者の住所を証する情報(「住民票の写し」または「戸籍の附票の写し」等
② 支援措置を受けていることを証する情報
　具体的には、市区町村長が支援措置の申出者に対して通知する「支援決定通知書」が該当するものと考えられています(『民事月報』平成26年2月号27頁)。
③ 上申書
　(2)の①の上申書

申請書見本

```
　　　　　　　　　　登　記　申　請　書
登記の目的　　所有権移転
原　　　因　　○○年○月○日売買
権　利　者　　○市○町○番○号(注1)
　　　　　　　甲　野　花　子
義　務　者　　○市○町○番○号
　　　　　　　乙　川　二　郎
添付情報　　　登記原因証明情報　　登記識別情報　　印鑑証明書
　　　　　　　住所証明書　　上申書(注2)　　支援決定通知書(注3)
　　　　　　　代理権限証明情報
(以下省略)
```

(注1) 住所証明書に記載されている前住所または前々住所を記載します。
(注2) 「住民票に現住所として記載されている住所地は、配偶者からの暴力を避けるために設けた臨時的な緊急避難地であり、飽くまで申請情報として提供した住所が生活の本拠である」旨を内容とする印鑑証明書付きの上申書を提供します。
(注3) 支援措置を受けていることを証する情報として、市区町村長が支援措置の申出者に対して通知する「支援決定通知書」等を提供します。

＊　本通知は、被支援措置者が登記権利者となって所有権移転の登記を申請して登記名義人となる場合のものですが、表題登記、相続登記の申請人となる場合にも適用があるものと考えます。

登記識別情報

Q007 登記識別情報

登記識別情報とは何ですか。

　登記識別情報とは、登記名義人が登記を申請する場合において、当該登記名義人自らが当該登記を申請していることを確認するために用いられる符号その他の情報であって、登記名義人を識別することができるものをいい（法2条14号）、具体的には、アラビア数字その他の符号（アルファベット）からなる12個の文字の組み合わせにより、不動産および登記名義人となった申請人ごとに定められます（規則61条）。

　従前は、同一の申請書で複数人が権利を取得した旨の登記をした場合にも1通の登記済証しか交付されなかったため、誰が登記済証を所持するのか問題となることがありました（たとえば、共有者どうしが登記権利者と登記義務者となって登記申請をする場合において、登記義務者の知らないうちに登記済証が悪用され不正な登記がされる心配があります）。しかし、登記識別情報は、同一の申請書で共有となる登記申請をしても不動産ごとおよび各人ごとに通知されるため、このような問題はなくなりました。

　登記官は、その登記をすることによって申請人自らが登記名義人

となる場合において、その登記を完了したときは、速やかにその申請人に対して、その登記に係る登記識別情報を通知しなければなりません（法21条本文）。ただし、その申請人があらかじめ登記識別情報の通知を希望しない旨の申出をした場合その他の法務省令（規則64条）で定める場合には、通知を省略することができます（法21条ただし書）。

▷ 通知を省略できるケース（規則64条の定め）

法21条ただし書の「法務省令で定める場合」とは、次の場合です。
- 法21条本文の規定により登記識別情報の通知を受けるべき者があらかじめ登記識別情報の通知を希望しない旨の申出をした場合（官庁または公署が登記権利者のために登記の嘱託をした場合において、当該官庁または公署が当該登記権利者の申出に基づいて登記識別情報の通知を希望しない旨の申出をしたときを含む）
- 法21条本文の規定により登記識別情報の通知を受けるべき者（規則63条1項1号に定める方法によって通知を受けるべきものに限る）が、登記官の使用に係る電子計算機に備えられたファイルに登記識別情報が記録され、電子情報処理組織を使用して送信することが可能になった時から30日以内に自己の使用に係る電子計算機に備えられたファイルに当該登記識別情報を記録しない場合
- 法21条本文の規定により登記識別情報の通知を受けるべき者（規則63条1項2号に定める方法によって通知を受けるべきものに限る）が、登記完了の時から3月以内に登記識別情報を記載した書面を受領しない場合
- 法21条本文の規定により登記識別情報の通知を受けるべき者が官庁または公署である場合（当該官庁または公署があらかじめ登記識別情報の通知を希望する旨の申出をした場合を除く）

登記識別情報通知書例（準則37条別記第54号様式）

登記識別情報通知

次の登記の登記識別情報について、下記のとおり通知します。

【不動産】
　〇市〇区〇〇町一丁目1番2の土地
【不動産番号】
　〇〇〇〇〇〇〇〇〇〇〇〇〇
【受付年月日・受付番号（又は順位番号）】
　〇〇年〇月〇日受付　第〇号
【登記の目的】
　所有権移転
【登記名義人】
　〇市〇区〇〇町一丁目100番地
　法務花子

　　　　　　　　　　　　　（以下余白）

　＊下線のあるものは抹消事項であることを示す。

　　　　　〇〇年〇月〇日
　　　　　〇〇法務局〇支局　〇　〇　〇　〇　　|登記官印|
　　　　　登記官

記
登 記 識 別 情 報

|〇〇〇|　|〇〇〇|　|〇〇〇|　|〇〇〇|　　|QRコード|

Q008 登記識別情報の通知方法

登記識別情報はどのような方法で通知されるのですか。

登記識別情報は本人確認のために重要なものですから、本人以外に通知されることのないような方法で通知されます。その方法は、登記申請の方法（オンライン申請／特例方式によるオンライン申請／書面による申請）によって異なります。

(1) オンライン申請の場合（特例方式も含む）

オンライン申請をした場合には、原則として、法務大臣の定めるところにより、登記官の使用に係る電子計算機に備えられたファイルに記録された登記識別情報を電子情報処理組織を使用して送信し、これを申請人またはその代理人の使用に係る電子計算機に備えられたファイルに記録する方法により通知されます（規則63条1項1号）。わかりやすくいうと、申請の際にあらかじめ送信した専用の公開鍵を用いて登記識別情報を暗号化したものを、申請人または代理人が、自らが使用するパソコンにダウンロードするということです。

代理人がこの方法により登記識別情報を受領するときは、代理人の権限を証する情報に「登記識別情報の復号に関する一切の権限」の委任条項があることが必要です。

なお、従前においては、オンラインで申請した場合には、登記識別情報は必ずオンラインで送信される取扱いでしたが、オンライン申請の場合であっても、規則63条1項柱書の法務大臣の定

める方法として、当面、登記識別情報を記載した書面（「登記識別情報通知書」）の交付を申し出ることができることとなりましたので、登記所の窓口で、または送付によって、登記識別情報通知書を受け取ることも可能です（特例通達第2の3(1)(2)（『改訂先例・通達集』42頁））。

(2) 書面による申請の場合

　書面によって登記申請をした場合は、登記所の窓口で、または送付によって、登記識別情報を記載した書面（「登記識別情報通知書」）を受け取ることになります（規則63条1項2号）。

　登記識別情報通知書の送付を希望する場合には、その旨と送付先を申請書に記載します。たとえば、「登記完了後に通知される登記識別情報通知書・登記完了証・還付される添付書面は代理人の住所に送付してください」と記載すればよいでしょう。

　登記申請をした代理人が登記識別情報通知書を受領する場合には、その旨の特別の委任が必要となりますので（規則62条2項）、登記申請の委任状には委任事項として「登記識別情報通知書の受領に関する件」と記載すればよいでしょう。単に「登記に関する一切の件」だけでは、登記識別情報通知書を受領する旨の特別の委任があったとは認められませんので、代理人は登記識別情報通知書を受領することができません。

　なお、登記申請は申請人本人が行ったが、登記識別情報通知書の受取りに行けないような場合が生じるときがあります。その場合には、登記識別情報通知書を受けるための特別の委任をすることができますので、その旨の委任状を作成すれば、委任を受けた代理人が受領することができます。その場合、委任状には、申請人が当該申請書に押印した印を押印し、登記申請の内容および不動産の表示を記載します。代理人は、当該委任状と代理人の印鑑を持参して委任状を提出して登記識別情報通知書を受領すること

ができます。その際、代理人の身分証明書等（運転免許証、パスポート、写真入りの住基カード等）の提示を求められるのが一般的ですので、身分証明書を持参します。

＊　＊　＊

登記所の窓口で登記識別情報通知書を受け取る場合の手続きは、登記申請の方法（オンライン申請／特例方式によるオンライン申請／書面による申請）によって異なります。

(1) **オンライン申請の場合（特例方式による場合を除く）**

登記官は、受付番号を確認のうえ、身分証明書等（運転免許証、パスポート、写真入りの住基カード等）の文書の提示を求める方法によって、登記識別情報を交付することができる人であるか否かを細心の注意を払って確認し、交付します。この場合、交付を受ける人に登記識別情報通知書交付簿（準則18条(13)、同別記第14号様式）に署名および押印をしてもらい、その人の了解を得て、その文書のコピーを登記識別情報通知書交付簿に添付します。了解を得ることができない場合には、文書の種類、証明書の番号その他文書を特定することができる番号等の文書の主要な記載内容を登記識別情報通知書交付簿に記載します（特例通達第2の3(6)（『改訂先例・通達集』42頁））。

(2) **特例方式によるオンライン申請の場合**

オンライン申請が特例方式によってされた場合には、添付書面の提出に際して「書面により提出した添付情報の内訳表」（規則別記第13号様式）を添付しなければならないとされています（規則附則21条3項）。その内訳表には申請人等が押印することとなっ

ていることから、特例方式によりこの内訳表を添付して書面が申請されている場合には、内訳表に押されている印と同一の印を登記識別情報通知書交付簿に押印してもらうことになります。

　なお、登記官が必要と認めるときは、身分証明書等の文書の提示を求め、登記識別情報通知書の交付を受けることができる人であるか否かを確認し、その際、交付を受ける人の了解を得て、その文書の写しを作成し、登記識別情報通知書交付簿に添付しておきます（準則37条5項）。了解を得ることができない場合にあっては、文書の種類、証明書の番号その他文書を特定することができる番号等の文書の主要な記載内容を登記識別情報通知書交付簿に記載するものとされています（同項ただし書）。

　内訳表の提出がなかった場合には、特例方式によらずにオンライン申請がなされた場合と同様の方法によって交付します（特例通達第2の3(7)（『改訂先例・通達集』42頁））。

(3) 書面による申請の場合

　登記官は、交付を受ける人に、その登記の申請書に押印したものと同一の印を登記識別情報通知書交付簿に押印してもらい、登記識別情報を交付することができる人であることを確認するとともに、その登記識別情報通知書を受領したことを明らかにします（準則37条4項）。

　なお、登記官が必要と認めるときは、身分証明書等の文書の提示を求め、登記識別情報通知書の交付を受けることができる人であるか否かを確認し、その際、交付を受ける人の了解を得て、その文書の写しを作成し、登記識別情報通知書交付簿に添付しておきます（同条5項）。了解を得ることができない場合にあっては、文書の種類、証明書の番号その他文書を特定することができる番号等の文書の主要な記載内容を登記識別情報通知書交付簿に記載するものとされています（同項ただし書）。

* * *

　登記識別情報通知書を送付によって受け取る方法は、申請人または代理人（以下「申請人等」という）または資格者代理人（登記の申請の代理を業とすることができる司法書士、土地家屋調査士、弁護士のこと）の区別によって、次のように区分されます。

申請人等が受領する場合

申請人の別	送付の方法（規則63条4項各号）
申請人等が自然人の場合において当該申請人等の住所に宛てて送付するとき（ただし、申請人等が外国に住所を有する場合を除く）	日本郵便株式会社の本人限定受取郵便（特例型）またはこれに準ずる方法（1号）
申請人等が法人である場合において当該申請人等である法人の代表者の住所に宛てて送付するとき（ただし、申請人等が外国に住所を有する場合を除く）	日本郵便株式会社の本人限定受取郵便（特例型）またはこれに準ずる方法（1号）
申請人等が法人である場合において当該申請人等である法人の住所に宛てて送付するとき（ただし、申請人等が外国に住所を有する場合を除く）	書留郵便または信書便の役務であって信書便事業者において引受けおよび配達の記録を行うもの（2号）。たとえば、日本郵便のレターパックプラス。以下同じ。
申請人等が外国に住所を有する場合	書留郵便もしくは信書便の役務であって信書便事業者において引受けおよび配達の記録を行うものまたはこれらに準ずる方法（3号）

資格者代理人が受領する場合

申請人の別	送付の方法（規則63条5項各号）
資格者代理人が自然人である場合において当該代理人の住所に宛てて送付するとき	日本郵便株式会社の本人限定受取郵便（特例型）またはこれに準ずる方法（1号）
資格者代理人が法人である場合において当該代理人である法人の代表者の住所に宛てて送付するとき	日本郵便株式会社の本人限定受取郵便（特例型）またはこれに準ずる方法（1号）
資格者代理人が自然人である場合において当該代理人の事務所の所在地に宛てて送付するとき	書留郵便または信書便の役務であって信書便事業者において引受けおよび配達の記録を行うもの（2号）
資格者代理人が法人である場合において当該代理人である法人の住所に宛てて送付するとき	書留郵便または信書便の役務であって信書便事業者において引受けおよび配達の記録を行うもの（2号）

Q009 登記識別情報の通知の可否…所有権移転登記の抹消

AからBへの所有権移転登記がされている土地について、「錯誤」を原因として所有権移転登記を抹消した場合には、前の所有者であるAのために登記識別情報が通知されるのですか。

　通知されません。

　AからBへの所有権移転に錯誤があり、実際には所有権が移転していないにもかかわらず、所有権移転の登記がされている場合には、Aが登記権利者、Bが登記義務者となって共同で所有権移転登記の抹消登記の申請をすることができます。質問者は、その場合に、Aに新たに登記識別情報が通知されるのではないかと思われたの

でしょう。しかし、登記識別情報が通知される場合というのは、その登記をすることによって申請人自らが登記名義人となる場合に限られています（法21条）。所有権抹消登記をしても所有権移転登記が抹消されるだけであり、これにより結果的にAが所有者として復活しますが、当該抹消登記によってAが新たに所有権の登記名義人として登記されるものではありませんから、登記識別情報が通知されることはありません。

なお、所有権移転登記をしたからといって前の所有者の登記識別情報が失効するわけではないので、Aは、従前に通知を受けた登記識別情報を利用することができます。

Q010 登記識別情報の通知の可否　…所有権の持分更正

登記記録上、甲持分2分の1、乙持分2分の1の共有となっているのを、甲持分3分の2、乙持分3分の1と更正する予定です。この場合、登記識別情報は通知されるでしょうか。

通知されません。

登記識別情報は、その登記をすることによって申請人自らが登記名義人となる場合において、その申請人に対して通知されるものです（法21条）。持分のみの更正の場合には、登記記録に新たな登記名義人が登記されるわけではないので、登記識別情報は通知されません。

Q011 登記識別情報の通知を希望しない場合の委任状の記載方法

登記申請を代理人がする場合に、登記識別情報の通知を希望しない場合には、委任状にその旨の記載をする必要がありますか。

その旨を記載すべきと考えます。

(1) 登記官は、その登記をすることによって申請人自らが登記名義人になるときは、登記完了後に、申請人に対して登記識別情報を通知しなければなりませんが、当該申請人があらかじめ登記識別情報の通知を希望しない旨の申出をした場合には、通知をしなくてもかまいません（法21条ただし書、規則64条1項1号）。

　これは、登記識別情報は、次回の登記をする際の本人確認のための重要な資料として利用されますが、その管理が煩わしいため通知を希望しない人にまで通知をすることは必要ないとして、登記識別情報の通知を受けるかどうかを申請人の判断に委ねたものと思われます。登記識別情報の通知を希望するかしないかは重要な事項です。

(2) 代理人の権限は本人に委任された範囲に限られ、委任されていない行為はすることができないのが原則です。そのため、登記申請を代理人が行う場合には、その代理人の権限を証するものとして委任事項を記載した委任状が添付されます。申請書に登記識別情報の通知を希望しない旨の記載があったとしても、委任状の委任事項にその旨の記載がない場合には、本人の意思を確認することができないため、代理人の代理権の範囲外の行為となります。したがって、登記識別情報の通知を希望しない旨の申出をする場

合には、その旨を委任状に明確にする必要があります。委任事項として、「登記識別情報の通知を希望しないのでその旨の申出をする件」と記載すればよいでしょう。

(3) なお、同一不動産について一般承継による抵当権の移転登記と抵当権の抹消登記が連続する受付番号で申請された場合（連件申請）には、代理人が作成した申請書に登記識別情報の通知を希望しない旨の申出が記載されているときには、委任状から「登記識別情報の通知を希望しない旨の申出を行う」旨の授権内容が直接に確認できないものであっても、当該代理人の授権内容として当該登記識別情報の通知に関する特別の委任が明らかに推認できることから、登記官は登記識別情報を通知する必要はないとされています（『登記研究』758号カウンター相談）。カウンター相談の内容を要約すると、その理由は次のようになります。

　「同一の不動産について一般承継による抵当権の移転の登記の申請と当該抵当権の登記の抹消の登記が順次された場合には、当該抵当権の登記の抹消の際に必要な登記識別情報は、当該抵当権の移転の登記が完了した後に通知されたものを提供することになり、抵当権の移転の登記の申請と当該抵当権の登記の抹消の申請とが前後を明らかにして同時にされた場合には、当該抵当権の抹消登記に必要な登記識別情報は、申請情報と併せて提供したものとみなされる（規則67条）ことから、申請人に登記識別情報が通知されることなく、抵当権の抹消の登記がされることになる。

　したがって、抵当権移転登記が完了した後に通知される登記識別情報は、その後の当該抵当権の登記が抹消されることによりその役割を終えるものであり、後日になって本人確認資料として使用されることは想定されない。したがって、このような場合には、申請人に登記識別情報が通知されなくとも、特段の不都合が生ずる可能性がないばかりか、もはや無用となった登記識別情報の通知を受けないとの意思を有していることが十分に考えられるの

で、このような場合には代理人が申請情報に登記識別情報の通知を希望しない旨を記録したときは、申請人において登記識別情報の通知を受けることは必要ないとの意思が授権内容となっていたことが明らかに推認できるものと考えられる。」

　このカウンター相談の回答は、住宅金融支援機構等のことを念頭においてされたものと思われますが、この取扱いは限定的な取扱いですから、登記識別情報の通知を希望しない場合には、その旨を委任状に明らかにすべきです。

事前通知制度

Q012 事前通知制度

登記済証が見当たりません。「事前通知制度があるから登記済証がなくても大丈夫だ」と言われたのですが、事前通知制度とはどのようなものなのですか。

　登記権利者と登記義務者の共同申請によって権利に関する登記の申請をする場合、登記義務者となる人は、登記識別情報または登記済証を提供しなければなりません。事前通知は、これらの提供ができない場合に、本人に間違いないことを確認するための手続きです。登記識別情報または登記済証を提供しなければならない登記申請を行おうとするときに、その提供ができない場合には、登記が申請された後、登記官は原則として登記義務者に対して事前通知を行わなければならないと定められています（法23条1項。ただし、①資格者代理人の本人確認情報の提供がある場合、②公証人の認証がある場合であり、かつ、登記官がこれらの内容を相当と認めたときは、事前通知を省略することができます）。

1　事前通知の方法

　登記義務者あてに、「当該登記申請があったこと」および「当該申請の内容が真実であると思料するときは通知を発送した日から2

週間以内(ただし登記義務者の住所が外国にある場合には4週間以内)に、規則70条5項で定める方法によりその旨の申出をしてもらいたいこと」が通知されます。

　書面によって登記申請をした場合、通知内容に間違いがない場合には、回答欄に氏名を記載し、申請書または委任状に押印した実印を押印して、窓口に持参するか郵送等の方法により登記所に返送してください。事前通知書が登記所に返送され、押印された印が申請書または委任状に押印された印と相違ないことが確認されると、登記識別情報または登記済証の提供があったのと同じ効果が生じ、登記の手続きを進めることができます。申出が期間内にない場合には、申請は却下されます(法25条10号)。

　オンラインによって登記申請をした場合には、申出書に申請書または委任状にした電子署名と同じ電子署名をして、登記・供託オンライン申請システムを利用して送信します。

　なお、所有権に関する登記申請に関して事前通知を行う場合に、登記義務者が申請前3月以内に住所変更の登記をしているときは、規則71条2項で定める場合を除き前住所地にも当該申請があった旨が通知されます(法23条2項、規則71条)。

2　公証人の認証がある場合とは

　申請書等について公証人から当該申請人が法23条1項の登記義務者であることを確認するために必要な認証がされ、登記官がその内容を相当と認めるときは、事前通知を省略することができます(法23条4項2号、『施行通達第』第1の10)。

(1) 申請書等とは

　この場合の「申請書等」とは具体的に何をいうのかわかりにくいところですが、法23条4項2号では、「当該申請に係る申請情

報（委任による代理人によって申請する場合にあっては、その権限を証する情報）を記載し、又は記録した書面又は電磁的記録について」とされています。したがって、申請書等とは、申請書と委任状をいうものと思われます。

しかし、申請情報が記載されている、契約書、報告形式の登記原因証明情報は含まれないのか疑問のあるところです。本書としては、令3条の申請情報が記載してある場合には、これら書面も申請情報を記載した書面に含まれるのではないかと考えるところですが、それについて述べている文献は見当たらないところです。

(2) 必要な認証とは

具体的には、申請書等に次の認証がされている場合です（『施行通達第』第1の10）。

① 公証人法36条4号に掲げる事項を記載する場合（嘱託人またはその代理人の氏名を知り面識がある旨の事項を記載する場合）

> 嘱託人何某は、本公証人の面前で、本証書に署名押印（記名押印）した。本職は、右嘱託人の氏名を知り、面識がある。よって、これを認証する。

または

> 嘱託人何某は、本公証人の面前で、本証書に署名押印（記名押印）したことを自認する旨陳述した。本職は、右嘱託人の氏名を知り、面識がある。よって、これを認証する。

② 公証人法36条6号に掲げる事項を記載する場合（印鑑証明書の提出の他これに準ずる確実な方法により人違いないことを証明させ、または印鑑もしくは署名に関する証明書を提出させて証書の真正なことを証明させたときはその旨およびその事由を記載する場合）

ア　印鑑および印鑑証明書により本人を確認している場合の例

> 嘱託人何某は、本公証人の面前で、本証書に署名押印（記名押印）した。本職は、印鑑及びこれに係る印鑑証明書の提出により右嘱託人の人違いでないことを証明させた。よって、これを認証する。

または

> 嘱託人何某は、本公証人の面前で、本証書に署名押印（記名押印）したことを自認する旨陳述した。本職は、印鑑及びこれに係る印鑑証明書の提出により右嘱託人の人違いでないことを証明させた。よって、これを認証する。

イ　運転免許証により本人を確認している場合の例

> 嘱託人何某は、本公証人の面前で、本証書に署名押印（記名押印）した。本職は、運転免許証の提示により右嘱託人の人違いでないことを証明させた。よって、これを認証する。

または

> 嘱託人何某は、本公証人の面前で、本証書に署名押印（記名押印）したことを自認する旨陳述した。本職は、運転免許証の提示により右嘱託人の人違いでないことを証明させた。よって、これを認証する。

▶ 規則71条2項で定める場合

① 住所変更の登記原因が、行政区画もしくはその名称または字もしくはその名称についての変更または錯誤もしくは遺漏である場合
② 住所変更の登記の申請日が、登記義務者の住所についてされた最後の変更の登記の申請に係る受付の日から3月を経過している場合
③ 登記義務者が法人の場合
④ 資格者代理人による本人確認情報の提供があった場合において、その本人確認情報の内容により申請人が登記義務者であることが確実であると認められる場合

Q013 会社代表者への事前通知の方法

登記義務者が会社の場合、法23条による事前通知は書留郵便で出されますが、代表者個人の住所に通知してもらう場合も書留郵便で出されるのですか、それとも本人限定受取郵便で出されるのですか。

　本人限定受取郵便で出されます。
　登記義務者が法人の場合は、原則として書留郵便または信書便の役務であって信書便事業者において引受けおよび配達の記録を行うもの（たとえば、日本郵便のレターパックプラスなど）によってされます（規則70条1項2号）。しかし、当該法人の代表者の住所に宛てて書面を送付するときは、日本郵便株式会社の内国郵便約款の定めるところにより名宛人本人に限り交付し、もしくは配達する本人限定受取郵便またはこれに準ずる方法によってされることになります（同項1号）。

▶ 会社代表者への事前通知

法人に事前通知をする場合には、その主たる事務所に宛てて送付をするのが原則ですが（準則43条2項本文）、申請人から事前通知書を法人の代表者の住所あてに送付を希望する旨の申出があったときはその申出に応じて差し支えないとされています（同項ただし書。申出の方法は口頭でもかまいませんが、申請書にその旨を記載するのがよいでしょう）。その場合の住所は、法人登記簿に記録されている住所となります。

事前通知の方法

登記義務者の別	送付の方法（規則70条1項各号）
登記義務者が自然人であるとき	日本郵便株式会社の内国郵便約款の定めるところにより名宛人本人に限り交付し、もしくは配達する本人限定受取郵便またはこれに準ずる方法（1号）
登記義務者が法人である場合において当該登記義務者である法人の代表者の住所に宛てて送付するとき	日本郵便株式会社の内国郵便約款の定めるところにより名宛人本人に限り交付し、もしくは配達する本人限定受取郵便またはこれに準ずる方法（1号）
登記義務者が法人であるとき	書留郵便または信書便の役務であって信書便業者において引受けおよび配達の記録を行うもの（2号）。たとえば、日本郵便のレターパックプラス。以下同じ。
登記義務者が外国に住所を有する場合	書留郵便もしくは信書便の役務であって信書便業者において引受けおよび配達の記録を行うものまたはこれに準ずる方法（3号）

資格者代理人による本人確認

Q014 資格者代理人による本人確認

資格者代理人による本人確認について教えてください。

(1) 資格者代理人による本人確認

　登記の申請が、司法書士・土地家屋調査士・弁護士等による登記申請を業とすることができる資格者代理人によってされ、登記官が当該代理人から規則72条により当該申請が法23条1項の登記義務者であることを確認するために必要な情報（資格者代理人による本人確認情報）の提供を受け、かつ、その内容を相当と認めたときは、法23条1項の事前通知をする必要はありません（本人確認情報の内容を相当と認めることができない場合には、事前通知の手続きをとることとされています（準則49条4項））。

　ここでいう「資格者代理人による本人確認情報」とは、登記の申請をした資格者代理人が本人確認して作成したものに限ります。したがって、当該登記の申請代理人とならない資格者代理人が本人確認して作成した本人確認情報の提供があっても、本人確認情報とは認められません。

(2) 資格者代理人による本人確認情報

　資格者代理人（資格者代理人が法人である場合にあっては、当該申請において当該法人を代表する者をいう）は、申請人が当該登記申請の権限を有する登記名義人であることを登記官が確認するための情報として、次に掲げる事項を明らかにしなければなりません（規則72条1項各号）。

---
① 資格者代理人が申請人（申請人が法人の場合は代表者またはこれに代わるべき人）と面談した日時、場所およびその状況（1号）
② 資格者代理人が申請人の氏名を知り、かつ、申請人と面識があるときは、申請人の氏名を知り、かつ、申請人と面識がある旨およびその面識が生じた経緯（2号）
③ 資格者代理人が申請人の氏名を知らず、または当該申請人と面識がないときは、申請の権限を有する登記名義人であることを確認するために当該申請人から提示を受けた規則72条2項各号に掲げる書類の内容および当該申請人が申請の権限を有する登記名義人であると認めた理由（3号）

　なお、「申請人の氏名を知り、かつ、申請人と面識がある」とは、「資格者代理人が、当該登記の申請の3月以上前に当該申請人について、資格者代理人として本人確認情報を提供して登記の申請をしたとき（準則49条1項1号）」、「資格者代理人が当該登記の申請の依頼を受ける以前から当該申請人の氏名及び住所を知り、かつ、当該申請人との間に親族関係、1年以上にわたる取引関係その他の安定した継続的な関係の存在があるとき（同項2号）」のいずれかに該当する場合をいいます。

(3) **資格者代理人が申請人の氏名を知らず、または当該申請人と面識がない場合の本人確認方法**

　規則72条1項3号に規定する場合（資格者代理人が申請人の氏名を知らず、または当該申請人と面識がない場合）に、資格者代理人が申請人について確認をするときは、次に掲げる方法のいずれかにより行うものとされています（規則72条2項各号）。

① 次のうちいずれか一つ以上の提示を求める方法（1号）
- 運転免許証（道路交通法92条1項に規定する運転免許証をいう）
- 個人番号カード（行政手続における特定の個人を識別するための番号の利用等に関する法律2条7項に規定する個人番号カードをいう）(注)
- 旅券等（出入国管理及び難民認定法2条5号に規定する旅券および同条6号に規定する乗員手帳をいう。ただし、当該申請人の氏名および生年月日の記載があるものに限る）
- 在留カード（同法19条の3に規定する在留カードをいう）
- 特別永住者証明書（日本国との平和条約に基づき日本の国籍を離脱した者等の出入国管理に関する特例法7条に規定する特別永住者証明書をいう）
- 運転経歴証明書（道路交通法104条の4に規定する運転経歴証明書をいう）

② 次の書類のうち、当該申請人の氏名、住所および生年月日の記載があるもののうちいずれか二つ以上の提示を求める方法（2号）
- 国民健康保険、健康保険、船員保険、後期高齢者医療もしくは介護保険の被保険者証
- 健康保険日雇特例被保険者手帳

- ・国家公務員共済組合もしくは地方公務員共済組合の組合員証
- ・私立学校教職員共済制度の加入者証
- ・国民年金手帳（国民年金法13条1項に規定する国民年金手帳をいう）
- ・児童扶養手当証書
- ・特別児童扶養手当証書
- ・母子健康手帳
- ・身体障害者手帳
- ・精神障害者保健福祉手帳
- ・療育手帳
- ・戦傷病者手帳

③ 規則72条2項2号に掲げる書類のうちいずれか一つ以上および官公庁から発行され、または発給された書類その他これに準ずるものであって、当該申請人の氏名、住所および生年月日の記載があるもののうちいずれか一つ以上の提示を求める方法（3号）

　なお、これらの書類は、資格者代理人が提示を受けた時点で有効であることが必要です（規則72条2項ただし書）。

（注）住民基本台帳カードから個人番号カードに変更されましたが、住民基本台帳カードはその有効期間が満了し、また個人番号カードの交付を受けるなどによりその効力を失うまでの間は、個人番号カードとみなされます（戸籍法施行規則等の一部を改正する省令（平成27年法務省令第51号）附則第2条第3号）平成27年12月17日民二第874号民事局長通達（『改訂先例・通達集』83頁、『登記研究』821号））。

Q 015 印鑑証明書等を資格者代理人による本人確認の資料とすることの可否

登記申請人の印鑑証明書、住民票の写しは、規則72条2項3号でいう「官公庁から発行され、または発給された書類」として認められるでしょうか。

認められないと考えます。

資格者代理人が本人確認情報を作成する場合において、申請人の氏名を知らず、または面識がないときは、申請人から申請の権限を有する登記名義人であることを確認するための資料として、規則72条2項各号に掲げる書類を提示してもらうことになっています（規則72条1項3号）。

同条2項1号および2号では、具体的な書類が示されています。そして、同項3号では、「官公庁から発行され、又は発給された書類その他これに準ずるものであって、当該申請人の氏名、住所及び生年月日の記載があるもの」もその資料の一つとされています。市区町村長が発行した印鑑証明書または住民票の写し（以下「印鑑証明書等」という）はこれらの条件を充たしているので、これらの書類をこの3号の書類として使用できるのではないかという疑問が生じたものと考えます。

しかし、同条2項1号および2号に掲げる書類はいずれも本人しか持つことのできないものであり、また、唯一存在するものです。印鑑証明書等は何通も発行され、他人に提供することが主な利用方法であることから、本人を確認するための資料としては充分ではありません。また、印鑑証明書については、所有権の登記名義人が登記義務者となるとき、または所有権以外の権利の登記名義人が登記識別情報を提供することができないときには印鑑証明書を添付することとなっている（令16条1項、2項、規則47条3号ハ）ことか

ら考えると、本人確認の資料としてはふさわしくありません（登記識別情報の提供を要する登記の申請については、登記官は登記識別情報と印鑑証明書または電子証明書の2種類の情報によって本人からの申請であることを確認するのですが、登記識別情報の提供に代わる資格者代理人の本人確認情報においても印鑑証明書で本人確認してもよいとなると、1種類の情報により本人確認していることになり、制度の趣旨から不適当であるとされています（『登記研究』764号25頁））。住民票の写しにおいては、印鑑証明書よりも厳重な保管管理がされていない現状を考えると、なおさら本人確認の資料としてはふさわしくないものと考えます。

添付情報（添付書面）

Q016 印鑑証明書等の有効期間の計算方法

次の場合、印鑑証明書等の「作成後3か月」の期間の満了日はいつになるでしょうか。
① 2月28日作成の場合
② 4月10日作成の場合
③ 3月30日作成の場合

　令16条2項による印鑑証明書および令7条1項1号ロまたは2号に掲げる情報を記載した書面であって、市町村長、登記官その他の公務員が職務上作成したものは、作成後3か月以内のものを提出することになります（令16条3項、17条1項）。①の場合は5月31日（ただし、うるう年の場合は5月28日）、②の場合は7月10日、③の場合は6月30日が満了日となり、それぞれの日まで有効となります。

　期間の計算方法については、期間が日、週、月、年を単位とするときは、期間が午前0時から始まるときを除き、初日は算入しないのが原則です（民法140条）。

　期間の計算方法は3通りあります（同法143条各項）。

ア　週、月または年によって期間を定めたときは、その期間は、暦に従って計算する（1項）
　　→①の場合が該当（ただし、うるう年の場合は該当しない）

イ　週、月または年の初めから期間を起算しないときは、その期間は、最後の週、月または年においてその起算日に応当する日の前日に満了する（2項）
　　　→うるう年の場合の①、および②の場合が該当
　ウ　月または年によって期間を定めた場合において、最後の月に応当する日がないときは、その月の末日に満了する（2項ただし書）
　　　→③の場合が該当

〈2月28日作成の場合（うるう年でない場合）〉

　起算日：3月1日
　計算方法：「月の初めから期間を起算し、月によって期間を定めたとき」に該当するため、上記アの方法により、暦によって計算します。「暦によって計算する」とは、たとえば「8月1日から1か月」といえば8月31日まで、「2月1日から1か月」といえば2月28日まで（ただし、うるう年の場合は29日まで）です。
　有効期間：うるう年でない場合、2月28日作成の印鑑証明書等の有効期間は3月1日から3か月となるので、3か月後の5月の末日である5月31日まで有効となります（『登記研究』582号質疑応答）。

〈2月28日作成の場合（うるう年の場合）〉

　起算日：2月29日
　計算方法：「月の初めから期間を起算しないとき」に該当し、かつ、3か月後の5月に応当する日があるため、上記イの方法によって計算します。

有効期間：起算日に応当する日（5月29日）の前日である5月28日が満了日となりますので、5月28日まで有効です。

〈4月10日作成の場合〉

起　算　日：4月11日

計算方法：「月の初めから期間を起算しないとき」に該当し、かつ、3か月後の7月に応当日があるため、上記イの方法によって計算します。

有効期間：起算日に応当する日（7月11日）の前日である7月10日が満了日となりますので、7月10日まで有効です。

〈3月30日作成の場合〉

起　算　日：3月31日

計算方法：「月の初めから期間を起算しないとき」に該当しますが、3か月後の応当日となる6月31日という日付は存在しないため、上記ウの方法によって計算します。

有効期間：起算日に応当する日付（6月31日）が存在しないため、その月の末日である6月30日が満了日となりますので、6月30日まで有効です。

＊　＊　＊

なお、国の行政庁に対する申請、届出その他の行為の期限が行政機関の休日に当たるときは、行政機関の休日の翌日をもってその期限とみなされます（行政機関の休日に関する法律2条）。したがって、満了日が土曜日、日曜日の場合には、月曜日が満了日となり、月曜日が休日の場合には、火曜日が満了日となります。

Q017 サイン証明書の原本還付の可否と有効期間

所有権の登記名義人である外国人が登記義務者となる場合には、印鑑証明書の代わりにサイン証明書を提出しますが、このサイン証明書は原本還付できるでしょうか。また、有効期間はあるのでしょうか。

1 原本還付の可否

　サイン証明書は、原本還付はできません。

　登記官は、提出された添付書面の原本により登記申請が正しくされているかを確認するため、申請書に添付した書面は、還付されないのが原則です。例外として、売買契約書、抵当権設定契約書、判決書のように登記の申請以外にも使用されるものについては、原本の還付が認められないと申請人に不都合が生じますので原本還付されますが（規則55条1項）、そのような不都合が生じないものについては原本を還付する理由はありません。

　還付できない例として、申請書に押印した人の印鑑証明書があります（令16条2項）。これは、印鑑証明書が登記義務者の本人確認のための重要な資料であり、また、偽造による不正な事件を防止するためにも、登記完了後も登記所に保管することが相当であるためです（小宮山秀史『逐条解説不動産登記規則1』522頁・テイハン）。そして、所有権の登記名義人である外国人が登記義務者となる場合に提出するサイン証明書は、令16条2項の印鑑証明書の代わりに提出されるものですから、原本還付はできないとされています（『登記研究』692号質疑応答）。

2 サイン証明書の有効期間

令16条2項による印鑑証明書は作成後3か月以内のものを提供しますが、サイン証明書は期間の定めがないものとされています(昭和48年11月17日民三第8525号第三課長回答(『改訂先例・通達集』62頁、『登記研究』314号)。この通達は在外邦人のサイン証明書の例ですが、外国人のサイン証明書の場合にも適用されるものと解します)。印鑑の場合には、改印することがあるので作成後3か月以内のものを提供する意味がありますが、サインの場合には変更されるようなことがないので、期間の定めがないものと思われます。

Q018 報告形式の登記原因証明情報の原本還付の可否

報告形式の登記原因証明情報は原本還付されないと聞きましたが、他の管轄の不動産が記載されている場合もそうでしょうか。

　他の管轄の不動産が記載されている場合も、原本還付されません。

(1)　登記官は登記申請書が正しくされているかを確認するために申請書に添付された添付書面の原本を確認するので、その原本は還付されないのが原則ですが、売買契約書、抵当権設定契約書のように登記の申請以外にも使用されるものについては、原本とそのコピーを提出すれば、最終の調査完了後に原本は還付されます(規則55条)。しかし、他の目的に使用されることのないものについては原則に戻り、原本の還付は認められません。

(2) 原本還付ができない書面の一つとして、規則55条1項ただし書では「当該申請のためにのみ作成された委任状その他の書面」が挙げられています。報告形式の登記原因証明情報は、これに該当します。

　他の管轄の不動産と共同担保にあるような場合において、報告形式の登記原因証明情報に他の管轄の不動産が記載されている場合には、他の管轄の登記所に登記申請をする際に利用するのだから原本還付されるのではないか、という考えもあるかと思います。しかし、登記原因証明情報は登記を正しく行うために提出するものであり、当該登記申請をするためにのみ作成されるものであること、また、再度作成が可能であることなどの理由で、原本還付はできない取扱いとなっています。

Q019 特例方式により相続登記をする場合の登記原因証明情報のPDF化の範囲

オンライン申請の特例方式によって登記申請する場合には、申請情報とあわせて登記原因証明情報をPDF形式で提供しなければならないそうですが、相続を証する書面はどのようにすればよいですか。

(1) オンライン申請には、通常のオンライン申請と特例方式によるオンライン申請があります。オンライン申請とは、本来、登記申請情報と添付情報をパソコンのオンラインを利用して申請するものですが、添付書面の中には、たとえば戸籍謄本・遺産分割協議書等、紙でできた書面があり、これらの書面はオンラインで送信することはできません。そこで、申請情報はオンラインで送信するが、添付書面については、登記所の窓口に持参するかまたは送付する方法が認められました。これが特例方式といわれるもので

す。

　特例方式により登記原因を証する情報を記載した書面を提出するときは、申請情報とあわせて当該書面に記載された情報を記録した電磁的記録（具体的にはPDFファイル）を送信しなければなりません。この電磁的記録は、当該書面に記載されている事項をスキャナで読み取って提供しなければならないこととされていますが、その場合、登記原因の内容を明らかにする部分について記録すれば足ります。

(2)　相続登記の申請の場合には、相続関係説明図をPDF化すれば、戸籍謄本、除籍謄本はPDF化して送信しなくてもかまいません。その他の遺産分割協議書、特別受益の証明書、相続放棄の申述受理証明書等については、従前はPDF化して提供する取扱いでしたが、これらの書面についても相続関係説明図に「遺産分割」、「特別受益」、「放棄」等の具体的な内容を記載した相続関係説明図のみをPDF形式で提供すれば足りる取扱いとなりました（平成20年11月12日民二第2958号第二課長通知）。

　なお、これら戸籍謄本、除籍謄本、遺産分割協議書、特別受益の証明書、相続放棄の申述受理証明書等の登記原因証明情報は、オンライン申請の受付の日から2日以内に登記所に提出しなければなりません（規則附則21条2項）。この期間の計算は、初日は算入しません（民法140条、特例通達第1の1(7)（『改訂先例・通達集』39頁））。また、期限が日曜日、土曜日、祝日等の行政機関の休日に当たるときは、その翌日が期限となります（行政機関の休日に関する法律2条）。

Q020 会社法人等番号

申請人が会社または法人の場合には、資格証明情報を提供する取扱いでした。今度、その代わりに会社法人等番号を提供するようになったということですが、どのようなことですか。

　行政手続における特定の個人を識別するための番号の利用等に関する法律の施行に伴う関係法律の整備等に関する法律（平成25年法律第28号）による改正後の商業登記法7条の規定により、商業登記簿には会社法人等番号を記録することとされました。

　そこで、この会社法人等番号を利用して、不動産登記等の申請における申請人の軽減等を図ることとし、申請人が会社法人等番号を有する法人であるときは、提供すべき添付情報は、当該法人の代表者の資格を証する情報から当該法人の会社法人等番号に変更されました（令7条1項1号イ）。

　なお、申請人が会社法人等番号を有する法人である場合であっても、当該法人の代表者の資格を証する登記事項証明書または支配人等の権限を証する登記事項証明書を提供したときは、会社法人等番号の提供を要しないとされました（令7条1項1号および規則36条1項各号）。ただし、この登記事項証明書はその作成後1か月以内のものでなければなりません（規則36条2項）。

＜不動産登記手続における主な取扱い＞

① 申請人が法人である場合における添付情報の取扱い
　申請人が会社法人等番号を有する法人である場合には、当該法人の会社法人等番号を提供しなければなりません（令7条1項1号イ）。

② 法人である代理人の代理権限証明情報の取扱い

　法人である代理人によって登記の申請をする場合において、当該代理人の会社法人等番号を提供したときは、当該代理人の代表者の資格を証する情報の提供に代えることができます（規則37条の2）。

③ 住所（変更）証明情報の取扱い

　登記名義人となる者等の住所証明情報を提供しなければならない場合において、その申請情報と併せて会社法人等番号を提供したときは、当該住所証明情報を提供する必要はありません（令9条および規則36条4項）。

　また、この会社法人等番号の提供は、住所変更証明情報の提供に代えることができますが（令9条）、ただし、その場合は当該住所についての変更または錯誤もしくは遺漏があったことを確認することができるものに限ります（規則36条4項ただし書）。

④ その他会社法人等番号の提供により代替することができる添付情報の取扱い

　ア　法人の合併による承継または法人の名称変更等を証する情報の取扱い

　　法人の承継を証する情報または法人の名称変更等を証する情報の提供を要する場合において、当該法人の会社法人等番号を提供したときは、これらの情報の提供に代えることができます（平成27年10月23日民二第512号民事局長通達2、⑷、ア。以下、「平成27年通達」という。『改訂先例・通達集』56頁）。これに伴い、同一登記所（申請を受ける登記所が申請人である法人の登記を受けた登記所と同一であり、法務大臣が指定した登記所以外のものである場合をいう）における当該法人の承継または変更を証す

る情報の提供の省略を定めた昭和38年12月17日民甲第3237号民事局長通達は廃止されました。
　イ　第三者の許可等を証する情報の取扱い
　　登記原因について第三者が許可等をしたことを証する情報を提供しなければならない場合において、登記官が必要であると認めたときは、当該第三者の代表者の資格を証する情報を提供させることができるものとされていますが、当該第三者の会社法人等番号を提供したときは、その代表者の資格を証する情報の提供に代えることができます（平成27年通達2、(4)、イ）。
　ウ　その他の情報の取扱い
　　会社の分割による権利の移転の登記の申請をする場合において、提供すべき新設会社または吸収分割承継会社の登記事項証明書など、登記原因証明情報の一部として登記事項証明書の提供が必要とされている場合においても、これらの会社の会社法人等番号を提供したときは、登記事項証明書の提供に代えることができます（同通達2、(4)、ウ）。

⑤　代理権不消滅の場合の添付情報の取扱い
　登記の申請をする者の委任による代理人の権限は、法定代理人の死亡またはその代理権の消滅もしくは変更によっては消滅しません（法17条4号）。この法定代理人には法人の代表者も含まれるものとされているところ、当該代表者が死亡等した場合であっても、当該法人が会社法人等番号を有する法人であるときは、当該法人の会社法人等番号を提供しなければなりません。この場合には、申請情報に当該代表者の代表権が消滅した旨を明らかにしなければならないものとし、当該会社法人等番号によって当該代表者の資格を確認することができないときは、その資格を確認することができる登記事項証明書を提供しなければなりません（同通達2、(5)、イ）。

第2章
表示に関する登記

表示登記一般

Q021 管轄指定

A登記所およびB登記所の管轄にまたがる建物を新築しましたが、登記申請はどちらの登記所に行えばよいでしょうか。

　どちらの登記所に申請してもかまいません（法6条3項）。

　不動産が二つ以上の登記所の管轄にまたがる場合は、法務省令（不動産の管轄登記所等の指定に関する省令）で定めるところにより、法務大臣または法務局もしくは地方法務局の長が、当該不動産に関する登記の事務を扱う登記所を指定します（同条2項）。

　ご質問では、A登記所およびB登記所の管轄区域にまたがって建物を新築したということですが、その場合には、その建物の所有者はA登記所またはB登記所のうち任意に選択した登記所に建物表題登記の申請をすることができます。

　申請書を受け取った登記官は、他の関係登記所と協議のうえ、法務局もしくは地方法務局の長または法務大臣に管轄登記所の指定の請求をします（準則2条）。

Q022 表題部所有者の更正の可否

表題部所有者をAとして登記をしましたが、これをBに更正することはできますか。

　可能です。

　所有権の登記のない土地または建物の登記記録の表題部には、所有者の表示が登記されることになっていますが、その表題部に登記された所有者自体が誤っている場合には、正しい所有者に更正する必要があります。その場合、権利に関する登記の場合には、所有者AをBに更正することは、更正前と更正後の登記に同一性がなくなるという理由で認められていませんので、表題部所有者の更正の場合にもこのような更正は認められないのではないかと疑問を持たれたものと思われます。しかし、真実の所有者がBであるにもかかわらず、誤ってAが表題部所有者として登記されている場合には、Bは自己名義で所有権の保存登記を申請できないことになり（判決による登記の申請の場合を除く）、また、表題部所有者に認められている分筆登記および合筆の登記、その他の表示に関する登記を申請することができなくなるという不利益が生じるという理由で、表題部所有者の更正の場合には、AをBに更正する登記も認められています。

　登記申請は、Aの承諾を証する情報（印鑑証明書付き）または当該表題部所有者に対抗することができる裁判があったことを証する情報（判決書）を提供して（法33条1項、2項、令別表の2の項添付情報欄ハ）、Bが行います。なお、そのほかに、Bの所有権を証する情報、住所を証する情報等の表題登記に必要な情報を提供します。

土 地

Q023 地目の認定

地目の認定について具体的な基準があれば教えてください。

　山林等の造成により、ある土地を宅地あるいは道水路にした場合のように、登記されている土地の現況が人為的により、あるいは利用目的の変更等により他の地目に変更した場合には、表題部所有者または所有権の登記名義人は、その変更の事由が生じた日から1か月以内に土地の地目変更の登記を申請しなければなりません（法37条1項）。

　地目は、土地の主な用途により、田・畑・宅地・学校用地・鉄道用地・塩田・鉱泉地・池沼・山林・牧場・原野・墓地・境内地・運河用地・水道用地・用悪水路・ため池・堤・井溝・保安林・公衆用道路・公園および雑種地の23種に区分して定めることとされています（規則99条）。

　地目の認定については、1筆ごとの土地の現況および利用目的に重点を置き、部分的に僅少の差異があったときでも、その土地全体としての状況を観察して定めるのが基本的な考え方です。したがって、利用目的が不明確で流動的な、いわゆる中間地目については地目の変更の認定はできません。

地目の認定については、準則68条、69条を基準にしますが、そのほか次の表に掲げる基準を参考にしてください。

種別	基　　準
宅　地	建物が現存しない土地で次の各号のいずれかに該当するものであること 1　建物の基礎工事（基礎コンクリートを打ちまたは土台を備える等）が完了しているもの。 2　住宅街または商店街等の地域内の整地された土地で、周囲の状況その他の事情から近い将来建物の敷地として利用されることが確実であると認められるもの。 3　建物の敷地として整地され、上下水道、電気およびガス等を供給する工事が完成しているか、または住宅地造成工事（道路、側溝、石垣および給排水工事等）が完了しているもの。 　ただし、農地法所定の許可（届出を含む）のないものまたは都市計画法7条に規定する市街化調整区域内の土地については、次のいずれかに該当するものであること。 ①　建物の建築について建築基準法6条1項の規定による確認がされていること。 ②　建物の敷地等とするための開発行為について都市計画法29条の規定による都道府県知事の許可がされていること。 ③　建物の建築について都市計画法43条1項の規定による都道府県知事の許可がされていること。
山　林	植林した土地については、樹木の育成状況（3年ないし5年程度）およびその土地の利用性等を総合的に判断する。
原　野	長期間放置した状態で、単に雑草が生育しているのみでなく、笹、葦、竹、灌木類が自生して容易に元の状態に回復することができない土地
墓　地	人の遺体または遺骨を埋葬する土地。墓地の設置または廃止による地目の認定にあたっては、土地の現況および利用状況によって判断する。
雑種地	駐車場、資材置場、乾燥場等特定の利用目的に供されているかまたは近い将来、供されることが確実に見込まれるもので、その利用目的が準則68条(1)ないし⑿のいずれにも該当しない土地

（注）東京法務局の「土地建物実地調査要領」平成23年8月版を参考

Q024 分筆登記 …共有者の 1 人からの申請の可否

分筆の登記は共有者の 1 人から申請することができますか。

できません。

分筆登記は、形成的登記とされています。形成的登記は、表題部所有者または所有権の登記名義人の自由な意思によってされるものであり、登記をすることによりその効果が生じます。また、共有の土地を分筆する行為は民法 251 条の共有物に変更を加える行為であるとされるため、共有者全員の意思の一致が必要となり、共有者全員から申請しなければなりません（ただし、1 筆の土地の一部が別地目となった場合または地番区域を異にすることとなった場合には、分割する範囲が明らかなため登記官が職権で分筆の登記をすることができるので（法 39 条 2 項）、その場合には共有者の 1 人からも申請することができるとされています（『登記研究』396 号質疑応答））。

▷ 共有物の変更（民法 251 条）

各共有者は、他の共有者の同意を得なければ、共有物に変更を加えることができない。

Q025 分筆登記 …相続人の1人からの申請の可否

被相続人名義の甲土地について、相続人であるA・Bで遺産分割協議をして、分筆後の甲1の土地はAが、甲2の土地はBが相続することとなりました。そこで分筆登記の申請をしたいと考えていますが、Bが協力してくれません。Aのみで分筆登記の申請をすることは可能でしょうか。

　遺産分割協議書に地積測量図が添付してあり、Aが相続によって取得する部分が明確であれば、AはBに代位して分筆登記を申請することができます。

　被相続人名義の1筆の土地を2筆に分筆し、分筆後の各土地の一方については相続人Aが、他の一方については相続人Bがそれぞれ単独で取得することとなった場合には、AおよびBが申請人となって分筆登記を申請するのが原則です。しかし、Bが分筆登記に協力してくれない場合には、Aは遺産分割協議書（地積測量図付き）を代位原因証書として、Bに代位して申請することができます（『登記研究』546号質疑応答）。その理由は、遺産分割協議書によって具体的な分割の方法が明らかであって、いずれから申請しても添付されている地積測量図のとおりにしか分筆できないためで、このことから、相続人の1人からでも分筆登記ができるとされています。その場合、相続する不動産を特定するために、遺産分割協議書に「何番何平方メートルのうち何平方メートル（図面のとおり）」と記載して測量図を添付する取扱いとなります（『登記研究』458号質疑応答）。

Q 026 分筆登記
…相続登記前に被相続人名義の土地を分筆登記する場合の申請者

被相続人名義の甲土地について、その相続人A・B・Cで遺産分割協議をした結果、当該土地を甲1・甲2の2筆に分筆して、甲1はAが、甲2はBが相続することとなりました。相続登記をする前に分筆登記の申請をしたいと考えていますが、A・Bのみから申請できますか。

A・Bのみから分筆登記を申請することができます。

(1) 分筆登記の申請は、当該土地の所有者の意思によってのみすることができますので、表題部所有者または所有権の登記名義人のみが申請人となり（法39条1項）、当該土地が共有の場合には、分筆行為は民法251条の共有物に変更を加える行為であるから共有者全員が申請人にならなければなりません。

(2) 被相続人名義の土地を分筆するには、当該土地について相続による登記をした後、その所有権の登記名義人全員が申請する方法がありますが、相続の登記をする前に分筆をする場合には、相続人全員から申請しなければなりません。

(3) そこで、本問の場合について考えてみると、甲地については相続の登記がされていませんので、相続人全員が申請人とならなければいけないのではないかと疑問を持たれたものと思われます。しかし、本問の場合は、甲地については、遺産分割協議によって分筆後の甲1はAが、甲2はBが相続したので、甲地についてはAとBの共有ということになります。Cは甲地を取得しないのですから、Cを申請人とする必要はなく、AとBからの申請が認められます（『登記研究』229号質疑応答）。

なお、この場合には、通常の分筆登記に必要な添付書面のほかに相続を証する情報が必要となります。

Q027 分筆登記 …信託登記のされている土地の分筆登記の可否

土地の分筆登記を頼まれましたが、当該土地には、所有権移転登記と同時に信託の登記がされています。分筆登記は可能でしょうか。

　信託財産である土地についても分筆登記は可能です。ただし、信託条項から分筆の登記が明らかに信託の目的に反することが登記官において判断できるときは、分筆登記はできないものと考えられています（横山亘『信託に関する登記（第二版）』634頁・テイハン）。なお、分筆登記の申請人は、受託者になります。

　信託の登記がある不動産について分筆の登記または建物の分割の登記もしくは建物の区分の登記をする場合の信託目録については、規則102条1項後段の規定を準用するとされています（規則176条2項前段）。この場合には、登記官は、分筆後または分割後もしくは区分後の信託目録の番号を変更しなければなりません（同項後段）。

第2章 表示に関する登記

記録例（分筆後の乙地）

権　利　部　（甲区）		（所有権に関する事項）	
順位番号	登記の目的	受付年月日・受付番号	権利者その他の事項
1	所有権移転	○○年○月○日 第○号	原因　○○年○月○日信託 受託者　○市○町○番○号 　　　　Ａ信託銀行株式会社 順位2番の登記を転写 ○○年○月○日受付 第○号
	信託	余白	信託目録　第27号 順位2番の登記を転写 ○○年○月○日 第○号
付記1号	1番信託登記変更	余白	信託目録第3号 ○○年○月○日付記

▷ **分筆の登記における権利部の記録方法**
　（規則102条1項の定め）

　登記官は、前条の場合（※甲土地から乙土地を分筆する分筆の登記をする場合）において、乙土地の登記記録の権利部の相当区に、甲土地の登記記録から権利に関する登記（地役権の登記にあっては、乙土地に地役権が存続することとなる場合に限る。）を転写し、かつ、分筆の登記に係る申請の受付の年月日及び受付番号を記録しなければならない。この場合において、所有権及び担保権以外の権利（地役権を除く。）については分筆後の甲土地が共にその権利の目的である旨を記録し、担保権については既にその権利についての共同担保目録が作成されているときを除き共同担保目録を作成し、転写した権利の登記の末尾にその共同担保目録の記号及び目録番号を記録しなければならない。

Q 028 分筆登記
…工場財団の組成物件となっている土地の分筆登記の可否

工場財団の組成物件となっている土地について分筆登記をすることは可能でしょうか。

可能です。

分筆登記をしたならば、所有者は遅滞なく工場財団目録の記録の変更の登記を申請しなければなりません（工抵法38条1項）。その場合には、抵当権者の同意を証する情報またはこれに代わるべき裁判があったことを証する情報を提供します（同条2項）。

ただし、工場財団に属する旨の登記のある土地の一部を買収するための代位による分筆登記はできないとされていますので、官公署が工場財団に属している土地の一部を買収するためには、財団所有者が分筆し、組成物件の分離による工場財団目録記載の変更登記をした後に、買収による所有権移転登記をすることになります。

（参考：『新版Q&A表示に関する登記の実務』1巻282頁・日本加除出版）

Q 029 合筆登記 …登記名義人の住所が異なる場合の住所変更の要否

同一所有者の甲地と乙地を合筆したいと考えていますが、甲地の登記簿に記録されている所有者の住所が変更前の住所のままです。合筆の前提として、住所変更の登記をしなければならないでしょうか。また、所有者がすでに死亡している場合はどうでしょうか。

　住所の変更を要します。所有者が死亡している場合でも、死亡者の住所変更の登記が必要です。

　合筆の登記は、数筆の土地を合併して1筆の土地とすることですから、合筆後の土地が1筆の土地の要件を充たさないような合筆の登記は認められていません（法41条）。このことを「合筆の登記の制限」といいますが、その一つとして、表題部所有者または所有権の登記名義人が相互に異なる土地の合筆の登記は認められていません（同条3号）。この規定は、所有者の異なる土地の合筆を認めないとするものですが、同一の所有者の場合であっても、住所または氏名が相違する場合は、合筆は認められません（『登記研究』380号質疑応答）。なぜなら、人物の特定は住所と氏名をもってするのが一般的ですから、住所または氏名が異なる場合には、実体上同一人物であったとしても形式上同一人物とは認められないからです。よって、本問のように同一所有者が甲地と乙地の登記名義人ではあるがその住所が異なる場合には、合筆登記の前提として住所変更の登記が必要となります。

　住所の変更証明書を添付することにより変更登記を省略して合筆登記をすることができないか、という考えもあるでしょう。しかし、登記の実務においては、変更証明書を添付して住所変更の登記を省略することは、当該登記が抹消される前提として、抹消される登記の登記名義人の住所変更等に限って認められるものであって、合筆

の登記の場合には、そのような便宜的な取扱いを認める理由はないと考えます。

被相続人名義の土地でも合筆することは認められていますが（『登記研究』404号質疑応答）、その場合でも、同様に甲地について被相続人名義の住所変更登記が必要となります。

> ▶ 合筆の登記の制限（法41条）

次に掲げる合筆の登記は、することができない。
① 相互に接続していない土地の合筆の登記
② 地目又は地番区域が相互に異なる土地の合筆の登記
③ 表題部所有者又は所有権の登記名義人が相互に異なる土地の合筆の登記
④ 表題部所有者又は所有権の登記名義人が相互に持分を異にする土地の合筆の登記
⑤ 所有権の登記がない土地と所有権の登記がある土地との合筆の登記
⑥ 所有権の登記以外の権利に関する登記がある土地（権利に関する登記であって、合筆後の土地の登記記録に登記することができるものとして法務省令で定めるものがある土地を除く。）の合筆の登記

Q030 合筆登記 …信託登記された土地の合筆の可否

信託の登記のある土地を合筆できますか。

信託目録に記録されている法97条1項各号に掲げる登記事項が同一の場合には合筆できます。

▶ **信託法の改正と登記実務の取扱い**

従来、信託の登記がされている土地についての合筆の登記は受理されないとするのが登記実務の取扱いでした（昭和48年8月30日民三第6677号民事局長回答（『登記研究』312号））。しかし、改正信託法の施行（平成19年9月30日）に伴い規則105条が改正され、合筆の登記の制限の特例として、「信託の登記であって、法97条1項各号に掲げる登記事項が同一のもの」である場合には合筆できることとなりました（規則105条3号）。なお、合筆の登記の制限の特例が認められているのは、次の登記です（同条）。

① 承役地についてする地役権の登記
② 担保権の登記であって、登記の目的、申請の受付の年月日および受付番号ならびに登記原因およびその日付が同一のもの
③ 信託の登記であって、法97条1項各号に掲げる登記事項が同一のもの
④ 鉱害賠償登録令26条に規定する鉱害賠償登録に関する登記であって、鉱害賠償登録規則2条に規定する登録番号が同一のもの

Q 031 合筆登記 …工場財団の組成物件となっている土地の合筆の可否

工場財団の組成物件となっている土地を合筆することはできますか。

できません。

合筆の登記の制限については法41条各号に規定されていますが、同条6号では、「『所有権の登記以外の権利に関する登記がある土地との合筆の登記』はすることができない」とされています（ただし、権利に関する登記であって、合筆後の土地の登記記録に登記することができるものとして法務省令（規則105条）で定めるものがある土地を除きます）。

ここでいう所有権の登記とは、所有権の保存および移転の登記をいいます。財団に属したる旨の登記は所有権の登記以外の権利に関する登記に該当するため、この旨の登記がある土地の合筆の登記はすることができません。

なお、「所有権の登記以外の権利に関する登記」には、そのほか次に掲げる登記があります。これらの登記がされている土地については合筆の登記をすることができません。

① 所有権に関する仮登記（昭和35年7月4日民甲第1594号民事局長通達（『登記研究』154号））
② 所有権についての処分の制限の登記（昭和35年5月28日民三第351号第三課長事務代理回答）
③ 買戻しの特約の登記（『登記研究』473号質疑応答）
④ 財団に属したる旨の登記（昭和35年7月14日民甲第

1594号民事局長通達（『登記研究』154号））。
⑤　敷地権である旨の登記（『登記研究』453号質疑応答）
⑥　信託の登記（昭和48年8月30日民三第6677号民事局長回答。ただし、法97条1項各号に掲げる登記事項が同一のものは除かれる（規則105条3号））
⑦　礼拝の用に供する建物の敷地である旨の登記（『登記研究』381号質疑応答）
⑧　所有権以外の権利に関する登記（ただし、規則105条各号に該当する場合を除く）

> **Q 032　更正登記**
> **…共有者の氏名等がわからない場合の添付書面**
>
> 昭和30年代に登記所が全焼したため、登記簿および土地台帳が回復されました。その後に一元化された土地登記簿の表題部の所有者欄には、「甲ほか18名」と記載されています。この登記簿は、表題部のみで共同人名票の編綴がなく、甲以外の18名の共有者については、登記簿上からはその氏名等がわかりません。この土地の所有者の更正登記を申請したいのですが、その添付書面を教えてください。なお、地元自治会の引継書類で、地租改正事業（明治6年から14年）の際に作成されたものと思われる地元町会が保管している「字一筆限地図」、「地租会計（明治17年7月調）」、「総名寄帳（明治12年1月）」、「地引帳」を持参しました。
>
> （編注）質問者が持参した地引帳には、当該地と思われる所在・番号（地番）・地目・反別・所有者甲ほか18名の氏名が記載されており、それらの記載のうち、所有者の表示以外は、登記所が回復した当該地番の旧土地台帳と一致していた。また、字一筆限地図も、登記所の備付け図面とほぼ一致していた。

第2章　表示登記一般　土地　建物

　表題部に記録されている所有者の更正登記の申請手続を行う場合には、その人の承諾書および自己の所有権を証する書面を添付する必要があります（法33条2項）。所有権を証する書面は、官公署の証明書その他申請人の所有権の取得を証するに足りる情報（書面）をいいます（準則71条1項）。つまり、表題部の所有者の更正の登記を行う際に添付する所有権証明書については、相当に証明力を持ったものが要求されているわけです。

　さて、ご質問のケースについて考えてみましょう。

　ご質問のケースでは、甲の承諾書（印鑑証明書付き）および甲以外の18名の共有者の所有権証明書の添付が必要となります。相談者が持参した資料は、すべて地租改正事業の際に作成され、かつ、地元町会等の引継資料であるとのことですから、証明力は高いと考

えられます。よって、これらの資料と甲の承諾書（印鑑証明書付）の添付があれば、表題部の所有者欄に記録された所有者の更正登記の申請は、受理して差し支えないものと考えられます。

※ただし、これらの資料がそろうことは稀でしょうし、また、これらの資料のみですべての場合において登記申請が受理されるというわけではありませんので、注意を要します。同様のケースで申請を行う場合には、管轄登記所の登記官に事前に相談することをおすすめします。

▶ 共有者の氏名等を明らかにする資料

登記簿上からは共有者の氏名等がわからない場合に、共有者の氏名等を明らかにする資料としては、次のようなものが考えられます。
① 市町村長の証明：市町村に旧台帳副本の別冊として共有者連名簿が保管されている場合があり、また、墓地台帳が保管されている場合もあるので、これらを調査してみる必要があります。共有者が記録されていれば、これらによって高度な証明が得られます。
② 自治会長（区長）の証明：地元自治会長（区長）の引継書類として、明治6年から14年にわたる地租改正事業の際に作成された一字限図および一村限図の写しを保管している場合があります。この地図には、地番、地目、反別、所有者名等が記載されているので、その写しで共有者名等が判明する場合もあります。
③ 寺（菩提寺）の証明：共有墓地が寺から譲り受けたものである場合には、寺の証明は高度な証明となるでしょう。
④ 県文書館等の証明：地租改正事業の際に作成された一字限図、一村限図および地引帳などの資料が文書館など県の資料館で保管されている場合があるので、これを利用することもできます。
⑤ 古老の証言、聴取書（印鑑証明書付き）、旧家の私物的な古文書類

建 物

第2章
表示登記一般
土　地
建　物

Q033 一体化　…一体化の事例

区分建物の一体化する事例を教えてください。

　マンションのような区分建物の場合は、土地の敷地利用権と専有部分は原則として分離して処分できないこととされています（区分法22条）。このことを「一体化」といいます。敷地利用権とは、専有部分（マンションの各部屋のこと）を所有するための建物の敷地に関する権利をいいます。登記できる敷地利用権は、所有権、賃借権、地上権があります。ご質問からは敷地利用権が何なのか明らかではありませんが、通常は所有権が多いため、本問も敷地利用権が所有権の場合を前提として説明します。

　一体化とは、簡単にいうと、「マンションの部屋とその土地は別々に取引してはいけませんよ、一緒に取引をしてください」ということです。

　以下、事例を挙げて説明します。なお、一体化の前提として、登記簿に記録されている土地の所有者の住所氏名と専有部分の所有者の住所氏名が同じでなければ一体化しないことに注意してください。したがって、住所の移転はしているが、土地の登記簿では前の住所のままになっている場合には、土地について住所移転による変

更登記をしておく必要があります。

(1) 土地を数人で所有している場合（区分法22条1項）

敷地利用権を数人で有している場合には、敷地利用権と専有部分は一体化します。

①
3	A
2	B
1	C

A・B・C

1号室から3号室まで全部の部屋が一体化します。

②
3	A
2	B
1	D

A・B・C

2号室と3号室は一体化しますが、1号室は、Dに土地の持分がありませんので一体化しません。

③
3	D
2	C
1	A(1/2)・B(1/2)

A(1/6)・B(1/6)・C(1/3)、D(1/3)

1号室から3号室まで一体化します。

④
3	A
2	B
1	C

1番　A｜2番　A・B・C

2番の土地については、1号室から3号室まで一体化します。
1番の土地は、共有ではないので一体化しません。

⑤
2	B・D
1	A・C

A・B

一体化しません。専有部分が共有の場合には、土地に対する共有関係が同じでなければなりません。また、1号室のAのみ、または2号室のBのみが一体化することはありません。

(2) 土地を1人で所有している場合（区分法22条3項）

建物の専有部分の全部を所有する人の敷地利用権が単独で有する場合も一体化します。

①
2	A
1	A

A

1号室、2号室とも一体化します。

②
2	A
1	B

A

1号室、2号室とも一体化しません。土地を1人で所有する場合には、その1人が専有部分の全部を所有しないと一体化しません。

③
2	A
1	A

1番 A ｜ 2番 A

1号室、2号室とも、1番および2番の土地と一体化します。

▶ 分離処分の禁止（区分法22条）

1　敷地利用権が数人で有する所有権その他の権利である場合には、区分所有者は、その有する専有部分とその専有部分に係る敷地利用権とを分離して処分することができない。ただし、規約に別段の定めがあるときは、この限りでない。
2　（略）
3　前二項の規定は、建物の専有部分の全部を所有する者の敷地利用権が単独で有する所有権その他の権利である場合に準用する。

Q034 一体化
…2個区分の建物を敷地と一体化させない方法

土地はA・Bが共有し、建物はAが単独所有する2個区分の建物を建てました。一体化させたくないのですが、どうすればよいでしょうか。

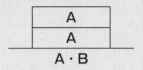

　土地をA・Bが共有し、2個の専有部分はAの所有ということですが、この場合には、A所有の専有部分はAが所有する敷地利用権と一体化します（区分法22条1項）。この場合、規約に別段の定めがあるときは、一体化させないこともできます（同項ただし書）。

　規約の設定は、区分所有者および議決権の各4分の3以上の多数による集会の決議によってするのが原則です（同法31条1項）。したがって、本来ならば区分所有建物の全部を1人が所有している場合には規約を設定することができないのですが、最初に建物の専有部分の全部を所有する人は、公正証書により、規約を設定することができるとされています（同法32条）。この場合、設定できる規約は次のとおりです（同法）。

① 規約共用部分の定め（4条2項）
② 規約敷地の定め（5条1項）
③ 専有部分と敷地利用権とを分離して処分することができる旨の定め（22条1項ただし書）
④区分所有者が数個の専有部分を所有する場合において、敷地

> 利用権の割合を専有部分の床面積の割合と異なる割合の定め（22条2項ただし書）

本問の場合、Aは最初に区分所有建物の専有部分の全部を所有する人ですから、専有部分と敷地利用権とを分離して処分できる規約を公正証書によって定めることができます。

なお、土地の共有者Bは、規約を定める当事者ではないことに注意してください。

Q035 滅失登記 …申請方法

建物を取り壊したので、建物の滅失登記をしようと思います。申請方法を教えてください。

建物が取壊し、焼失またはその他の原因によって滅失したときには、表題部所有者または所有権の登記名義人は、滅失後1か月以内に建物の滅失の登記を申請しなければなりません（法57条）。

申請にあたっては、次の点に注意してください。

(1) **添付情報（添付書面）**

滅失登記の場合、法定の添付情報はありませんが、次の書面を添付するのが実務の取扱いです。

> ① 滅失証明書

建物の滅失を証する書面として、取壊しの場合には取壊業者の滅失証明書を添付するのが一般的です。証明書には、工事人が個人の場合には市区町村長が作成した印鑑証明書、工事人が会社等の法人の場合には、当該法人の会社法人等番号を提供します。焼失の場合には、消防署が発行した「り災証明書」を添付するのがよいでしょう。

② 会社法人等番号

申請人が会社等の法人であるときは、会社法人等番号を提供します（令17条1項1号イ）。

③ 代理権限証明情報

代理人によって登記を申請するときは、委任状等の代理権限証明情報を添付します。

(2) 住所が変更している場合

登記記録に記録されている表題部所有者または所有権の登記名義人の住所が現在の住所と相違する場合には、本来は住所変更の登記をするべきでしょうが、登記の実務では、住所の変更を証する書面（住民票の写しまたは戸籍の附票の写し）を添付すれば、住所変更の登記は省略できる取扱いとなっています（『登記研究』13号質疑応答）。

(3) 所有者が死亡している場合

被相続人の死亡前に滅失した建物の滅失登記は、相続人のうちの1人から申請することができます（昭和43年12月23日民三第1075号第三課長依命回答（『登記研究』255号））。また、被相続人名義の建物が被相続人の死亡後に滅失した場合でも、相続人は、相続の登記を省略して滅失の登記を申請することができます。

いずれの場合にも、相続人は相続を証する情報を添付します。

相続を証する情報としては、①被相続人の死亡の事実が記載されている戸籍謄本または抄本、②登記簿上の人物と戸籍上の人物が同一人であることを証明するために被相続人の住民票の除票または戸籍の附票の写し、③被相続人死亡後に発行された登記を申請する相続人の現在の戸籍の謄本または抄本を添付します。

なお、申請人となる相続人の住所が本籍と異なる場合には、その相続人の住民票の写しまたは戸籍の附票の写しも添付します。

(4) 建物を数人で共有している場合

建物を数人で共有している場合には共有者全員が申請人となるのが原則ですが、保存行為として（民法252条ただし書）、共有者の1人から申請することもできます（大正8年8月1日民第2926号民事局長回答）。

なお、表示に関する登記の申請の場合には、権利に関する登記の申請と異なり、申請書には、申請人となる共有者の1人の住所氏名を記載すれば足り、申請人とならない共有者の住所氏名の記載は要しません（令3条1号）。

(5) 抵当権等が設定されている場合

抵当権等の第三者のための登記の設定がされている建物を抵当権者等に無断で取り壊すことは抵当権者等に損害を与えることになりますので、取り壊す建物に抵当権等の登記がされている場合には、抵当権者等とのトラブルを防ぐためにも、取り壊す前に抵当権者等の承諾を得ておくのがよいでしょう。

取り壊した建物に抵当権等の第三者のための登記がされている場合には、当該建物の滅失を証明する資料の一部として抵当権者等の承諾書（印鑑証明書付き）の添付を求める登記所もあります

(抵当権者等の承諾書の添付がないからといって滅失登記が受理されないというものではありませんが、その場合には、登記官が実地調査をして建物が滅失していることを確認して登記を完了しているのが実情です)。

▷ 建物の滅失の登記の申請（法57条）

建物が滅失したときは、表題部所有者又は所有権の登記名義人（共用部分である旨の登記又は団地共用部分である旨の登記がある建物の場合にあっては、所有者）は、その滅失の日から1月以内に、当該建物の滅失の登記を申請しなければならない。

申請書例

登 記 申 請 書

登記の目的　　建物滅失登記(注1)

添付情報
　建物滅失証明書(注2)（会社法人等番号 1234－56－789000）

○○年○月○日申請(注3)　　○法務局○出張所(注4)

申　請　人　　○市○町一丁目2番3号
　　　　　　　甲野太郎　㊞(注5)
　　　　　　　連絡先の電話番号　○○○－○○○－○○○○(注6)

不動産番号		0101234567890(注7)			
建物の表示	所　在	○市○町一丁目3番地(注8)			
	家屋番号	3番(注8)			
	主である建物又は附属建物	①種　類	②構　造	③床面積 m²	原因及びその日付
	主(注9)	居宅(注8)	木造かわらぶき平家建(注8)	(注8) 70　00	○○年1月5日取壊し(注10)
	附属符号1(注9)	物置(注8)	木造かわらぶき平家建(注8)	(注8) 30　00	

第2章　表示登記一般　土　地　建　物

(注1)　登記の目的は、「建物滅失登記」と記載すればよいでしょう。
(注2)　法定添付情報ではありませんが、取壊しの場合には添付するのが一般的です。
(注3)　登記を申請する日を記載します（規則34条1項7号）。
(注4)　登記を申請する登記所の表示として、法務局もしくは地方法務局またはこれらの支局または出張所を記載します。なお、登記の申請は、当該不動産を管轄する登記所にしなければなりません。
(注5)　申請人の氏名または名称および住所を記載します。申請人が法人の場合には

〔Q035〕減失登記　…申請方法

本店、商号（または主たる事務所および名称）、代表者の氏名および会社法人等番号を記載します。

(注6) 申請書の記載事項等に不備がある場合には登記所の担当者から連絡がされますので、申請人または代理人の電話番号またはその他の連絡先を記載してください（規則34条1項1号）。

(注7) 不動産番号を記載した場合には、不動産の表示として（注8）の記載を省略することができます（令6条1項2号、規則34条2項）。しかし、登記すべき物件の誤りを防ぐためにも、所在と家屋番号までは記載するのがよいでしょう。

(注8) 建物の表示に関する登記を申請する場合は、当該建物の所在する市、区、郡、町、村および字および土地の地番、家屋番号、建物の種類、構造および床面積、建物の名称があるときは、その名称を記載します（令3条8号イ・ハ・ニ）。また、附属建物があるときは附属建物の表示を記載します。

(注9) 附属建物があるときは主である建物および附属建物の別ならびに附属建物の符号（規則112条2項）を記載します（規則34条1項4号）。

(注10) 登記原因を「取壊し」、「焼失」等と記載します。原因の日付は、取り壊した日または焼失した日となりますが、通常は、工事人の解体証明書等に記載されている取壊し年月日または消防署が作成した「り災証明書」に記載されている焼失年月日を記載します。原因日付が不明の場合には、「○○年月日不詳」「○○年○月日不詳」のように、わかる範囲まで記載します。

滅失証明書見本

　　　　　　　　　　建　物　滅　失　証　明　書

建物の所在　　　○市○町一丁目　3番地
家屋番号　　　　3番
滅失の理由　　　○○年1月5日取壊し

所有者氏名　　　○市○町一丁目2番3号
　　　　　　　　甲　野　太　郎

上記のとおり建物を取り壊したことを証明します。

○○年○月○日
　○市○町○番○号
　○○工務店株式会社
　　代表取締役　○　○　○　○　㊞

〔Q035〕滅失登記　…申請方法

Q036 滅失登記 …工場財団の組成物件の滅失登記

工場財団の組成物件となっている建物を取り壊したいと思っています。滅失登記の申請方法について教えてください。

　工場財団の組成物件になっている建物でも取り壊すことは可能であり、建物を取り壊した場合には、所有権の登記名義人は建物の滅失登記の申請を1か月以内にしなければなりません（法57条）。

　滅失登記の申請書には抵当権者の同意書の添付は不要です（後述するように、工場財団目録記載の変更登記の申請の際には添付が必要とされています）。

　工場財団に属する建物の滅失登記を申請しても、登記官の職権で工場財団の目録の記載変更はしませんので、工場財団の所有者は、遅滞なく工場財団の目録記載の変更の登記を申請しなければなりません（工抵法38条1項）。工場財団に抵当権が設定されている場合には、抵当権者全員の同意を証する情報（印鑑証明書付き）またはこれに代わる裁判があったことを証する情報の提供が必要となります。目録記載の変更登記の登録免許税は、滅失した物件の数にかかわらず、財団の数1個につき6,000円となります（登免税法別表第1、5、(7)）。なお、滅失登記と工場財団目録の記載の変更登記の申請の順序については規定がありませんので、どちらを先に申請してもかまいません。

　滅失した物件が多数にのぼり、残存する物件のみでは工場を組成し得ない場合、当該工場財団は消滅します。たとえば、工場財団が建物と機械・器具等をもって組成されていた場合、その建物が滅失したときには機械・器具等が残存していてもそれらのみでは工場を組成し得ないから、当該工場財団は消滅するものと解されています。

申請書例

登記申請書（工場財団）

登記の目的　　工場財団目録記載の変更
原　　因　　〇〇年〇月〇日取壊し
滅失した物件の表示
　所在地番　　〇市〇町 10 番地 1
　家屋番号　　10 番 1
　種　類　　　事務所
　構　造　　　木造スレートぶき平家建
　床　面　積　20.35 平方メートル
申　請　人　　〇市〇町〇番〇号
　　　　　　　株式会社　甲製造
　　　　　　　（会社法人等番号１２３４－５６－７８９０１１）
　　　　　　　代表取締役　甲野太郎
添付情報　　　登記原因証明情報　　工場図面　　同意書
　　　　　　　代理権限証明情報　　会社法人等番号
〇〇年〇月〇日申請　〇地方法務局
代　理　人　　〇市〇町〇番〇号
　　　　　　　乙川次郎　㊞
　　　　　　　連絡先の電話番号　〇〇〇－〇〇〇－〇〇〇〇
登録免許税　　金 6,000 円
工場財団の表示（登記第〇号）
　　　　　　　〇市〇町 10 番地 1
　　　　　　　株式会社　甲製造
主たる営業所　〇市〇町〇番〇号
営業の種類　　〇〇の製造

〔Q036〕滅失登記　…工場財団の組成物件の滅失登記

第3章
所有権保存の登記

所有権保存

Q037 所有権保存登記と住所変更登記

建物の表題登記をした後、所有権保存登記をするまでに住所を移転しました。所有権保存登記をする前提として、表題部所有者の住所変更の登記をしなければならないでしょうか。

　住所変更の登記を省略して保存登記の申請ができます。
　保存登記をすると表題部所有者の氏名は抹消されますので（規則158条）、あえて住所変更の登記をする必要はありません。ただし、変更証明書として、住所移転の経緯がわかる住民票の写しまたは戸籍の附票の写しを添付します（『登記研究』213号質疑応答）。
　なお、住所が当初より誤っている場合においても、更正を証する書面（住民票の写しまたは戸籍の附票の写し）を添付すれば、表題部所有者の更正登記をすることなく保存の登記を申請することができます。

Q 038 保存登記の可否 …共有者の1人からする保存登記

A・B共有で建物を建て、その旨の表題登記もされています。所有権の保存登記は、A・Bがそろって申請しなければなりませんか。

　共有者の1人から、自己の持分についてのみの所有権保存の登記申請をすることはできません（明治32年8月8日民刑第1311号民事局長回答、『登記研究』210号質疑応答）。したがって、共有者全員が申請人となるのが原則であり、ご質問のケースではA・Bがそろって申請しなければなりません。

　ただし、たとえば、共有者の1人であるAが申請人となり、共有物の保存行為（民法252条ただし書）として共有者全員（A・B）のために保存登記を申請することは可能です（その場合には、申請人とはならないBには登記識別情報が通知されませんので、注意を要します）。

▶ 共有物の管理（民法252条）

> 共有物の管理に関する事項は、前条（※共有物の変更）の場合を除き、各共有者の持分の価格に従い、その過半数で決する。ただし、保存行為は、各共有者がすることができる。

Q 039 保存登記の可否　…死亡者名義の保存登記

亡父名義の建物がありますが、表題登記しかしていません。父名義で保存登記をすることは可能でしょうか。

　可能です（昭和32年10月18日民甲第1953号民事局長通達（『登記研究』120号））。

　被相続人が表題登記しかしていない不動産を生前に売却した場合には、買受人名義で保存登記をすることは認められていません（区分建物を除く）ので、その場合には、被相続人名義で保存登記をした後、所有権移転登記をすることになります。そのことからしても、死亡した人の名義で保存登記をすることは認められています。住所は被相続人の最後の住所を表示し、住所証明情報として、最後の住所が記載されている住民票の除票の写し、または戸籍の附票の写しを添付します。これらの書類を添付できない場合には、被相続人の最後の本籍を記載すればよいでしょう。この場合の申請は相続人の1人から行うことができますが、通常の保存登記に必要な添付書面のほかに相続を証する情報の提供が必要となります（令別表の28の項添付情報欄イ）。

　相続を証する情報としては、①被相続人の死亡の事実が記載されている戸籍または除籍の謄抄本、②被相続人と登記記録上の人物が同一人であることを証する書面として被相続人の住民票の除票または戸籍の附票の写し（ただし、登記記録に記録されている被相続人の住所と本籍が同一の場合には不要）、③申請人となる相続人の戸籍の謄抄本（被相続人が死亡した後に発行されたもの）が必要となります。また、申請人となる相続人の住所が本籍と異なる場合には、その相続人の住民票の写しまたは戸籍の附票の写しを添付します。

Q040 保存登記の可否 …受遺者からの保存登記

叔父から建物を遺贈されましたが、その建物は表題登記しかされていません。私の名で所有権保存登記の申請をすることはできるでしょうか。

第3章　所有権保存

できません。

所有権の保存登記の申請（区分建物を除く）ができるのは、表題部所有者またはその相続人その他の一般承継人、所有権を有することが確定判決によって確認された人、収用法によって所有権を取得した人に限られ（法74条1項）、これ以外の人は申請することができませんが、遺贈によって不動産を取得した受遺者は、これらの人に該当しません。

遺贈の登記は、相続の登記と異なり、登記権利者と登記義務者が共同して登記申請をすることになりますので、いったん遺贈者名義で所有権保存登記をした後、遺贈による所有権移転登記をすることになります（昭和34年9月21日民甲第2071号民事局長通達（『登記研究』144号））。

▶ **区分建物の場合の保存登記の申請**

区分建物の場合には、表題部所有者から所有権を取得した者も、所有権の保存の登記を申請することができます（法74条2項前段）。この場合において、当該建物が敷地権付き区分建物であるときは、当該敷地権の登記名義人の承諾を得なければなりません（同項後段）。

Q041 保存登記の可否 …承継会社名義での保存登記

建物（区分建物ではない）の表題部所有者であるＡ株式会社が、Ｂ株式会社に会社分割（新設分割または吸収分割）されたのですが、分割後の承継会社であるＢ株式会社名義で所有権保存の登記ができますか。

できないと考えます。

(1) 表題部所有者に所有権移転があった場合には、表題部所有者名義で所有権保存登記をした後、所有権移転登記をするのが原則です。しかし、移転の原因が相続または会社合併による一般承継の場合には、法74条1項1号の「相続人その他の一般承継人」として、直接、相続人または合併後の会社名義で保存登記をすることができます。これは、相続または会社合併により、相続人または合併後の会社にすべての権利義務が包括的に承継されるからです。また、会社合併の場合には、被合併会社の権利義務はすべて合併会社に承継され、被合併会社は消滅するからでもあります。

(2) 会社分割の場合は、分割会社が、その事業に関して有する権利義務の全部または一部を、設立会社または承継会社が承継します（会社法2条29号・30号）。そして、会社分割の場合は、分割会社が存続し、分割により権利の移転があったものについては、対抗要件として登記を具備することが必要と考えられていることから、分割があったとしても、直ちに設立会社または承継会社が分割会社の特定の権利を承継したかどうかはわかりません（『登記研究』703号「登記簿」）。また、登記申請の方法も、会社合併による移転登記は合併会社による単独申請ですが、会社分割による移転登記は設立会社または承継会社が登記権利者となり分割会社

が登記義務者となって申請します（平成13年3月30日民二第867号民事局長通達『登記研究』653号）。このようなことから、会社分割は、法74条1項1号の一般承継には該当しないとされていますので、表題部所有者であるA株式会社名義で所有権保存登記をした後、会社分割を原因として承継会社へ所有権移転登記をすることになります（『登記研究』659号質疑応答）。

▶ 所有権の保存の登記（法74条）

1　所有権の保存の登記は、次に掲げる者以外の者は、申請することができない。
　① 表題部所有者又はその相続人その他の一般承継人
　② 所有権を有することが確定判決によって確認された者
　③ 収用によって所有権を取得した者
2　区分建物にあっては、表題部所有者から所有権を取得した者も、前項の登記を申請することができる。この場合において、当該建物が敷地権付き区分建物であるときは、当該敷地権の登記名義人の承諾を得なければならない。

Q 042 登記申請 …共有者が死亡している場合の申請方法

A・B共有の建物がありますが、表題登記しかしておらず、所有権の保存登記をしようと考えています。Aはすでに死亡していますが、この場合、登記申請はどのように行えばよいでしょうか。なお、Aの相続人はCです。

　表題部所有者が死亡した場合には、その相続人が所有権保存登記を申請することができ（法74条1項1号）、その場合、通常の保存登記に必要な添付書面のほかに、相続を証する情報を提供します（令別表の28の項添付情報欄イ））。

　共有の場合には、原則として共有者全員が申請人となりますが、共有者の1人が共有物の保存行為として（民法252条ただし書）、共有者全員のために申請することも可能です（ただし、共有者が自己の持分についてのみ保存登記をすることはできません（明治32年8月8日民刑第1311号民事局長回答、『登記研究』210号質疑応答））。

　以上のことを踏まえて、BおよびCが申請する場合、Cが単独で申請する場合、Bが単独で申請する場合について考えてみます。

(1) BおよびCが申請する場合

　表題部所有者が死亡している場合には、当該不動産の相続人名義で保存登記をすることも、被相続人名義で保存登記をすることも可能です（昭和32年10月18日民甲第1953号民事局長通達（『登記研究』120号））。

　したがって、共有者を「BおよびA」または「BおよびC」とする保存登記の申請が可能です。

(2) Cが単独で申請する場合

　所有権保存登記は、共有者の1人から共有者全員のために申請することができますので、Cは、共有者を「BおよびC」または「BおよびA」とする保存登記を申請することができます。

(3) Bが単独で申請する場合

　所有権保存登記は、共有者の1人から共有者全員のために申請することができますので、Bは、共有者を「AおよびB」とする保存登記を申請することができます。

　問題は、「Bは、Aに関する相続を証する情報を提供して、共有者を『BおよびC』とする保存登記を申請することができるか」という点です。BはAの相続人ではないので、Cを保存登記の登記名義人として登記申請できるとする根拠を法74条1項1号に求めることはできません。これを、民法252条ただし書の共有物の保存行為に求められるかが問題ですが、実際の共有者はBとCであること、また、保存登記は現在の所有者の名ですることが望ましいことからして、「BおよびC」とする保存登記の申請は保存行為に該当するものと考え、Bは共有者を「BおよびC」とする保存登記の申請をすることができるものと考えます（『登記研究』363号質疑応答）。

　なお、いずれの場合にも、申請人とならない人には登記識別情報が通知されないことに注意してください。
（参考：昭和36年9月18日民甲第2323号民事局長回答（『登記研究』170号））

第4章
相続登記

相続登記一般

Q043 相続登記の手続き

父（A）が亡くなったので、相続登記をしたいと考えています。手続きについて教えてください。なお、相続人は、母（B）と、私を含めた子供3人（C、D、E）です。

　遺言書がある場合には、それに従った相続分による登記をします。遺言書がない場合には、相続人全員で遺産分割協議をして相続分の割合を決めるのが一般的です。そのほか、相続人が相続放棄をした場合には家庭裁判所の「相続放棄申述受理証明書」、自己の相続分以上の特別受益がある場合には「特別受益証明書」等を添付して相続登記をします。遺言書および上記証明書等がなく、遺産分割協議も調わない場合には、民法で定める法定相続分の割合で相続登記をします。

　実際には、遺産分割協議に基づいた相続登記が多いため、ここでは遺産分割協議をした場合による相続登記の手続きを説明します。

1　相続人の順位

　相続人になれるのは血族と配偶者です。血族には、相続人となれる順位が定められています（民法887条ないし890条）。

> 第1順位：被相続人の子またはその代襲者（887条）
>   子には、実子と養子が含まれますが、特別養子に出した実子は実方の父母およびその血族との親族関係が終了しますので（817条の9本文）、相続人にはなりません。ただし、夫婦の一方が他の一方の嫡出子を特別養子とする、いわゆる連れ子養子の場合は、実方の父母およびその血族との親族関係については終了しません（同条の9ただし書）。
> 第2順位：直系尊属（889条1項1号）
>   直系尊属とは、父母、祖父母のことをいいます。直系尊属の中では、親等の近い人が優先して相続人となります。直系尊属が相続人となるのは、相続人である子がいない場合です。
> 第3順位：兄弟姉妹またはその代襲者（889条1項2号、2項）
>   兄弟姉妹が相続人となるのは、子および直系尊属がいない場合です。

　配偶者は、常に相続人となり、その順位は血族の相続人と同順位となります（民法890条）。すなわち、配偶者は常に第1順位の相続人ということです。

2　相続登記に必要な書面

　相続登記に必要な書面は、相続を証する情報およびその他の登記原因証明情報（令別表の22の項添付情報欄）、相続する人の住所証明情報（令別表の30の項添付情報欄ロ）、代理人によって登記申請する場合には代理権限証明情報などです。
　相続を証する情報とは、市区町村長が発行する戸籍全部事項証明書（戸籍謄本）、改製原戸籍謄本、除籍全部事項証明書（除籍謄本）、被相続人の住民票の除票の写し、家庭裁判所書記官が作成する「相

続放棄申述受理証明書」および遺産分割の審判書または調停調書の謄本等のことをいいます。

　その他の登記原因証明情報とは、登記の原因となった事実または法律行為およびこれに基づき現に権利変動が生じたことを証する情報をいいます。相続登記においては、相続を証する情報と登記原因証明情報の区分けを厳密にする意味はあまりありませんが、「遺産分割協議書」、「特別受益の証明書」、「相続分の譲渡証明書」等の私人が作成したものが該当すると思われます。

(1) **相続を証する情報およびその他の登記原因証明情報**

　「相続を証する」とは、次のことを証明しなければなりません。

---
① 相続の開始があったこと
② ほかに相続人がいないこと
③ 登記記録上の人物と戸籍上の人物が同一であること
④ 相続人が相続開始時に生存していることおよび相続人の資格を失っていないこと
⑤ 誰が不動産を相続したか

---

① **相続の開始があったこと**

　相続は死亡によって開始しますので（民法882条）、お父さま（A）が死亡したことを証明しなければなりません。それには、お父さま（A）の死亡の事実が記載されている戸籍の全部事項証明書（戸籍謄本）が必要です。

② **ほかに相続人がいないこと**

　ほかに相続人がいないことの証明書としては、被相続人に関する戸籍、除籍の謄本が必要となります。おおむね、被相続人

が子供をつくる能力がある年代（12歳頃。ただし、登記官によっては10歳頃から編製されたものを要求する場合もあります）以前に編製された除籍謄本から現在の戸籍謄本まで間断なく集める必要があります。

　被相続人が婚姻している場合には、婚姻した夫婦につき新しい戸籍が編製されますので、婚姻前の除籍謄本が必要となります。また、他の市区町村に転籍した場合には、転籍前の除籍謄本も必要となります。そのほかに、法令の改正によって戸籍が改製された場合には、改製原戸籍の謄本が必要となります。

　被相続人の子が被相続人の死亡以前に死亡している場合には、死亡した相続人の子が原則として代襲相続しますので、死亡した子の戸籍、除籍の謄本も必要となります。

　その他、第2順位以下の人が相続人となる場合には、先順位の相続人がいないことを証明するために先順位相続人に関する戸籍、除籍の謄本も必要になります。

③ **登記記録上の人物と戸籍上の人物が同一人であること**

　登記記録には所有者を特定するために住所と氏名が記録されていますが、戸籍には本籍と氏名および生年月日が記載されており、住所は記載されていません。登記記録に記録されている所有者と戸籍上の人物が同一人物かどうかの特定は住所と氏名の一致をもってするのが原則ですので、登記記録に記録されているA氏と戸籍に記載されているA氏とが同一人物であることの証明が十分ではありません。これを証明するために、お父さま（A）の住民票の除票の写しまたは戸籍の附票の写しを添付することになります。住民票の除票の写しは、登記記録に記録されているお父さま（A）の住所の記載があるものが必要です。お父さま（A）が何回も住所移転をしたため住民票の除票の写しに登記記録上の住所が記録されていない場合には、戸籍の附票の写しを添付します。

ただし、これらの書面でも同一性を証明できない場合には、これらの書面の他に被相続人名義の当該不動産に係る登記済証を添付します。これらの書面で同一性が証明できる場合には、不在籍証明書および不在住証明書の添付は不要です（平成29年3月23日民二第175号第二課長通知（『改訂先例・通達集』133頁））。

一般的には、各法務局では次の順序で証明書の添付を求めているものと思われます。

　ⅰ　住民票の除票または戸籍の附票の写しを添付する

　　ただし、登記記録上の住所とつながりがつくもの。なお、前掲の第二課長通知では、住民票の除票は、本籍の記載があるものを要求しているように思われますが、その取扱いには疑問です。実際には、住民票の除票に記載されている被相続人の生年月日と戸籍上の生年月日が一致すれば本籍の記載がなくても受理されているのが実情ではないかと思われます。しかし、本籍の記載がある住民票の除票を添付しておくのが無難かと思われます。

　ⅱ　ⅰで証明できない場合には、戸籍の附票の写しと所有権に関する被相続人名義の当該不動産に係る登記済証を添付する

　　戸籍の附票の写しを添付する理由は、戸籍の附票の写しでは同一性を証明できなかったので、登記済証を添付することがわかるからです。この登記済証は原本とコピーを提出して原本還付をします。

　　前掲の第二課長の通知では、登記済証のみでも構わないようにも読み取れますが、登記済証を添付するのは、ⅰの書面で証明できない場合の補完的なものと考えるべきでしょう。

　　なお、住民票の除票の写しについては被相続人が死亡してから5年以上経過した場合、戸籍の附票の写しについて

は戸籍に記載されている者全員が除籍されてから5年が経過すると廃棄されます。しかし、その場合でも、廃棄処分により住民票の除票等の写しを交付できない旨の証明書の添付は不要と考えられます（『登記研究』831号144頁）。なお、被相続人が死亡後5年経過しても戸籍が除籍または改製によって消除されていない場合には、戸籍の附票の写しは発行されますので、それを添付する必要があります。

iii ⅱの登記済証が添付できない場合には、戸籍の附票の写しと被相続人の氏名および当該不動産が表示されている固定資産税の通知書を添付する。

iv ⅱの登記済証およびⅲの固定資産税の通知書を添付できない場合には、戸籍の附票の写しと不在籍証明書および不在住証明書を添付する。ただし、不在籍証明書および不在住証明書を発行するのは各市区町村の裁量に任されています。

　以上のことは、登記官により取扱いが異なるため、住民票の除票または戸籍の附票の写しにより同一性を証明できない場合には、申請する登記所に事前に相談するのがよいでしょう。

　なお、登記記録に記録されているA氏の住所が本籍と同一の場合は、これらの書面の添付は不要です。

　その場合の本籍は最後の本籍だけではなく、従前の本籍も含まれます。

〈登記事項証明書を利用できないか？〉

　宅地については住所の変更登記がされ、相続登記もされていますが、公衆用道路（私道）だけが住所変更の登記も相続登記も長年されていない場合があります。その場合、同一性を証する書面としてその宅地の登記記録を援用または登記事項証明書を添付す

〔Q043〕相続登記の手続き

る取扱いができるようになればよいと考えます。

④ **相続人が相続開始時に生存していることおよび相続人の資格を失っていないこと**

　相続人となるためには、被相続人の死亡時に相続人が生存していることが必要ですので、そのことを証明するために、被相続人が死亡した後に発行された相続人の戸籍の謄本または抄本が必要になります。また、相続人が廃除された場合には、その旨が相続人の戸籍に記載されますので、廃除されていないことの証明にもなります。

⑤ **誰が不動産を相続したか**

　相続人が複数いる場合には、誰が当該不動産を相続したかを証明しなければなりません。法定相続分と異なった持分を決めた場合または特定の相続人だけが相続するという場合には、それを証する書面として、「遺言書」、「遺産分割協議書」、「相続放棄申述受理証明書」、「相続分のないことの証明書」(「特別受益証明書」ともいう) 等の添付が必要となります。

- 遺言書：民法によると、相続分は被相続人の遺言による指定で決まり、指定がない場合には民法の定めるところによって決まるとされています (民法902条)。したがって、遺言書があれば遺言書の添付が必要となります。遺言書が公正証書遺言以外の場合には、家庭裁判所の検認が必要となります。遺言書がある場合には、添付する戸籍謄本等は、原則として、被相続人の死亡の事実が記載されている戸籍謄本と相続を受ける相続人の相続開始後に発行された現在の戸籍謄本があれば足ります。相続を受ける相続人が第1順位以外の相続人の場合には、先順位の相続人がいないことを証明する戸籍謄本が必要となります。
- 遺産分割協議書：相続人が複数いる場合で、遺言書もなく、

法定相続分以外の相続分を決めた場合や、具体的にどの財産を誰が相続するかを決めるのには遺産分割協議をして決めますが、その場合には遺産分割協議書を添付します。

- 相続放棄申述受理証明書：相続の放棄をしようとする人は、自己のために相続の開始があったことを知った時から3か月以内に、その旨を被相続人の住所地または相続開始地の家庭裁判所に申述しなければなりません（民法915条、938条、家事法201条1項）。したがって、相続放棄のある場合には、家庭裁判所の「相続放棄申述受理証明書」または「相続放棄等の申述有無についての照会に対する家庭裁判所からの回答書」を添付します（平成26年4月24日民二第265号第二課長依命通知『登記研究』798号）。この場合、裁判所からの相続放棄の申述書を受理した旨の通知書は使用できないと考えます（なお、その内容が「相続放棄申述受理証明書」と同等の内容が記載されているものと認められるものであれば、これを登記原因を証する情報の一部とすることができるとする考えもあります（『登記研究』808号質疑応答））。これは、証明書の制度があるものについては、証明書を添付すべきと考えるからです。この相続の放棄は、相続の開始前にはできません。

- 相続分のないことの証明書：被相続人から相続分以上の贈与を受けて相続する相続分がない場合には、「相続分のないことの証明書（印鑑証明書付き）」（「特別受益証明書」ともいう）を添付します。特別受益者とは、共同相続人の中で、①被相続人から遺贈を受けた人、②被相続人から婚姻、養子縁組のために贈与を受けた人、③被相続人から生計の資本として贈与を受けた人をいうのですが、遺贈または贈与の価額が相続分の価額に等しいかまたはこれを超えるときは、受遺者または受贈者は、その相続分を受けることができません（民法903条2項）。

(2) 住所証明情報

　所有権移転の登記の場合には、登記名義人となる人の住所を証する情報として市町村長の作成した情報を提供しなければなりませんが（令別表の 30 の項添付情報欄ロ）、具体的には、「住民票の写し（個人番号の記載のないもの）」または「戸籍の附票の写し」を申請書に添付します。したがって、当該不動産を相続しない人の住所証明情報の提供は不要となります。

▷ **法定相続情報一覧図の写しを添付した場合の取扱い**

　法定相続情報一覧図（以下「一覧図」という）には次の事項が記載されます。
　1　記載事項
　　※被相続人に関する事項
　　　氏名・生年月日・最後の住所・死亡年月日
　　　なお、任意で最後の本籍を記載できます
　　※相続人に関する事項
　　　相続開始時の相続人の氏名・生年月日・被相続人との続柄
　　　なお、任意で住所を記載できます。
　2　一覧図を提出した場合には以下の添付書面の添付を省略できます。
　　①　被相続人の、生まれてから死亡の事実が記載されている戸籍（除籍）謄本
　　②　相続人全員の戸籍謄抄本
　　③　登記記録上の人物と戸籍上の人物が同一であることを証する情報
　　　　一覧図に記載されている住所または本籍と登記記録に記録されている所有者（被相続人）の住所が一致する場合には、同一性を証する書面は省略できます。一致しない場合には、同一性を証する書面を添付します。
　　④　相続をした人の住所証明情報
　　　　一覧図には相続人の住所を任意で記載することができますが、一覧図の写しに相続人の住所が記載されている場合には、それをもって相続人の住所証明情報とすることができます。したがっ

て、一覧図に記載する相続人の住所は「住民票の写し」のとおり正確に記載することが必要であり、ハイフン等で省略する簡易な記載は認められません。

▶ 除籍と改製原戸籍

〈除籍〉

除籍には、二つの意味があります。一つは、死亡・婚姻・離縁等をした人がその戸籍から除かれることをいいます。二つ目は、一戸籍内の全員が婚姻・死亡などによって消除された場合、あるいは管轄外の他の市町村への転籍があった場合に、戸籍簿からその戸籍を取り出して別の帳簿に移すわけですが、この移した戸籍を除籍といいます。

〈改製原戸籍〉

改製原戸籍とは、法令の改正によって、戸籍の様式が改製された場合において、その改製後の様式に書き換えられた従前の戸籍のことをいいます。最近の改製では、戸籍事務のコンピュータ化に伴い、平成6年法務省令第51号附則第2条第1項による改製があります。この場合の改製後の戸籍事項証明書には、戸籍事項欄に「【改製日】平成○年○月○日【改製事由】平成6年法務省令第51号附則第2条第1項による改製」と記載されています。

それ以前は、昭和32年法務省令第27号に基づく改製があります。この場合の改製後の戸籍には、「昭和32年法務省令第27号により昭和○年○月○日改製につき昭和○年○月○日本戸籍編製」と記載されています。

▶ 新しい自筆証書遺言について

1 自筆証書遺言の方式が変わりました

民法では自筆証書遺言は、遺言者が、その全文、日付および氏名を記載し、これに押印しなければならないとされていますが（民法968条1項）、平成31年（2019年）1月13日から、遺言書に添付する財産目録等については、パソコン等で作成した目録、銀行通帳のコピー、不動産の登記事項証明書等を添付して遺言書を

作成することもできるようになりました。その場合、財産目録等の各ページには署名押印しなければなりません（民法968条2項）。なお、平成31年（2019年）1月13日より前に作成された自筆証書遺言については、相続開始が同日以降であっても、従前どおり、全文、日付および氏名が全て自書されていない場合には無効となります。

2　法務局で自筆証書遺言書の保管が可能になります

2020年7月10日から自筆証書遺言を法務大臣の指定する法務局で保管できるようになります。それに伴い、法務局で保管されていた自筆証書遺言については家庭裁判所の検認が不要となります。詳細は法務省のホームページを参照してください。

Q 044 法定相続分

法定相続分について教えてください。

1 法定相続分

相続人が複数いる場合(共同相続)には、複数の相続人が遺産を分け合うことになります。この分け合う割合を「相続分」といいます。

相続分については、被相続人(亡くなった人)が遺言書で指定した場合にはそれに従いますが、遺言書がないときは、共同相続人全員で遺産分割協議をして相続分を定めることができます。以上のいずれもない場合には、民法で定める法定相続分の割合によります。

2 法定相続分の具体例

昭和56年1月1日以降に相続が開始した場合には、法定相続分は次のようになります。

相続人	配偶者	子	直系尊属	兄弟姉妹
①配偶者と子	2分の1	2分の1		
②配偶者と直系尊属	3分の2		3分の1	
③配偶者と兄弟姉妹	4分の3			4分の1

(1) 配偶者と子が相続人の場合（民法900条1号）

配偶者は2分の1、子は2分の1です。子が複数いる場合には、2分の1を人数の頭割りで等分に分けます（民法900条4号）。

例）配偶者と子2人が相続人の場合

B：配偶者の相続分 1/2
C：子の相続分 1/2×Cの持分 1/(1+1) = 1/4
D：子の相続分 1/2×Dの持分 1/(1+1) = 1/4

嫡出でない子の相続分については、平成25年の民法の一部改正（平成25年12月11日施行）によって、嫡出でない子の相続分を嫡出である子の相続分と同等のものとされました。改正前では、嫡出でない子の相続分を嫡出である子の相続分の2分の1とされていましたが、この規定は憲法違反であるとの最高裁判所の決定が平成25年9月4日されました。改正法は、最高裁判所の決定のあった日の翌日である平成25年9月5日以後に開始した相続について適用するとされました（改正法附則2項）。しかし、改正法附則2項の規定は、同月4日以前に開始した相続については、何ら規定するものではありません。

なお、法務局の取扱いとしては、平成13年7月1日以後に開始した相続における法定相続（遺言や遺産分割等によることなく、被相続人の法定相続人となったこと自体に基づき、民法の規定に従って法定相続分に応じて不動産等を相続したことをいう）に基づいて持分その他の権利を取得した者を表題部所有者または登記名義人とする登記を内容とするものについては、嫡出でない子の相続分が嫡出である子の相続分と同等であるものとして、事務処理するものと

されています(平成25年12月11日民二第781号民事局長通達(『登記研究』791号))。

(2) 配偶者と直系尊属が相続人の場合（民法900条2号）

配偶者は3分の2、直系尊属は3分の1です。

直系尊属が複数いる場合には、3分の1を人数の頭割りで等分に分けます。

直系尊属とは、自己の父母、祖父母をいいます。父母の両方がいない場合に祖父母が相続します。

なお、普通養子の場合、養親だけではなく、実親も相続人となります。また、直系尊属が相続人となるのは、第1順位の相続人である子またはその代襲者がいない場合です。

例）
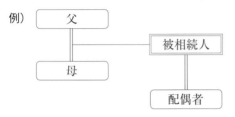

配偶者：配偶者の相続分 2/3
父　　：直系尊属の相続分 1/3 × 父の持分 1/2 = 1/6
母　　：直系尊属の相続分 1/3 × 母の持分 1/2 = 1/6

(3) 配偶者と兄弟姉妹が相続人の場合（民法900条3号）

配偶者は4分の3、兄弟姉妹は4分の1です。

兄弟姉妹が複数いる場合には、4分の1を兄弟姉妹の人数の頭割りで等分します。

なお、父母の一方を同じくする兄弟姉妹の相続分は、父母の双方を同じくする兄弟姉妹の2分の1とされています（民法900条4号ただし書)。

例)

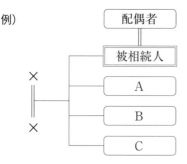

配偶者：配偶者の相続分 3/4
A：兄弟姉妹の相続分 1/4 × A の持分 1/3 = 1/12
B：兄弟姉妹の相続分 1/4 × B の持分 1/3 = 1/12
C：兄弟姉妹の相続分 1/4 × C の持分 1/3 = 1/12

▶ 法定相続分（民法900条）

同順位の相続人が数人あるときは、その相続分は、次の各号の定めるところによる。
① 子及び配偶者が相続人であるときは、子の相続分及び配偶者の相続分は、各2分の1とする。
② 配偶者及び直系尊属が相続人であるときは、配偶者の相続分は、3分の2とし、直系尊属の相続分は、3分の1とする。
③ 配偶者及び兄弟姉妹が相続人であるときは、配偶者の相続分は、4分の3とし、兄弟姉妹の相続分は、4分の1とする。
④ 子、直系尊属又は兄弟姉妹が数人あるときは、各自の相続分は、相等しいものとする。ただし、父母の一方のみを同じくする兄弟姉妹の相続分は、父母の双方を同じくする兄弟姉妹の相続分の2分の1とする。

Q 045 相続権の有無 …養子に行った子

私の兄弟に、養子に行った者がいます。今般、父が死亡しましたが、養子に行った子にも相続権はあるのですか。

　養子には「普通養子」と「特別養子」があり（単に「養子」という場合には普通養子のことをいう）、いずれの形で養子縁組をしたかによって扱いが異なります。

(1) 普通養子の場合

　養子に行った子にも相続権はあります。養子は、縁組の日から養親の嫡出子たる身分を取得します（民法809条）。したがって、養子が未成年者であれば養親が親権者になります（同法818条2項）。しかし、だからといって実親との親子関係が消滅するわけではありませんので、養子は、養親の相続人となると同時に、実親の相続人でもあります。

(2) 特別養子の場合

　特別養子縁組の成立によって、特別養子となった人と実方の父母およびその血族との親族関係は婚姻障害を除いて終了しますので、相互の相続関係は生じません（民法817条の9本文）。ただし、夫婦の一方が他の一方の嫡出子を特別養子とする、いわゆる連れ子養子の場合は、実方の父母およびその血族との親族関係は終了しません（同条の9ただし書）。

Q046 相続権の有無 …離縁した養子の子

被相続人である養親Aは、養子であるBの死亡後にBを離縁しました。Bには養子縁組後に生まれた子Cがいますが、Cは遺産分割協議に参加できますか。

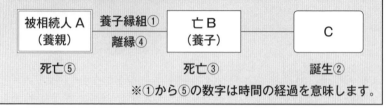

※①から⑤の数字は時間の経過を意味します。

参加できないと考えます。

BはAの死亡以前に死亡していますので、通常であるならば、Bの子CはBを代襲して相続することができます（民法887条2項）。しかし、相続における代襲者の要件に、次のものがあります（民法）。

---
① 被代襲者の直系卑属であること（887条1項本文）
② 被相続人の直系卑属または兄弟姉妹の子（兄弟姉妹の代襲相続の場合）であること（889条2項）。したがって、被相続人の子が養子であり、その養子に縁組前の子がある場合には、その養子の子は被相続人の直系卑属ではないので、代襲相続権はないことになります。
③ 相続開始時に被相続人の直系卑属であること（887条2項ただし書）
④ 被相続人から廃除された人または欠格者でないこと（887条3項）

ご質問の場合、本来、A・Bの養子縁組後に生まれたCは、Aの直系卑属となりますので、代襲相続権があることになります。しかし、AはBを離縁しているのですから、その日からAとCとの親

族関係は終了し（民法729条）、Aの死亡時にはCはAの直系卑属でないことになります。したがって、Cには代襲相続権がありませんので、遺産分割協議には参加することができないことになります。

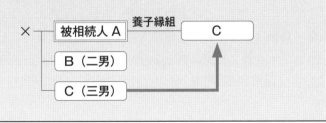

Q 047　相続権の有無
　　　…一方の資格で相続放棄した二重相続資格者

長男Aが死亡し、相続が開始しましたが、Aの養子になっている三男C（Aの実弟）は、相続放棄の申述をしました。なお、直系尊属はすべて死亡しており、Aにはほかに子はいません。この場合、兄弟姉妹が相続人となると思いますが、Cには兄弟としての相続分があるのでしょうか。

　相続の放棄が、いずれの資格について放棄したのか明らかでない場合には、兄弟としての相続分はありません（昭和32年1月10日民甲第61号民事局長回答）。しかし、添付情報から子としての相続を放棄したが、兄弟としての相続の放棄をしていないことが明らかな場合には、Cは兄弟として相続することができます。
　ご質問の場合には、被相続人の弟であり、また養子でもあるCが相続を放棄した場合、兄弟としての相続をも放棄したものとみなされるかということです。前記回答は、相続登記の申請の際に提供された書面（相続放棄申述受理証明書）の記載からは、Cがどの資格において相続の放棄をしたものか不明の場合です（昭和37年7

月1日から施行された家事審判規則の一部を改正する規則による改正前の家事審判規則は、相続の放棄の申述書の記載事項として、「被相続人の続柄」を要求していなかったことから、いずれの相続人の資格をもって相続の放棄をしたものか明らかでありませんでした)。

また、相続の放棄は、通常、被相続人の債務から解放される目的でされることが多いと考えられることから、すべての相続人の資格を放棄したものとして取り扱うのが合理的であるとする考えに基づき、前記回答がされたものと考えられています(『民事月報』平成28年3月号80頁)。

最近の先例では、配偶者および妹としての相続人の資格を併有する場合の事例ですが、相続放棄申述受理証明書のほか、配偶者としての放棄をしたことを確認することができる相続放棄申述書の謄本および妹としては相続の放棄をしていない旨記載された印鑑証明書付きの上申書が提供された場合においては、配偶者としての相続の放棄の効果は、妹としての相続人の資格には及ばないとしています(平成27年9月2日民二第363号第二課長通知(『改訂先例・通達集』132頁、『民事月報』平成28年3月号73頁、『登記研究』820号))。

Q 048 除籍簿が滅失している場合の登記の手続き

相続登記の申請に必要な除籍簿の一部が滅失等によってその謄本が取得できない場合には、何を提供すればよいでしょうか。

　相続登記を申請する際には、相続を証する情報として、被相続人が子をつくる能力があるとされているおおむね12歳頃以前（ただし、登記官によっては10歳頃以前）に編製された除籍、改製原戸籍から死亡の記載のある戸籍の謄本を間断なく提供することとされています。

　しかし、これら除籍等が廃棄処分、戦災、焼失もしくは災害等によって滅失して提供できない場合には、「除籍等の謄本を交付することができない」旨の市区町村長の証明書を添付すれば足ります。

　なお、従前の取扱いにおいては、そのほかに「他に相続人はない」旨の相続人全員からの証明書（印鑑証明書付き）の添付が必要でしたが（昭和44年3月3日民甲第373号民事局長回答）、上記回答が出されてから50年近くが経過し、「他に相続人はない」旨の相続人全員による証明書の提供が困難になったため、「除籍等の謄本を交付することができない」旨の市区町村長の証明書が提供されていれば、「他に相続人はない」旨の証明書は不要となりました（平成28年3月11日民二第219号民事局長通達（『改訂先例・通達集』111頁、『登記研究』819号））。

Q 049 外国人 …在日韓国人の相続

在日韓国人の相続については、日本と韓国、どちらの法律が適用されるのですか。

　国際私法上、相続準拠法の決定については、二つの立法主義があります。一つは、相続財産の所在地をもって準拠法とするものであり、もう一つは被相続人の本国法等をもって準拠法とするものです。日本および韓国は後者の例です。

　法の適用に関する通則法においては、相続は、被相続人の本国法によるとされています（通則法36条）。また、当事者の本国法によるべき場合において、その国の法に従えば日本法によるべきときは、日本法によるとされています（通則法41条前段）。この41条が適用される場合を反致（はんち）といいます。この意味は、当事者の本国法が準拠法として指定される場合に、当事者の本国の国際私法によれば、この法律関係にかえって日本の民法等が適用されることになっているときには、その本国法を適用せずに日本の民法等を適用すべしということです。

　そこで、韓国の法律を見てみますと、韓国国際私法49条によると、「相続は死亡当時被相続人の本国法による。」とされていますので、日本の民法を適用しないで、原則として韓国の相続法が適用されます。

　ただし、同49条2項で、被相続人は、遺言により準拠法を次の①または②のいずれかを指定することができるとされています。したがって、準拠法を日本の民法と指定する遺言があれば、日本の民法が適用されます。

　① 指定当時被相続人の常居所がある国家の法

ただし、その指定は、被相続人が死亡時まで、その国家で常居所を維持した場合に限り、その効力を有します。
② 不動産に関する相続に対しては、その不動産の所在地法
＊ 在日韓国人の遺言の方式についてはQ073を参照してください。

（参考：藤原勇喜『新訂渉外不動産登記』テイハン、『平成31年版戸籍実務六法』日本加除出版）

▷ 法の適用に関する通則法

36条（相続）　相続は、被相続人の本国法による。
37条（遺言）
　1　遺言の成立及び効力は、その成立の当時における遺言者の本国法による。
　2　遺言の取消しは、その当時における遺言者の本国法による。
41条（反致）　当事者の本国法によるべき場合において、その国の法に従えば日本法によるべきときは、日本法による。ただし、第25条（第26条第1項及び第27条において準用する場合を含む。）又は第32条の規定により当時者の本国法によるべき場合は、この限りでない。

〔Q049〕外国人　…在日韓国人の相続　　117

Q050 外国人 …韓国の相続法

在日韓国人である父が亡くなりました。韓国民法における法定相続人と相続分について教えてください。

1 相続の順位

　平成3年（1991年）1月1日以降に開始した相続では、相続人となる順位は次のようになりますが（韓国民法1000条）、いずれも同順位の相続人が数人あるときは、最近親を先順位とし、同親等の相続人が数人あるときは共同相続人となります。胎児は、相続順位については、既に出生したものとみなされます。

第1順位：被相続人の直系卑属
第2順位：被相続人の直系尊属
第3順位：被相続人の兄弟姉妹
第4順位：被相続人の4親等以内の傍系血族

　配偶者は、常に第1順位となり、直系卑属および直系尊属と同順位で共同相続人となります。直系卑属および直系尊属がいない場合には、配偶者が単独相続します。被相続人に兄弟姉妹がいたとしても、その兄弟姉妹に優先し、配偶者が単独で相続人となります（韓国民法1003条1項）。

2　相続分

同順位の相続人が数人あるときは、その相続分は均分とします(韓国民法1009条1項)。

(1) 配偶者と直系卑属が相続する場合

配偶者の相続分は、直系卑属と共同相続するときは、直系卑属の相続分の5割を加算します（韓国民法1009条2項）。したがって、たとえば配偶者と3人の子が相続する場合、割合は3：2：2：2となり、分数にすると、配偶者は（3＋2＋2＋2）分の3、すなわち9分の3、子は各9分の2となります。

(2) 配偶者と直系尊属が相続する場合

配偶者の相続分は、直系尊属と共同相続するときは、直系尊属の相続分の5割を加算します（韓国民法1009条2項）。したがって、たとえば配偶者と被相続人の両親が相続する場合、割合は3：2：2となり、分数にすると、配偶者は（3＋2＋2）分の3、すなわち7分の3、両親は各7分の2となります。

(3) 代襲相続

相続人となるべき直系卑属または兄弟姉妹が相続開始前に死亡し、または欠格者となった場合に、その直系卑属があるときは、その直系卑属が死亡または欠格者となった人の順位に代わって相続人となります（韓国民法1001条）。

相続開始前に死亡または欠格者となった人の配偶者は、韓国民法1001条の規定による相続人と同順位で共同相続人となり、そ

の相続人がないときは、単独相続人となります(同法1003条2項)^(注)。たとえば、被相続人の子Aが被相続人よりも先に死亡した場合には、Aの子はもちろん、Aの配偶者も代襲相続することになります。

(注) 日本の民法では、被代襲者の配偶者は代襲相続人にはなれません(民法887条、889条2項参照)。

Q051 外国人 …韓国人の相続証明書

私の父が平成29年(2017年)に亡くなりましたが、父は在日韓国人です。相続人は、母と私と兄の3人で、いずれも韓国籍です。日本にある父名義の土地・建物を母名義とする相続登記を申請したいのですが、相続を証する書面として何を添付すればよいでしょうか。

1 どこの国の法が適用されるか

(1) どこの国の相続法を適用するか

　日本の民法と韓国の民法のどちらの法を適用するかは、相続は、被相続人の本国法によることになっていますので(通則法36条)、原則として韓国の民法が適用されます。詳細はQ049を参照してください。

(2) 登記手続はどこの国の法が適用されるか

　法の適用に関する通則法13条1項では「動産又は不動産に関

する物権及びその他の登記をすべき権利は、その目的物の所在地法による。」とされていますので、所有者が外国人の場合でも相続による所有権移転登記の手続きは日本の不動産登記法が適用されます。

　相続登記を申請する場合には、申請書と共に、次の情報を提供します（令別表22の項および30の項添付情報欄。）

> ① 相続を証する情報
> ② その他の登記原因証明情報
> ③ 相続した人の住所証明情報

　なお、これらが外国文字で作成されたものについては、その訳文も必要となりますので（昭和38年8月27日民事甲第1728号民事局長心得通達）、それを添付します。

　相続人の相続順位、相続分等については原則として韓国民法が適用されます（Q050参照）。

2　相続を証する情報

　相続を証する情報としては、平成20年（2008年）1月1日以降に死亡した人の場合は、被相続人の出生の時から平成20年（2008年）1月1日戸籍が抹消されるまでの除籍謄本およびそれ以降から死亡の時までの家族関係登録簿等の証明書が必要となります。

　韓国では、これまでの戸籍制度が廃止され、その代替（だいたい）として個人別家族関係登録制度が新設されて、次の登録事項証明書が発行されるようになりました。

> ① 家族関係証明書
> ② 基本証明書
> ③ 婚姻関係証明書
> ④ 入養関係証明書(養子縁組関係証明書)
> ⑤ 親養子縁組関係証明書(特別養子縁組関係証明書)

　家族関係登録簿は、平成20年(2008年)1月1日当時に記録された事項を基準に、個人別に作成されました。したがって、平成19年(2007年)12月31日以前に死亡申告をした人や国籍喪失した人については家族関係登録簿が作成されませんでした。

　登記所によっては、被相続人の相続証明書としてこれら5種類全部の添付を要求するところもあります。申請人も取り敢えず全部添付しておけば問題がないということで5種類全部を添付している例が多いのではないかと思います。しかし、証明する事項によって、具体的にどの証明書を添付する必要があるかを考えなければ、思考停止の状態になってしまいます。そのことを検討するためには、各証明書には何が記録され、何が記録されていないかを知る必要があります。

(1) 平成28年(2016年)の改正

　平成28年(2016年)5月29日に法律が改正(平成28年(2016年)11月30日施行)され、各証明書には「一般証明書」、「詳細証明書」の2種類の証明があり、基本証明書については以上2種類の証明書のほかに「特定証明書」もあります(家族関係の登録等に関する法律15条)。

　「一般証明書」には、現在の事項のみが記録されています。

　「詳細証明書」には、現在の事項のほかに過去の履歴や訂正事項など家族関係登録制度以降に発生した事項が記録されていま

す。

「特定証明書」は「基本証明書」のみに適用されますが、親権や後見に関する事項などの申請人が選択した事項が記録されます（家族関係の登録等に関する規則21条の2）。

(2) 交付請求

① 請求先

相続登記には各証明書の「詳細証明書」が必要となります。

登録事項証明書は、日本にある大韓民国大使館領事部、大阪総領事館、福岡総領事館のほかに居住地管轄のすべての在外公館で交付請求することができます。詳細は韓国大使館のホームページで確認してください。

郵便による交付請求する場合は、下記の機関に問合せしてください。

```
〒106-0047　東京都港区南麻布1－7－32
　駐日韓国大使館領事部（家族関係登録係）
　TEL：03－3455－2601～3
```

② 請求できる人

交付請求できるのは、本人、直系血族、配偶者およびその代理人に限定されています。

家族関係の登録等に関する法律14条では、兄弟姉妹も交付請求ができるとされていますが、憲法裁判所により兄弟姉妹に交付請求を認めるのは違憲であるとされました。したがって、平成28年（2016年）7月1日から兄弟姉妹からの交付請求は受け付けていません。

〔Q051〕外国人　…韓国人の相続証明書

3 家族関係登録簿の記載内容

登録事項証明書の共通事項として、次の事項が記録されています。
ア　本人の登録基準地
イ　姓名、性別、本、出生年月日
ウ　住民登録番号（本国の人のみ記録されています。在日韓国人の場合は空欄となっています）

そのほか、個別の記録事項として証明書ごとに次の事項が記録されています（家族関係の登録に関する法律15条）。

【家族関係証明書】

　家族関係証明書は、本人と家族の身分関係を証明するものです。
□　一般証明書記載事項
　　ア　父母の姓名、性別、本、出生年月日および住民登録番号（養子縁組の場合、養父母を父母と記録します。ただし、単独養子縁組した養父が実母と婚姻関係にあるときには養父と実母を、単独養子縁組した養母が実父と婚姻関係にあるときには養母と実父を各々父母と記録します）
　　イ　配偶者、生存する現在の婚姻中の子の姓名、性別、本、出生年月日および住民登録番号
□　詳細証明書記載事項
　　上記のほか、すべての子の姓名・性別・本・出生年月日および住民登録番号
　　＊　養子縁組をしている場合には、養父母を父母として記録し、原則として実父母は記録しませんので、第2順位の相続人を確認するためには、入養関係証明書も必要となります。
　　＊　本人の兄弟姉妹関係は家族関係証明書に記録されませんので、兄弟姉妹関係を証明するためには、父母の家族関係証明書が必要となります。
　　＊　養子、親養子、嫡出子、非嫡出子でも全て「子女」と記録

されます。
* 死亡した家族は 死亡 と記録されますが死亡の年月日は記録されません。

【基本証明書】

基本証明書は、本人に関する基本的な事項が記録されています。

□ 一般証明書記載事項

本人の出生、死亡、国籍喪失に関する事項

□ 詳細証明書記載事項

上記のほか、国籍取得および回復等に関する事項

* 過去の変更事項も記録されます。
* 父母や家族の記録はされません。
* 婚姻や入養（養子縁組）に関する事項は記録されません。
* 死亡場所と死亡日時は基本証明書にしか記録されません。

【婚姻関係証明書】

婚姻関係証明書は、婚姻に関連する身分の変動事項を証明するものです。

□ 一般証明書記載事項

ア　配偶者の姓名、性別、本、出生年月日および住民登録番号

イ　現在の婚姻に関する事項

□ 詳細証明書記載事項

上記のほか、婚姻および離婚に関する事項

【入養関係証明書】（養子縁組関係証明書）

入養縁組関係証明書は、養子縁組に関連する身分の変動事項を証明するものです。

□ 一般証明書記載事項

ア　実父母・養父母または養子の姓名、性別、本、出生年月日および住民登録番号

イ　現在の入養（養子縁組）に関する事項

□ 詳細証明書記載事項

上記のほか、入養（養子縁組）および罷養（養子離縁）に関す

る事項

* 実父母と養父母の両方が記録されます。

【親養子入養関係証明書】（特別養子関係証明書）

　親養子入養関係証明書は、親養子縁組（日本の特別養子縁組に相当する）に関連する身分の変動事項を証明するものです。

□　一般証明書記載事項

　ア　実父母・養父母または親養子の姓名、性別、本、出生年月日および住民登録番号

　イ　現在の親養子縁組に関する事項

□　詳細証明書記載事項

　上記のほか、親養子縁組および離縁に関する事項

* 親養子入養は日本の特別養子縁組に類似した制度です。
* 実父母と養父母の両方が記録されます。

4　相続を証する情報とは

相続を証するためには、次の事項を証明しなければなりません。

---
① 相続の開始があったこと
② ほかに相続人がいないこと
③ 登記記録上の人物と登記事項証明書の人物が同一人であること
④ 相続人が相続開始時に生存していること
⑤ 誰が当該不動産を相続したか
---

(1)　相続の開始があったことの証明

　相続は死亡によって開始しますので（韓国民法997条）、被相続人が死亡したことを証明するために、被相続人の死亡の事実と

その日付が記録されているものが必要となります。

被相続人の閉鎖済みの「基本証明書」が必要となります。被相続人の死亡年月日が記録されるのは基本証明書のみです。

(2) ほかに相続人がいないことの証明

ほかに相続人がいないことの証明書は、誰が相続人になるかによって異なってきますが、本件の場合は、韓国籍の配偶者と子が相続人なので、それに限定して議論をしたいと思います。まず、被相続人の生まれてからの除籍謄本が必要となります。

被相続人の「家族関係証明書」が必要です。この証明書によって、配偶者と子（養子も含まれる）の存在がわかります。実子と養子との間には相続による区別はありません。

したがって、「婚姻関係証明書」、「入養関係証明書」、「親養子縁組関係証明書」は不要と考えます。

(3) 登記記録上の人物と登記事項証明書の人物が同一であること

登記記録には所有者を特定するために住所と氏名が記録されていますが、被相続人の登録事項別証明書（「基本証明書」等）には住所は記録されていませんので、登記記録に記録されている人物と登録事項証明書に記録されている人物が同一の人物であることの証明ができません。

そこで、これを証明するために、被相続人の「住民票の除票の写し」（登記記録に記録されている被相続人の住所の記録があるものが必要）を添付します。住民票の除票の写しには、被相続人の住所・氏名・生年月日が記録されていますので、登録事項別証明書に記録されている人物の氏名・生年月日が一致すれば登記記録上の人物と登録事項別証明書の人物が同一人であることの証明がされたことになります。

〔Q051〕外国人 …韓国人の相続証明書

なお、住民票の除票の写しに記録されている被相続人の住所と登記記録に記録されている被相続人の住所とのつながりがつかない場合には、被相続人の閉鎖された外国人登録原票の写しが必要となる場合もあります。

(4) **相続人が相続開始時に生存していること**

相続人は、相続が開始した時点で生存していなければなりませんので、その証明書を添付しなければなりません。

その証明書としては、相続開始後に発行された相続人の基本証明書を添付します。

基本証明書には、出生事項、死亡およびその年月日が記録されているので相続人全員の基本証明書が必要となります。

しかし、相続人の基本証明書には被相続人の氏名が記録されていないため、基本証明書だけでは相続人であることの証明書としては弱いと思いますので、相続人の家族関係証明書も添付するのがよいでしょう。

(5) **誰が不動産を相続したか**

誰が当該不動産を相続したかを証する書面としては、遺産分割の協議をした場合には、「遺産分割協議書」、特別受益者がいる場合には「特別受益の証明書」、相続分の譲渡をした場合には「相続分の譲渡証明書」等を添付します。これらは、いずれも印鑑証明書付きです。

5 まとめ

本件の場合は次の添付書面が必要と考えます。
なお、韓国語で記録されているものには翻訳文が必要となります。

① 被相続人の出生からの除籍謄本
② 被相続人の基本証明書および家族関係証明書
③ 被相続人の住民票の除票の写し
 ただし、閉鎖された外国人登録原票の写しが必要な場合もあります。
④ 相続人全員の相続開始後に発行された基本証明書および家族関係証明書
⑤ 遺産分割協議をした場合には遺産分割協議書（相続人全員の印鑑証明書を添付）
⑥ 相続をした人の住所証明情報
 所有権移転の登記には、登記名義人となる人の住所を証する書面として、市町村長の作成した情報を提供しなければなりませんが（令別表の30の項添付情報欄ロ）、具体的には、住民基本台帳法の規定により、中長期在留者および特別永住者を含む一定の在留資格等を有する外国人住民については、住民票が作成されますので、その住民票の写しを添付します。
 申請人が、中長期在留者または特別永住者等以外の外国人の場合には、当該外国人の本国の在外公館が発行した日本の住所の記載がある在留証明書等の添付を求められます。
⑦ 法定添付書面ではありませんが、当該不動産の固定資産評価証明書

Q052 外国人 …在日韓国人の相続放棄

先日、父が死亡しましたが、父には多くの負債がありますので、相続の放棄をしたいと考えています。父も私も在日韓国人ですが、日本の裁判所で相続放棄の申立てができるでしょうか。

　在日の韓国人は、日本の家庭裁判所に相続放棄の申述をすることができますので、通常の相続登記に必要な添付書面とその相続放棄申述受理証明書を添付して相続登記の申請をすることができます（昭和37年12月20日民甲第3626号民事局長回答（『登記研究』186号））。

1 相続放棄の時期

　お父さまが、相続準拠法を指定した遺言を遺していない場合には、相続放棄については韓国の民法によります。
　韓国の民法によると、相続の放棄は、相続の開始があったことを知った日から3か月内に家庭法院に放棄の届出をしなければなりません（韓国民法1019条1項、1041条）。この3か月の期間の起算日は、相続の開始の事実が発生したことにより自己が相続人であることを知った日とされています。ただし、相続人は相続債務が相続財産を超過する事実を重大な過失なしに3か月内に知ることができずに単純承認をした場合にも、その事実を知った日から3か月内に限定承認をすることができるとされています（韓国民法1019条3項）。

2 裁判管轄

　日本の家庭裁判所は、被相続人の最後の住所が日本にある場合もしくは相続人の住所または遺産もしくは相続債務が日本にある場合には、相続放棄または限定承認の申述についての国際裁判管轄を有するとされていますので（南敏文「渉外相続放棄と限定承認申述の受理」（『判例タイムズ』1100号432頁））、日本の家庭裁判所に相続放棄の申述をすることができます。ただし、日本の家庭裁判所で相続放棄をしても、韓国内でその効力が認められるかは明らかではありません。したがって、日本の家庭裁判所のみならず、韓国の家庭法院に対し相続の放棄の申述を行うのが妥当とされています（参照：在日コリアン弁護士協会『第2版Q&A新・韓国家族法』309頁・日本加除出版）。

3 相続放棄の効果

　相続の放棄は、相続開始の時にさかのぼって効力を生じます（韓国民法1042条）。したがって、相続放棄をした人は、相続開始の時から相続人でなかったことになります。被相続人の子全員が相続放棄をした場合には、孫が第1順位の相続人になります（同法1000条1項）。

　相続人が数人ある場合には、放棄した人の相続分は、他の相続分の割合に応じて、その相続人に帰属します（同法1043条）。

Q053 台湾の戸政事務所発行の戸籍謄本と奥書証明

台湾の戸政事務所発行の戸籍謄本については、台北駐日経済文化代表処の奥書証明が必要でしょうか。

　奥書証明は不要です。

　台湾には日本と同様に戸籍制度があり、台湾人の相続登記には、台湾の戸政事務所発行の戸籍謄本とその訳文を添付します。その際、日本は領事認証制度を採用していないため、日本の官憲等に外国の公文書を提出する場合には、その国に駐在する日本の外交官または領事官の認証を受ける必要はなく、その公文書が権限を有する官憲によって真正に作成され、訳文を添付している場合には、そのまま効力を認めています。

　しかし、台湾と日本は国交がないことなどから、戸籍謄本には①訳文に対する台湾の公証人の認証、②中華民国外交部の奥書、③日本にある台北駐日経済文化代表処の奥書をしたものが必要とされていました。しかし、実際には、台湾とは経済交流も行われ、人の行き来も盛んに行われている現状から、国交のある国と同様に取り扱っても差し支えないと考えられています。

　そこで、台北駐日経済文化代表処の奥書がなくても、登記官が審査した限りにおいて、他に偽造等を疑うべき特段の事情がない限り、当該戸政事務所発行の戸籍謄本および印鑑証明書は真正に作成されたものとして取り扱われるべきと考えられています（『登記研究』800号109頁「実務の視点」、同804号325頁「登記簿」）。

　なお、東京法務局管内では、平成27年3月24日の首席登記官（不動産登記担当）の事務連絡により、台湾の戸政事務所発行の戸籍謄本および印鑑証明書について、上記①から③の奥書および認証を不要とする取扱いに変更されました。

遺産分割協議

Q 054　参加者　…成年被後見人がいる場合

共同相続人の中に成年被後見人がいます。この場合、誰が遺産分割協議に参加するのですか。

　成年後見人は、成年被後見人の財産に関する法律行為についての包括的な代理権とこれに対応する包括的な財産管理権を有します（民法859条1項）。したがって、成年後見人は、成年被後見人を代表して遺産分割協議をすることができます。その場合、成年後見監督人がいる場合には、その同意を得なければなりません（同法864条、13条1項6号）。

　成年後見人が共同相続人の場合、成年被後見人と遺産分割協議をすることは利益相反となり、成年後見人に適正な代理権の行使を期待できませんので代理権は制限され、成年後見監督人がある場合には、成年後見監督人が成年被後見人を代表して遺産分割協議に参加します。成年後見監督人がいない場合には、成年被後見人のために特別代理人を家庭裁判所で選任してもらい（同法826条、860条）、その特別代理人が遺産分割協議に参加します。

　登記申請にあたっては、通常の相続登記に必要な添付書面のほかに、遺産分割協議に参加した代理人に応じて次の書面を添付します。

利益相反	参加者	添付書面
ならない場合	成年後見人	後見登記の登記事項証明書 ※成年後見監督人がいる場合は、加えて成年後見監督人の同意書(監督人の印鑑証明書添付。同意書の形式は定まっていないため、遺産分割協議書に同意する旨を記載して押印する方法も考えられる)
なる場合	成年後見監督人	後見登記の登記事項証明書
	特別代理人	家庭裁判所の特別代理人選任書

　なお、いずれの場合も、遺産分割協議に参加した人は遺産分割協議書に実印を押印して印鑑証明書を添付します。

　その場合、成年後見人が弁護士の場合においても、添付する印鑑証明書は弁護士会が発行するものではなく、市区町村長が作成したものを添付すべきと考えます。

Q055 参加者　…行方不明者がいる場合

遺産分割の協議をしたいと思っていますが、相続人のうち、1人の行方がわかりません。どうすればよいのでしょうか。

　遺産分割の協議は相続人全員でする必要がありますので、行方不明者を除いて他の相続人だけで遺産分割協議をすることはできません。そこで、①行方不明者が死亡していると思われる場合には不在者の従来の住所地または居所地を管轄する家庭裁判所に失踪宣告の申立てをして(家事法148条1項)行方不明者が死亡したとみなして遺産分割協議をするか、②失踪宣告の申立てをする事由がない場

合には不在者の従来の住所地または居所地を管轄する家庭裁判所に不在者の財産管理人の選任の申立てを行い（家事法145条）、その財産管理人とともに遺産分割協議をすればよいでしょう。

なお、不在者財産管理人が遺産分割協議に参加することは権限外の行為となり家庭裁判所の許可が必要ですので（民法28条、103条）、不在者財産管理人は家庭裁判所の許可を得て、行方不明者のために遺産分割協議をすることになります（昭和39年8月7日民三第597号第三課長電報回答）。この場合、登記申請書には、通常の相続登記に必要な書面のほかに、不在者財産管理人の選任書と裁判所の許可書を添付します。

Q 056 参加者 …相続登記を行う前に相続人が欠けた場合

父Xの名義になっている不動産がありますが、父が亡くなった後、その相続の登記をしないままにしておきましたら、先日、母Yも亡くなりましたので、その相続登記をしたいと思っています。子は3人（A・B・C）いますが、3人による遺産分割協議書を作成して登記はできるでしょうか。なお、母は相続放棄もしていませんし、相続分以上の特別受益も受けていません。

お父さまの相続人とお母さまの相続人があなた方3人しかいなければ、3人で遺産分割協議をして、その協議書をもって相続登記をすることは可能です。また、お父さまの遺産については、お母さまを含めた法定相続分による登記をした後に、お母さまについての相続登記をする方法もあります。

(1) Yの生前に遺産分割協議をしていない場合

父が死亡した後に母も死亡したということですが、父が死亡し

た時点での相続人である母と子らで遺産分割協議も何もしなかったというのであれば、父の相続人と母の相続人とで遺産分割協議を行って、それに基づく相続登記はできます（昭和29年5月22日民甲第1037号民事局長回答（『登記研究』79号））。

　本問について考えると、父Xが死亡した時点での相続人は妻Yと子A・B・Cの4人ですので、本来ならばXの相続人であるYとA・B・Cで遺産分割協議をするのですが、Yが死亡していますので、Yの相続人とXの相続人であるA・B・Cとが遺産分割協議をすることになります。YにほかにA・B・C以外の子がいるのであれば、その子も遺産分割協議に参加しなければなりません。なお、YおよびA・B・Cは誰でもXの遺産を相続する権利がありますので、遺産分割協議の結果、死亡しているYが相続する、とする協議もすることができます。

(2) Yの生前に遺産分割協議をしている場合

　Yと生前に遺産分割協議をしている場合には、事情が変わってきます。たとえば、Yと子が法定相続分と異なる持分で共同相続するといった遺産分割協議が調った後にYが死亡した場合には、いったん、その旨の相続登記をしなければなりません。

　Yが単独で相続する旨の協議が調った場合には、次の方法で登記をすることができます。

① XからYへの相続登記をした後、Yの相続登記をする方法
② XからYへの中間の相続登記を省略して、Xからの相続登記をする方法
　　この場合には、登記原因を「○○年○月○日Y相続、○

○年○月○日相続」とします。ここで注意しなければいけないのは、中間の相続登記を省略することができるのは、中間の相続が単独相続（遺産分割、相続放棄または他の相続人に相続分のないことによる単独相続を含む）の場合に限るということです（昭和30年12月16日民甲第2670号民事局長回答（『登記研究』98号））。

遺産分割協議書見本

遺産分割協議書

　被相続人X（本籍○市○町○番）^(注1)は、平成28年○月○日死亡した。また、Xの相続人であるYが平成30年○月○日死亡したので、X及びYの相続人全員は、平成30年○月○日、被相続人の遺産につき次のとおりに分割することを協議した。

　相続財産中、次の不動産はAが相続する。
(1)　○市○町一丁目　200番1　宅地 100.78m² の土地
(2)　○市○町一丁目　200番8　公衆用道路 100m² の土地
　　　持分 100 分の 25 ^(注2)
(3)　同　所　200 番地 1　家屋番号　200 番 1
　　　居宅　木造かわらぶき2階建　1階 50.00m²　2階 30.50m² の建物

　以上のとおり分割協議が成立したので、これを証するため、この証書を3通作成し、各自署名押印して、各1通所持するものである。

○○年○月○日
○市○町○番○号
X及びYの相続人^(注3)
A　㊞
○市○町○番○号
X及びYの相続人
B　㊞
○市○町○番○号
X及びYの相続人
C　㊞

(注1)　誰の遺産分割協議なのかを明らかにするために、被相続人を本籍または住所で特定するのがよいでしょう。
(注2)　被相続人の共有持分を相続する場合、その持分を記載するとわかりやすいですが、この持分の記載がなくてもかまわないでしょう。
(注3)　誰の相続人であるかわかるように肩書きを記載した例です。

Q057 遺産分割協議後に他の相続人が死亡して相続人が1人となった場合の手続き

父が死亡した後、その旨の登記をしないでいたら母も亡くなりました。母の生前中に、父の所有する不動産は私が全部相続するということで話がまとまっていましたが、遺産分割協議書は作成していませんでした。子は私1人です。この場合、父から直接、私への相続登記は可能でしょうか。

可能です。

(1) 遺産分割協議の方式は、民法上、特別の方式は要求されておりませんので、遺産分割の協議は共同相続人全員の口頭による合意でも有効に成立します。ご質問では、お母さまとは、お父さまの所有する不動産はすべてあなたが相続するとの合意があったということですから、遺産分割協議は成立しておりますので、お父さまの所有の不動産はすべてあなたが相続することになります。その場合の添付情報は、相続を証する情報（戸籍謄本等）、登記名義人となる者の住所証明情報のほかに、その他の登記原因証明情報として後記「遺産分割協議証明書」にあなたの印鑑証明書を添付して提供すれば足ります（平成28年3月2日民二第154号第二課長回答（『改訂先例・通達集』125頁、『登記研究』820号））。

なお、最終の相続人が2人以上いる場合には、Q061を参照してください。

遺産分割協議証明書見本

> 遺産分割協議証明書
>
> 　○○年○月○日○県○市○町○丁目○番○号甲野太郎の死亡によって開始した相続における共同相続人甲野花子及び乙野めぐみが○○年○月○日に行った遺産分割協議の結果、○県○市○町○丁目○番○号乙野めぐみが被相続人の遺産に属する後記物件を単独取得したことを証明する。
>
> 　　　○○年○月○日
> 　　　　　○県○市○町○丁目○番○号
> 　　　　　（甲野太郎の相続人兼甲野太郎の相続人甲野花子の相続人）
> 　　　　　　　　　　乙野めぐみ　　㊞
>
> 不動産の表示
> （以下省略）

(2) 生前に遺産分割協議をしていない場合

　本件のケースが認められるのは、お母さまが生前にあなたと遺産分割協議をしていた場合に限られます。そのような事実がない場合には、本件のような取扱いは認められていません。したがって、生前に遺産分割協議をしていない場合には、お母さまの持分2分の1、あなたの持分2分の1とする法定相続分による相続登記をした後、お母さまの持分全部移転による相続登記をしなければならないとするのが法務局の取扱いです（『登記研究』758号質疑応答、同759号「カウンター相談」）。この場合、あなたがお母さまとお父さまの相続人として、1人で遺産分割協議書を作成しても認められないようです。この取扱いには疑問がありますが、法務局の考えとしては、お母さまが死亡した時に、お父さまの遺産に係る遺産共有状態は解消されているのであるから、遺産分割できる前提が存在しない、つまり、1人では遺産分割協議が成立

しないことを理由としているようです。

なお、土地についてのみですが、死亡した相続人名義で登記をする場合には非課税となりますので（租税特別措置法84条の2の3第1項）、お母さまとあなたが各2分の1の相続登記をした場合には、お母さまの持分については非課税となります。詳細はQ200の**6**を参照してください。

（参考：東京地方裁判所平成26年3月13日判決（平成25年（行ウ）第372号処分取消等請求事件））

Q058 参加者 …相続分を第三者に譲渡した場合

共同相続人の甲・乙・丙のうち甲は、遺産分割協議の前に相続人以外の第三者であるAに自己の相続分を譲渡しました。この場合、Aは共同相続人とともに遺産分割協議に参加することが可能でしょうか。可能とした場合、遺産分割協議により特定の不動産を取得したときの登記原因は何になりますか。

Aは、遺産分割協議に参加できるものと考えます。登記の手続きは、「相続」を原因として共同相続人甲・乙・丙への所有権移転の登記をした後、Aに対し、「相続分の売買」または「相続分の贈与」を原因として甲の持分全部移転の登記をしたのち、「遺産分割」を原因とする所有権移転登記をすることになります（『登記研究』745号「カウンター相談」）。

共同相続人の1人が遺産分割の前に自己の相続分を第三者に譲渡したときは、他の共同相続人は、その価額および費用を償還して、その相続分を譲り受けることができるとされています（民法905条1項）。そして、相続分が譲渡されると、共同相続人の1人として有する一切の権利義務は、包括的に譲受人に移り、同時に譲受人は遺産の分割に関与することができるものと解されますから、甲から

相続分の譲渡を受けたAは、遺産分割協議に参加することができるものと考えます。

しかし、Aは相続人以外の第三者ですから、Aを相続人の1人に含めた相続登記の申請は認められません。そして、譲渡人と譲受人との間での物権変動の発生時期は、相続開始の後、すなわち相続分の譲渡を受けた時ですから、いったん、共同相続人甲・乙・丙の相続の登記をした後に、甲の持分全部について「相続分の売買」または「相続分の贈与」による所有権移転登記をすべきとされています(『登記研究』491号)。その後、遺産分割協議によってAが当該不動産を取得したのであれば、「遺産分割」を原因として乙・丙持分全部移転の登記をすることになります。

記載例

権利部（甲区）		（所有権に関する事項）	
順位番号	登記の目的	受付年月日・受付番号	権利者その他の事項
1	所有権保存	○○年○月○日第○号	所有者　○市○町○番○号　　　　　　X
2	所有権移転	○○年○月○日第○号	原因　○○年○月○日相続 共有者　○市○町○番○号 　　　　持分3分の1 　　　　甲 　　　　○市○町○番○号 　　　　3分の1 　　　　乙 　　　　○市○町○番○号 　　　　3分の1 　　　　丙
3	甲持分全部移転	○○年○月○日第○号	原因　○○年○月○日相続分の売買(注) 共有者　○市○町○番○号 　　　　持分3分の1 　　　　A
4	乙、丙持分全部移転	○○年○月○日第○号	原因　○○年○月○日遺産分割 所有者　○市○町○番○号 　　　　持分3分の2 　　　　A

（注）相続分を贈与した場合には、「相続分の贈与」とします。

Q059 添付書面 …印鑑証明書の有効期限

遺産分割協議書に署名押印しましたが、登記をしないでそのままにしておいたところ、そのうちの1人が死亡してしまいました。この場合、その遺産分割協議書に当時発行の印鑑証明書を添付して登記申請をすることはできますか。

　協議者の死亡前に交付を受けた印鑑証明書を添付して申請できます。遺産分割協議書には、その真正を担保するために遺産分割協議者の印鑑証明書を添付しますが、この印鑑証明書は令16条3項、18条3項の規定に従って提供するものではありませんので有効期限の定めはありません。したがって、その協議者の死亡前に交付されている印鑑証明書が添付されていればかまいません。
(参考：『登記研究』106号質疑応答)

Q060 添付書面 …印鑑証明書を添付できない場合

父が死亡した後、母と私と妹で遺産分割の協議をして、父名義の不動産は私が相続するという遺産分割協議書を作成し、全員が押印しました。しかし、その後、母が亡くなり、母の印鑑証明書の取得が不可能となりました。相続の登記をするにはどうすればよいでしょうか。なお、母の相続人は私と妹だけです。

　遺産分割協議書には、その真正を担保するために相続人の印鑑証明書を添付する取扱いになっています（昭和30年4月23日民事甲第742号民事局長通達（『改訂先例・通達集』120頁、『登記研究』92号））。

本問の場合、遺産分割協議書はお母さまの実印が押されて作成されたが、印鑑証明書の交付を受けないでいたとのことですが、その場合には、お母さまの相続人であるあなたと妹さんとで当該遺産分割協議書は真正である旨の証明書を作成して添付すればよいでしょう（『登記研究』106号質疑応答、220号質疑応答）。

　証明書には、あなたと妹さんの印鑑証明書、およびお母さまの相続人はあなた方2人以外にいないことを証するため、お母さまの戸籍（除籍）謄本等も添付します。お父さまと結婚する以前の除籍謄本を添付してください（お父さまとの結婚後の戸籍（除籍）謄本等は相続登記の申請書に添付しますので同じものを添付する必要はありません）。

証明書見本

証　明　書

　○○年○月○日死亡した甲野太郎にかかる遺産につき、甲野太郎の相続人である甲野花子、甲野一男、甲野恵子で協議が調い、○○年○月○日付の遺産分割協議書を作成しました。しかし、その後、相続人甲野花子が死亡したので甲野花子の印鑑証明書を添付できませんが、上記遺産分割協議書が上記相続人によって正しく作成されたことに間違いありません。

　　　　　　　　　　　　　　　　　○○年○月○日
　　　　　　　　　　　　　　　　○市○町○番○号
　　　　　　　　　　　　　　　　甲野花子相続人
　　　　　　　　　　　　　　　　　甲野一男　㊞
　　　　　　　　　　　　　　　　○市○町○番○号
　　　　　　　　　　　　　　　　甲野花子相続人
　　　　　　　　　　　　　　　　　甲野恵子　㊞

Q061 登記申請 …書面作成前に相続人が死亡した場合

父が死亡した後、母と私と弟で遺産分割協議をして、父所有の不動産について母が2分の1、私が2分の1を取得するとの協議が成立しました。しかし、その協議書を作成する前に母が死亡してしまいました。どのような手続きをすればよいでしょうか。

あなたと弟さんとお母さまの相続人とで遺産分割協議が成立した旨の証明書を添付すれば、それが遺産分割協議書の代わりとなります（参考：『登記研究』164号質疑応答、189号質疑応答）。お母さまの相続人があなたと弟さんしかいない場合には、2人でその証明書を作成します。登記の手続きは、遺産分割協議に基づき、お母さまが持分2分の1、あなたが持分2分の1とする相続の登記をした後、お母さまの持分についての相続登記をすることになります。

その場合、土地についてのみですが、死亡した相続人名義で登記をする場合には非課税となりますので（租税特別措置法84条の2の3第1項）、お母さまとあなたが各2分の1の相続登記をした場合には、お母さまの持分については非課税となります。詳細はQ200の**6**を参照してください。

なお、最終の相続人が1人の場合は、Q057を参照してください。

申請書例

<pre>
　　　　　　　　登　記　申　請　書

登記の目的　　所有権移転
原　　因　　○○年○月○日相続
相　続　人　（被相続人　甲野太郎）
　　　　　　　　○市○町○番○号
　　　　　　　　持分2分の1
　　　　　　（亡）甲　野　花　子
　（申請人兼上記相続人）○市○町○番○号
　　　　　　　　持分2分の1
　　　　　　　　乙　川　春　子
添 付 情 報
　登記原因証明情報　　住所証明情報
○○年○月○日　○地方法務局○支局
課 税 価 格　　金○○,000 円
登録免許税　　金○○ 00 円
　租税特別措置法第84条の2の3第1項により一部非課税
　不動産の表示
　（以下省略）
</pre>

〔Q061〕登記申請　…書面作成前に相続人が死亡した場合

遺産分割協議証明書見本

遺産分割協議証明書

　被相続人甲野太郎（本籍〇市〇町〇番）は、〇〇年〇月〇日死亡したので、その相続人甲野花子、乙川春子、甲野夏雄は被相続人の遺産につき次のとおりに分割することを協議した。しかし、遺産分割協議書を作成する以前に甲野花子が〇〇年〇月〇日死亡した。しかし、上記相続人間で次のとおり遺産分割協議が成立したことに間違いありません。

遺産分割協議の内容
　相続財産中、次の不動産は甲野花子が持分2分の1、乙川春子が持分2分の1を相続する。
　〇市〇町一丁目100番1、宅地、100.78㎡の土地

　上記のとおり遺産分割協議が成立したことに相違ありません。
　　　　　　　　　　　〇〇年〇月〇日
　　　　　　　　　　　〇市〇町〇番〇
　　　　　　　　　　　相続人兼甲野花子相続人(注)
　　　　　　　　　　　　乙川春子　㊞
　　　　　　　　　　　〇市〇町〇番〇号
　　　　　　　　　　　相続人兼甲野花子相続人
　　　　　　　　　　　　甲野夏雄　㊞

（注）　肩書は、甲野太郎の相続人兼甲野太郎の相続人甲野花子の相続人としてもかまいません。

第4章

相続登記一般

遺産分割協議

特別受益

遺言

相続人の不存在

相続登記の更正

〔Q061〕登記申請　…書面作成前に相続人が死亡した場合

第4章 相続登記

Q062 登記申請 …特別受益者を除いて協議を行った場合

相続人が3人いますが、そのうちの1人の「相続分のないことの証明書」と、他の2人による遺産分割協議書を添付した相続登記の申請は受理してもらえますか。

受理されます（『登記研究』398号質疑応答）。

遺産分割協議は相続人全員でするのが原則ですから特別受益者を除いてした遺産分割協議は無効になるのではないのか、とのご心配をされたのかと思います。しかし、特別受益者が相続分の価額と同じかまたは相続分を超える財産の贈与を受けている場合には、超過特別受益者は相続分を受けることができません（民法903条2項）ので、超過特別受益者の参加がなくても遺産分割協議をすることができます。

Q063 登記申請 …遺産分割の協議を代理人がした場合

遺産分割の協議を委任された代理人から、当該遺産分割の協議書を添付して相続登記の代理申請をした場合、その申請は受理されますか。

受理されます（『登記研究』480号質疑応答）。ただし、同一の代理人が複数の相続人から委任を受けて協議をすることは、民法108条の当事者双方の代理人となることをできないとする規定に反するため、できないものとされています（『登記研究』131号質疑応答）。

相続人から遺産分割協議をすることの委任を受けた代理人も遺産分割協議に参加することができますので、その場合、遺産分割協議書に署名押印した代理人の印鑑証明書も添付します。また、代理人の権限を証する書面には委任者の実印を押印して印鑑証明書を添付します（『登記研究』480号質疑応答）。これらの印鑑証明書は令16条3項、18条3項の規定に該当しませんので、作成後3か月以内のものでなくてもかまいません。

Q064 登記申請…共同相続の登記後に遺産分割協議が調った場合

共同相続の登記後に遺産分割協議が調ったので、その旨の登記をしたいのですが、登記手続について教えてください。

共同相続の登記後、遺産分割協議が成立してその旨の所有権移転登記をする場合の登記の申請は、遺産分割により不動産を取得した人が登記権利者となり、他の相続人が登記義務者となって、共同で申請します。

登記申請書に記載する登記の原因日付は「○○年○月○日遺産分割」と記載します。その日付は協議が成立した日です。

添付情報は、登記原因証明情報（遺産分割協議書または遺産分割協議があったことの証明書を添付しますが、これらの証明書には印鑑証明書の添付は不要と考えます）、登記識別情報（登記義務者が共同相続の登記をした際に通知を受けた登記識別情報）、登記義務者の印鑑証明書（作成後3か月以内のもの）、登記権利者の住所証明情報（住民票の写しまたは戸籍の附票の写し）、代理権限証明情

報（登記申請を委任した場合の委任状）です。なお、法定の添付情報ではありませんが、登録免許税を計算するために当該不動産の「固定資産評価証明書」を添付してもらうのが実務の取扱いです。登録免許税は移転した持分の課税価格の1,000分の4です。

申請書例

登 記 申 請 書

登記の目的　　A、B持分全部移転
原　　　因　　○○年5月20日遺産分割
権　利　者　　○市○町○番○号 (注1)
　　　　　　　持分3分の2
　　　　　　　　C
義　務　者　　○市○町○番○号 (注2)
　　　　　　　　A
　　　　　　　○市○町○番○号
　　　　　　　　B
添 付 情 報
　登記原因証明情報　登記識別情報　印鑑証明書　住所証明情報
　代理権限証明情報

○○年6月1日申請　○地方法務局○支局
代理人　○市○町○番○号
　　　　　○　○　○　○　㊞
　　　　　　　連絡先の電話番号　○○○－○○○－○○○○
移転した持分の課税価格　金○○万○,000円
登録免許税　金○,○00円
不動産の表示
　（以下省略）

(注1)　当該不動産を取得した人の住所、氏名および取得した持分を記載します。
(注2)　持分を移転した人の住所、氏名を記載します。登記されている住所または氏名に変更がある場合には、当該登記をする前提として住所または氏名の変更の登記をする必要があります。

記載例

権　利　部　（甲区）		（所有権に関する事項）	
順位番号	登記の目的	受付年月日・受付番号	権利者その他の事項
2	所有権移転	○○年4月5日 第○号	原因　○○年2月3日相続 共有者　○市○町○番○号 　　　　持分3分の1 　　　　A 　　　　○市○町○番○号 　　　　3分の1 　　　　B 　　　　○市○町○番○号 　　　　3分の1 　　　　C
3	A、B持分全部移転	○○年6月1日 第○号	原因　○○年5月20日遺産分割 所有者　○市○町○番○号 　　　　持分3分の2 　　　　C

Q065 登記申請 …数次相続における遺産分割の原因日付

図の相続関係にある場合に、被相続人甲所有の不動産について、平成30年4月16日にA・B・C名義に法定相続による登記をしましたが、その後、同年4月30日に、Aの相続人D・EとB・Cで当該不動産をAの単独所有とする遺産分割協議が成立しました。

この場合、
① 「平成30年4月30日遺産分割」を原因とするA名義への所有権移転の登記申請は受理されますか。
② 受理されるとした場合、その後、Aから相続人D・E名義に法定相続による所有権移転の登記申請をするときには、当該登記の登記原因日付（平成30年4月7日）が前記①の遺産分割による移転登記の登記原因日付と前後することになりますが、差し支えありませんか。

相続が開始すると、相続財産は、ひとまず相続人全員の共有となります（民法898条）。この共有状態を解消させて、個々の相続財産の帰属を決めるのが遺産分割です。

遺産分割は、共同相続人全員の協議で決めるのが原則です。そして、遺産分割をしないまま共同相続人が死亡したときは、死亡した相続人の相続人が遺産分割の協議に参加することができます（昭和27年7月30日民甲第1135号民事局長回答（『登記研究』57号）、昭和29年5月22日民甲第1037号民事局長回答（『登記研究』79号））。

1 質問①について

　甲の死亡により開始した第一次相続の相続人はA・B・Cであり、本来、この3名で遺産分割協議を行うべきところですが、分割協議の前にAが死亡していますので（第二次相続の開始）、Aの代わりに、その相続人であるD・Eが第一次相続に関する遺産分割の協議に参加することになります。ただし、これはあくまでも第一次の相続（亡甲）にかかる遺産分割の協議であって、第二次の相続（亡A）にかかる遺産分割がなされたものと解すべきではありません。したがって、被相続人甲の所有不動産をAが単独所有することとする協議も可能です。

　次に、遺産分割が行われた場合の登記原因の記載ですが、相続の開始によって共同相続人への共同相続登記がされない間に遺産分割の協議が成立した場合には、直接、相続による所有権移転の登記をすることができます（昭和19年10月19日民甲第692号民事局長通達）。

　しかし、共同相続登記後に遺産分割の協議が成立し、これに基づく登記を申請する場合には、遺産分割により法定相続分よりも実際に取得する権利が増加した相続人（登記権利者）と権利が減少した相続人（登記義務者）との共同申請により共有持分移転の登記を行うものとするのが登記実務の取扱いです（昭和28年8月10日民甲第1392号民事局長回答（『登記研究』71号））。その場合の登記原因は「遺産分割」であり、その日付は、遺産分割の協議の成立した日です。したがって、「平成30年4月30日遺産分割」を原因とする①の登記申請は受理されるものと考えます。

2 質問②について

　②は、共同相続登記後、遺産分割によってAが単独相続した登

記の原因日付（平成30年4月30日）と、その後、Aから相続人D・E名義に所有権移転登記を申請するときの登記原因の日付（平成30年4月7日）が前後することになるが差し支えないかどうかという問題です。遺産分割の効力は相続開始の時に遡って生じることとされていますから、Aの最終的な所有権の取得年月日は平成30年4月30日ですが、Aは、被相続人甲の死亡の時である同年3月5日から相続財産を所有することになります。

　したがって、AからD・E名義への相続登記の原因日付と遺産分割協議の成立した日付は前後しますが、それぞれの効力発生日は前後していませんので、差し支えないものと考えます。

記載例

権　利　部　（甲区）		（所有権に関する事項）	
順位番号	登記の目的	受付年月日・受付番号	権利者その他の事項
1	所有権移転	平成○年○月○日第○号	原因　平成○年○月○日売買 所有者　○市○町○番○号 　　　　甲
2	所有権移転	平成30年4月16日第○号	原因　平成30年3月5日相続 共有者　○市○町○番○号 　　　　持分3分の1　A 　　　　○市○町○番○号 　　　　　　3分の1　B 　　　　○市○町○番○号 　　　　　　3分の1　C
3	B、C持分全部移転	平成○年○月○日第○号	原因　平成30年4月30日遺産分割 所有者　○市○町○番○号 　　　　持分3分の2　A
4	所有権移転	平成○年○月○日第○号	原因　平成30年4月7日相続 共有者　○市○町○番○号 　　　　持分2分の1　D 　　　　○市○町○番○号 　　　　　　2分の1　E

特別受益

Q066 特別受益の証明書 …作成方法

特別受益証明書の作成はどのようにすればよいでしょうか。

　共同相続人の中で、被相続人から遺贈を受け、または婚姻もしくは養子縁組のためもしくは生計の資本として贈与を受けた人のことを「特別受益者」といいます（民法903条1項）。「被相続人より受けた遺贈または贈与の価額が自分の相続分と同じかそれ以上なので、もう私の相続分はありません」ということを証明したものが、「特別受益証明書」または「相続分のないことの証明書」です。

　この証明書には、証明者の実印を押印し、印鑑証明書を添付します（昭和30年4月23日民甲第742号民事局長通達（『改訂先例・通達集』120頁、『登記研究』92号））。この印鑑証明書の有効期間の定めはありませんので、作成後3か月を経過していてもかまいません。また、これらの証明書および証明書に添付した印鑑証明書については、原本還付の請求をすることができます。

特別受益証明書（相続分のないことの証明書）見本

　　　　　　　　　特別受益証明書[注1]
　私は、被相続人からその生存中に相続分以上の贈与を受けておりますので、民法第903条第2項の規定により、相続する相続分のないことを証明します。

　　　　　　　　　　　　　　〇〇年〇月〇日
　　　　　　　　　　　　　　〇市〇町〇番〇号
　　　　　　　　　　　　　　被相続人　甲　野　太　郎
　　　　　　　　　　　　　　相続人
　　　　　　　　　　　　　　　〇市〇町〇番〇号
　　　　　　　　　　　　　　　甲　野　大　輔　㊞[注2]

（注1）　文書のタイトルは「相続分のないことの証明書」でもかまいません。
（注2）　実印を押印し、印鑑証明書を添付します。

Q067　特別受益の証明書　…利益相反行為との関係

成年後見人と成年被後見人が共同相続人である場合、成年後見人が作成した成年被後見人の特別受益の証明書を添付して相続登記の申請をすることはできますか。

　可能と考えます。
　本問については、①成年後見人が作成した成年被後見人の特別受益の証明書は、令別表の22の項添付情報欄のその他の登記原因証明情報としての適格を有するのか、また、②有するとした場合、共同相続人である成年被後見人の特別受益の証明書を作成する行為は利益相反行為に該当しないかを検討しなければなりません。結論と

しては、成年後見人の作成した特別受益の証明書は登記原因証明情報となり、特別受益の証明書を作成する行為は利益相反行為には該当しないものと考えます。

(1) **成年後見人が作成した成年被後見人の特別受益の証明書は登記原因証明情報としての適格を有するか？**

　成年後見人は、法定代理人として成年被後見人の財産に関する法律行為全般について包括的な代理権を有するとともに、その財産を管理する権限を有するものとされており（民法859条1項）、その規定は親権者に対する規定（同法824条）と同様です。したがって、成年後見人の作成した成年被後見人の特別受益の証明書は、登記原因証明情報としての資格はあるものと考えます。

(2) **特別受益の証明書を作成する行為は利益相反行為か？**

　先例は、意思能力のない未成年者が特別受益者であることの証明書を共同相続人である母親が作成しても利益相反（民法826条）には該当しないとしています（昭和23年12月18日民甲第95号）。これは、特別受益の証明は、未成年者と母親との間にはなんらかの行為が存在するわけではなく、単に事実関係を証明するものにすぎないからと考えたものと思われます。この考え方は、成年後

▶ **成年後見人と利益相反行為**

成年後見人が成年被後見人と利益が相反する行為をする場合には、成年後見人は、その成年被後見人のために特別代理人を選任することを家庭裁判所に請求しなければなりません（民法826条、860条）。ただし、成年後見監督人がある場合にはその必要はありません。

見人が成年被後見人に関する特別受益証明書を作成する場合にも当てはまると思います。

特別受益証明書（相続分のないことの証明書）見本

特別受益証明書^(注1)

　相続人甲野大輔は、被相続人甲野太郎からその生存中に相続分以上の贈与を受けておりますので、民法第903条第2項の規定により、相続する相続分のないことを証明します。

　　　　　　　　　　　　　○○年○月○日
　　　　　　　　　　　　　○市○町○番○号
　　　　　　　　　　　　　被相続人　甲　野　太　郎
　　　　　　　　　　　　　上記相続人
　　　　　　　　　　　　　　○市○町○番○号
　　　　　　　　　　　　　　　　甲　野　大　輔
　　　　　　　　　　　　　上記被後見人の後見人
　　　　　　　　　　　　　　○市○町○番○号
　　　　　　　　　　　　　　　乙川次郎　㊞^(注2)

（注1）　文書のタイトルは「相続分のないことの証明書」でもかまいません。
（注2）　実印を押印し、印鑑証明書と代理権限証明情報(成年後見人の登記事項証明書)を添付します。この印鑑証明書および代理権限証明情報は原本還付が可能です。また、これらの書面は有効期間の定めはありません。

遺 言

Q 068 遺言内容と登記申請
…相続財産の一部につき協議により持分を決定するように遺言した場合

相続人が3人（A・B・C）いて、相続不動産が2個（甲・乙）の場合において、被相続人が「甲不動産はAに相続させる。乙不動産についてはB・Cが相続して各自の持分は2人で協議して決定するように」と遺言したときは、乙不動産についてはB・Cの遺産分割協議書（印鑑証明書付き）と遺言書を添付して相続の登記をすることは可能でしょうか。

　可能と考えます。被相続人は、遺言で、共同相続人の相続分を定めることができます（民法902条1項）。Aには甲不動産、B・Cには乙不動産を相続させるとする遺言は、相続分の指定であると同時に分割方法の指定（同法908条）という意味も含まれます。遺言は、遺言者の死亡の時から効力を生じますので、被相続人が死亡した時点で、甲不動産はAが取得し、乙不動産はB・Cが取得することになります。したがって、乙不動産はB・Cが取得しますが、その持分はB・Cで協議して決定するよう遺言されていますので、Aを除いたB・Cによる遺産分割協議書（印鑑証明書付き）と遺言書を添付して相続登記を申請することは可能と考えます。

　なお、そのほかに、被相続人の死亡の事実が記載されている戸籍の謄本または抄本、B・Cの戸籍の謄本または抄本、被相続人の住民票の除票等が必要となります。遺言書が公正証書遺言以外の場合には、裁判所の検認が必要となります

▶遺言による相続分の指定（民法902条1項）

被相続人は、前二条の規定（※法定相続分、代襲相続人の相続分）にかかわらず、遺言で、共同相続人の相続分を定め、又はこれを定めることを第三者に委託することができる。ただし、被相続人又は第三者は、遺留分に関する規定に違反することができない。

Q069 遺言内容と登記申請 …指定された土地が分筆されている場合

Xは、「何町何丁目10番1の土地をAに相続させる」との遺言書作成後、10番1の土地を10番1と10番3に分筆しました。現在も、いずれの土地もXの名義のままです。
今般、Xが死亡したのですが、Aは10番3の土地についても遺言書に基づいて相続できるでしょうか。

Aは、10番1の土地はもちろん、10番3の土地も相続できます。

(1) 遺言書に基づく相続登記を申請する場合には、相続を証する情報として遺言書も添付します。ご質問は、土地の表示として「10番1」としか記載されていない遺言書で、10番3の土地も相続できるのか、というものです。

遺言書の記載だけを見ると10番3の土地については記載がありませんので、相続できないのではないかと考えることもできます。しかし、登記記録の表題部を見ると、10番1の土地が10番1と10番3に分筆された経緯がわかりますので、遺言書を書いた日付から、被相続人は現在の10番の3を含めた10番1の土地を相続させたいのだ、ということがわかります。

(2) 遺言者が行った分筆行為が遺言書の効力にどういう影響を与えるのかが次の問題です。すなわち、被相続人の行った分筆行為が、民法1023条2項（前項の規定（前の遺言が後の遺言と抵触するときは、その抵触する部分については、後の遺言で前の遺言を撤回したものとみなす。）は、遺言が遺言後の生前処分その他の法律行為と抵触する場合について準用する。）の「遺言と抵触する遺言後の生前処分その他の法律行為」に該当するかどうかです。もし抵触するとすれば、抵触する部分については遺言を撤回したことになり、Aは10番3については相続できなくなります。ふるい先例では、土地の分合筆行為は所有権の変更であると解するものがありますので（明治33年1月22日民刑第49号民刑局長回答）、本問の分筆行為が民法1023条2項の「遺言と抵触する遺言後の生前処分その他の法律行為」に該当し、遺言はこの分筆行為に抵触する範囲で撤回の対象になるとすることも考えられます。

　しかし、分筆は1個の土地を複数に分割しただけであり、そのことによって所有権の得喪に変更がされるわけではありませんので、分筆行為だけでは、遺言と抵触する行為とはいえません。したがって、Aは、当該遺言書を添付して分筆後の2筆について相続の登記を申請できます。

Q 070 遺言内容と登記申請
…遺言書に抵触する登記が抹消されている場合

AからBへ「平成30年○月○日売買」を原因とする所有権移転の登記がされてありましたが、その後、錯誤を原因として上記登記は抹消されています。今般、Aの遺言書を添付してCへの相続の登記が申請されました。遺言書の作成日付は上記所有権移転の売買日付よりも前(平成28年)です。この場合、登記申請は受理されるでしょうか。

受理されます(平成4年11月25日民三第6568号第三課長回答(『登記研究』548号))。

民法1023条2項によると、遺言が遺言後の生前処分その他の法律行為と抵触する場合には抵触する部分について撤回したものとみなす、ということになっています。本問の場合、遺言書作成後にBへ売買したことが登記記録に記録されています。しかし、その後「錯誤」を原因として抹消されているということであり、この事実をどうみるかによって結論が違ってくるかと思います。

Aが遺言書作成後に生前売買したことは登記記録でわかるから、遺言は撤回されたものとみなされるのではないか。たとえその登記が抹消されたとしても、詐欺または強迫によって売買がなされたことが明らかでない限り遺言は回復しない(民法1025条)という考えもあるかと思いますが、登記が抹消されたということは、登記記

▶ **遺言の撤回(民法1023条)**

1. 前の遺言が後の遺言と抵触するときは、その抵触する部分については、後の遺言で前の遺言を撤回したものとみなす。
2. 前項の規定は、遺言が遺言後の生前処分その他の法律行為と抵触する場合について準用する。

録に記録されている事実関係は存在しなかったものと推定されます。すなわち、登記記録には前記の登記申請があったことは事実として存在するが、登記官としては、そのような登記、すなわちAからBへの所有権移転の登記は存在しないものとして処理すべきものと考えます。

Q071 遺言内容と登記申請 …妻には相続し、甥には遺贈する場合

遺言書が「甲建物の3分の1は妻に相続する。残りの3分の2は甥Aに遺贈する」となっている場合、登記手続はどのようにすればよいでしょうか。

　遺贈の登記をした後、相続の登記をします。

　相続を原因とする所有権の一部移転の登記は認められていませんので（昭和30年10月15日民甲第2216号）、最初に遺贈を原因として「所有権一部移転」の登記を申請した後、相続を原因として「何某持分全部移転」の登記を申請します（『登記研究』523号質疑応答）。

Q 072 遺言内容と登記申請 …受遺者が先に死亡した場合

Xには、3人の子（A・B・C）がいましたが、そのうちAは早くに亡くなっています。今般、Xが死亡しましたが、その遺言書には、「甲不動産をAに相続させる」旨の記載がありました。Aには子Dがいますが、Dは甲不動産を代襲相続できるでしょうか。

　遺言書中に「Aが先に死亡した場合にはAに代わってDに相続させる」旨の規定がない場合には、代襲相続できません。

　Xの遺言によって甲不動産はAが単独で相続すべきところ、AがXよりも先に死亡しているので遺言は効力が生じないのか、それともDがAの代襲相続人として相続するのか、意見の分かれるところですが、登記の実務では、遺言書中に「Aが先に死亡した場合にはAに代わってDに相続させる」旨の文言がない限り、民法994条1項（受遺者の死亡による遺贈の失効）を類推適用して遺言はその部分については効力を生じないので、甲不動産は、遺言者の法定相続人全員に相続されると考えられています（昭和62年6月30日民三第3411号第三課長回答（『改訂先例・通達集』116頁、『登記研究』475号））。したがって、本問の場合は、B・CおよびD（Aの相続分について代襲相続する）が、各3分の1を相続することになります。最高裁の判例（最判平成23年2月22日）(注)も、登記実務と同様の考えを示しています。

（参考：『登記研究』763号「カウンター相談」）

（注）　判決の全文は、裁判所のホームページ（裁判例情報）にて最高裁判所平成21（受）1260土地建物共有持分確認請求事件で検索すれば見ることができます。

Q 073 遺言の方式 …在日韓国人の場合

> 将来を考えて遺言書を作成したいと思っています。私は在日韓国人なのですが、遺言の方式は日本と韓国、どちらの方式で行うべきでしょうか。

　遺言の方式は、日本民法の方式または韓国民法の方式のどちらでもかまいません。

　遺言の成立および効力は、その成立の当時における遺言者の本国法によるとされ、また、遺言の取消しは、その当時における遺言者の本国法によるとされています（通則法37条）。したがって、遺言の成立および効力は、その成立の当時における遺言者の本国法によるということになります。

　ただし、遺言の方式については、本国法適用の原則が除外されています（同法43条2項）。

1 遺言の方式

　遺言は、その法式が次に掲げる法律のいずれかに適合するときは、方式に関し有効とされています（遺言の方式の準拠法に関する法律2条）。したがって、あなたの遺言の方式が次に掲げる法律のいずれかに該当する場合には、遺言の方式は、日本民法または韓国民法の方式のどちらでもかまいません。

① 遺言を作成した地の法（行為地法）
② 遺言者が遺言の成立または死亡の当時国籍を有した国の法
③ 遺言者が遺言の成立または死亡の当時住所を有した地の法
④ 遺言者が遺言の成立または死亡の当時常居所を有した地の

法
⑤　不動産に関する遺言について、その不動産の所在地法

2　日本と韓国の遺言方式の相違

　日本民法での遺言の普通の方式は、①自筆証書遺言、②公正証書遺言、③秘密証書遺言です（民法967条）。そのほかに、特別の方式として、①死亡の危急に迫った者の遺言、②伝染病隔離者の遺言、③在船者の遺言、④船舶遭難者の遺言があります（同法976条ないし979条）。

　韓国民法の遺言の普通の方式は、①自筆証書遺言、②録音遺言、③公正証書遺言、④秘密証書遺言です（韓国民法1065条）。そのほか、以上の方式によることができない場合には口授証書遺言が認められています。

　なお、日本民法では共同遺言は禁止されています（民法975条）。韓国民法ではその旨の規定はありませんが、認めないという解釈のようです。

　韓国の自筆証書遺言は、日本と同様、全文・日付・氏名の自筆署名および押印が要件ですが、そのほかに、住所も自筆で記載する必要があります（韓国民法1066条）。日本民法では、住所の記載は必要とはされていません（民法968条1項）(注)。

　検認については、日本の民法では公正証書遺言以外の遺言は家庭裁判所の検認が必要ですが（民法1004条）、韓国民法の場合には、公正証書遺言と口授証書遺言以外の遺言については家庭法院の検認が必要とされています（韓国民法1091条）。

　検認は、日本にある不動産についての遺言ですから日本の家庭裁判所で受けることができます。

3 遺言の内容

　大韓民国国際私法では、相続は死亡当時の被相続人の本国法によると定められています。しかし、遺言による相続準拠法指定の規定がありますので、相続準拠法の指定を遺言内容とすることができます（大韓民国国際私法49条2項）。

　したがって、相続に関して日本民法の適用を希望する場合には、遺言書の中に「私の相続準拠法は、常居所地である日本法を指定する。」と明確に記載するのがよいでしょう。ただし、その指定は、被相続人が死亡の時までその国家で常居所を維持した場合に限り、その効力を有します（同項1号ただし書）。そのような指定がなければ、韓国民法が準拠法となります。

　また、不動産に関する相続に関する相続に対しては、その不動産の所在地法によると定められています（同項2号）。

　日本民法を指定した場合、相続登記の申請書には、遺言書のほか、被相続人が遺言書作成時から死亡時まで日本に常居所を有していたことを証する書面を提供する必要があるとされています（『登記研究』643号「カウンター相談」）。具体的には、住民票の写しを添付すれば足りると考えます。

（参考：在日コリアン弁護士協会編著『第2版 Q&A 新・韓国家族法』日本加除出版）

（注）　日本の自筆証書遺言の方式が変わりました。詳細はQ043を参照してください。

〔Q073〕遺言の方式　…在日韓国人の場合

Q 074 遺言の方式
…外国方式による自筆証書遺言を添付した場合

> フランスに住所を有する日本人甲男は、住所地で死亡しました。相続人乙女から、日本にある不動産につき、乙女に相続させる旨の記載のある遺言書を添付して、相続を原因とする所有権移転の登記を申請したいのですが、遺言書は、遺言全文、日付、氏名は自書されており、フランス法の方式によって検認手続を経ているものの、押印はありません。このような遺言書に基づく登記申請は受理されるでしょうか。

受理されるものと考えます。

1 遺言が有効に成立するか

(1) 遺言の成立および効力

渉外的要素を伴う遺言については、どの程度まで自己の財産を自由に処分し得るかという、相続分や相続人の指定等の実質的内容の問題と、意思表示の一つの形式要件としての観点から遺言自体の成立および効力に関する準拠法の問題があります。

法の適用に関する通則法37条1項は、遺言の成立および効力について、その成立当時における遺言者の本国法によるべきものとしています。

本条にいう遺言の成立および効力とは、遺言の実質的内容を含まず、遺言の「成立」とは、遺言能力、遺言の意思表示の瑕疵等の問題を意味し、また、遺言の「効力」とは、遺言の効力発生時期等の問題のみを意味すると解されています。

ご質問のケースについては、遺言の成立当時の遺言者甲男の本国法は日本法であるため、遺言の成立および効力については、日本民法によって決定されることになります。

(2) **遺言の方式**

　遺言の形式的成立要件である方式については、1964年に我が国が批准した、遺言の方式の準拠法に関するハーグ条約の内容を国内立法化した「遺言の方式の準拠法に関する法律（昭和39年6月10日法律第100号）」によって定められており、①行為地法、②遺言の成立時または遺言者の死亡時の本国法、③住所地法、④常居所地法、⑤不動産に関する遺言については不動産所在地法——のいずれかに適合していれば、方式上、有効とされています（同法2条）。このように遺言の方式について選択の範囲が大きく広げられているのは、遺言を方式上、なるべく有効にしようとする遺言保護の考え方に基づくものであると思われます。

　ご質問のケースの場合、遺言者甲男の本国法は日本法ですが、フランスに住所があり、フランスが行為地でもあることから、日本法またはフランス法のいずれかの定める方式に適合すれば、有効であると考えられます。

　まず、民法968条1項は、自筆証書遺言の要件について、遺言者による「全文」「日付」「氏名」の自書および「押印」が必要である旨を定めています（ただし、財産目録等においては、パソコン等による作成も認められています（同条2項））。本件の遺言書

▶**遺言の方式の準拠法に関する法律（抜粋）**

　第2条（準拠法）遺言は、その方式が次に掲げる法律のいずれかに適合するときは、方式に関し有効とする。
　① 行為地法
　② 遺言者が遺言の成立又は死亡の当事国籍を有した国の法
　③ 遺言者が遺言の成立又は死亡の当時住所を有した地の法
　④ 遺言者が遺言の成立又は死亡の当時常居所を有した地の法
　⑤ 不動産に関する遺言について、その不動産の所在地法

〔Q074〕遺言の方式　…外国方式による自筆証書遺言を添付した場合

には押印がないことから本法上は無効と解されるものの、特殊な事案については、押印を欠く遺言書の効力を認める裁判例もあります。

　一方、フランス民法970条には自筆証書遺言に関する規定があり、ここでは「全文」の自書、「日付」の記載、「署名」が要件となっていることから、本件の遺言書は、フランス法上の方式としては有効であると考えられます。

2 検　認

　次に、検認手続を経ていない自筆証書遺言を、相続を証する書面として添付された相続登記申請は、受理できないとするのが登記実務の取扱いです(平成7年12月4日民三第4343号第三課長回答(『登記研究』585号))。そこで、本件におけるフランス法の方式によって検認を受けた検認済証明書をもって、検認を証する書面とすることができるかどうかですが、遺言の検認の国際的裁判管轄権については、遺言者および関係人の利益を保護するため申立ての機会を広くすべきとの解釈から、遺言者の最後の住所地の国、常居所地の国、遺産の所在地の国および遺言者の本国の裁判所が、管轄権を有すると解されます。

　本件については、遺言者の最後の住所地がフランスにあり、現に遺言書が存在する地であることから、フランスの裁判所が管轄権を有し、検認手続がなされたものと考えられます。

＊　＊　＊

　以上のことから、本件の遺言書は、フランスの方式により、有効に成立し、検認手続を経た自筆証書遺言として認められるため、登記申請は受理されるものと考えます。

▶ 遺言の検認手続

　遺言の検認の目的および方法は、国により必ずしも同じではなく、検認手続が実体上の権利義務関係に直接影響するものと、そうでないものが存在します。英米法系の諸国は、法定の方式に従って遺言能力のある遺言者によって作成された遺言であるか否かによって、その有効・無効を確定する手続きを採っていますが、日本民法では、検認は、遺言書の有効性を判断する手続きではなく、遺言書の検証と後日の偽造・変造を防止する一種の証拠保全手続に過ぎません。フランス民法においても、1007条の規定により、自筆証書遺言について、執行前に公証人の検認を要する旨が定められており（改正前のフランス民法では、裁判所が検認を行うとされていました）、日本民法と同様、検認手続が実体法上の権利義務関係に影響しないと考えられています。

Q 075　遺言の方式　…清算型遺言に基づく登記手続

次のような遺言書がありますが、どのような登記手続をすればよいか教えてください。
「遺言執行者は、土地建物を売却してその代金から一切の債務を弁済し、かつ、遺言の執行に関する費用を控除したのち、その残金を次のとおり相続させる。
　妻Ａに２分の１、長男Ｂに２分の１
　遺言執行者として、長男Ｂを指定する。」

　遺言執行者が単独で法定相続人全員の相続登記をした後、相続人の代理人として、買主と売買契約をして、その旨の登記申請を買主と共同で申請します。

1 遺言について

　本件のように、遺産を換価して金銭を相続人に分配するように定めた遺言を清算型遺言といいますが、このような遺言も認められています。

　そして、遺言執行者が指定されている場合、遺言執行者は、相続財産の管理その他遺言の執行に必要な一切の行為をする権利義務を有し（民法1012条1項）、相続人は、相続財産の処分その他遺言の執行を妨げるべき行為をすることができないとされています（同1013条）。また、遺言の執行者は、相続人の代理人とみなすとされています（同1015条）。

　なお、遺言書には主に公正証書による遺言と自筆証書による遺言がありますが、自筆証書による遺言の場合には家庭裁判所の検認が必要となります（民法1004条）。

2 登記申請手続の概略

(1) 相続登記の要否

　遺言執行者が不動産を売却して買主名義に所有権移転登記を申請する場合には、その前提として、法定相続分による相続人全員の名義とする相続による所有権移転登記をしなければならないとされています（昭和45年10月5日民事甲第4160号民事局長回答（『改訂先例・通達集』118頁、『登記研究』276号））。

　これは、相続の開始と同時に一旦、遺言者の相続人に帰属することとなるという考えによるもので、この登記を省略して被相続人から直接買主へ所有権移転登記をするのは中間省略登記として認められないとされています。

　では、誰がこの相続登記を申請するかについては、遺言執行者の単独申請により相続登記をするとされています（藤原勇喜『新

訂相続・遺贈の登記』1036頁・テイハン、『登記研究』822号質疑応答）。

なお、遺言執行者が当該登記の申請をしたとしても、同じ所有権の移転の登記が実行されることから、「相続財産の処分その他遺言の執行を妨げる行為」に該当しないと考えられますので、相続人による所有権移転の登記の申請も可能とされています（『登記研究』824号カウンター相談）。

(2) 「相続させる」とされている場合の考え方

遺言書で、「相続させる」となっている場合には、相続人が相続の登記を単独で行うことができるため、遺言執行者は相続登記の申請には関与できないようにも考えられます。しかし、清算型遺言の場合は、相続人が相続するのは当該不動産ではなく、売却代金であると考えられます。

また、遺言執行者は、遺言の執行に必要な一切の行為をする権利義務を有するといわれていますが、遺言者は、当該不動産を売却してその売却代金を分配するところまでが、遺言の執行に当たるものであり、そのためには一旦、相続登記をしなければならないことから、当然に相続登記を申請できるものと考えられています。

(3) 誰が登記識別情報を受け取るのか

登記識別情報は、登記名義人となる申請人に通知されるのが原則です（法21条）。ただし、法定代理人によって申請している場合には、その法定代理人に通知することになっています（規則62条1項1号）。遺言執行者は相続人の代理人とみなされますので（民法1015条）、所有権の移転の登記完了後の登記識別情報は遺言執行者に通知されることになると考えます。

〔Q075〕遺言の方式 …清算型遺言に基づく登記手続

(4) 登記手続の方法

相続登記の後、買主を登記権利者、相続人全員を登記義務者として、買主と相続人全員を代理する遺言執行者との共同申請により売買を原因とする共有者全員持分全部移転の登記を申請することになります（昭和52年2月5日民三第773号第三課長回答（『登記研究』417号）、平成4年2月29日民三第897号第三課長回答（『登記研究』476号質疑応答））。この場合、相続人の印鑑証明書の添付は不要とされています(注)。

なお、この申請は、相続の登記と連件で申請する必要はありません。

(注) 相続人の印鑑証明書の要否について
　　昭和30年8月16日民事甲第1734号民事局長通達（抄）
　　（藤原勇喜『新訂相続・遺贈の登記』1044頁・テイハン）
　　　今般別紙（案）のごとき不動産登記法施行細則の一部を改正する省令が、昭和30年8月20日付をもって公布、即日施行される予定であるが、右省令による改正規定の解釈は、左記のとおりであるから、この旨貴管下登記官吏に周知方取り計らわれたい。
　　　1　第42条関係
　　　改正後の不動産登記法施行細則（以下「細則」という。）第42条第1項は、同項の規定により登記所に提出すべき印鑑の証明をすべき市町村長又は区長を、所有権の登記名義人の住所地の市町村長又は区長に限ることとしたものである。
　　　同条第2項は、法定代理人によって登記を申請する場合に、改正前の同条の趣旨から当該法定代理人の印鑑を提出せしめていた従来の取扱を規定上明確にしたものである。この場合には、本人の印鑑の提出を要しないことは言うまでもない。なお、破産管財人、遺言執行者等法令により本人に代わって登記の申請等をする権限を有する者についても、同項の法定代理人に準じて取り扱うのが相当である。
　　　（以下省略）
　　（編注：旧細則42条は現行の令16条に相当します）

遺言執行者による相続登記の申請書見本

```
                    登 記 申 請 書

登記の目的   所有権移転
原   因   ○○年○月○日相続
相 続 人(注1) (被相続人 X)
         ○市○町○番○号
         持分　4分の2
           A
         ○市○町○番○号
         持分　4分の1
           B
         ○市○町○番○号
         持分　4分の1
           C
上記遺言執行者(注2)
(申請人)   ○市○町○番○号
           B　㊞
         連絡先の電話番号　○○○-○○○○-○○○○
添附情報
  登記原因証明情報(注3)　住所証明情報　代理権限証明情報(注4)


○○年○月○日申請　　○地方法務局○支局


(以下省略)
```

(注1) 相続人全員の住所・氏名および法定相続分を記載します（令3条1号、9号）。
(注2) 遺言執行者の住所と氏名を記載します（令3条3号）。
(注3) 通常の相続登記に必要な相続を証する情報を添付します。
(注4) 遺言執行者の権限を証する書面として遺言書、遺言者の死亡の事実が記載されている除籍または戸籍の謄本または抄本を添付します。その場合、除籍または戸籍が謄本（抄本は不可）の場合には登記原因証明情報の一部を兼ねることになります。
　　　遺言執行者から委任を受けた代理人が申請する場合には委任状を添付します。

〔Q075〕遺言の方式　…清算型遺言に基づく登記手続

売買による所有権移転登記の申請書見本

```
                   登 記 申 請 書
登記の目的  共有者全員持分全部移転
原    因  ○○年○月○日売買
権 利 者  ○市○町○番○号
          D
義 務 者  ○市○町○番○号
          A
          ○市○町○番○号
          B
          ○市○町○番○号
          C
上記遺言執行者（注1）
          ○市○町○番○号
          B
添附情報
  登記原因証明情報   登記識別情報   印鑑証明書（注2）
  住所証明情報   代理権限証明情報


○○年○月○日申請    ○地方法務局○支局
代理人  ○市○町○番○号
          E      ㊞
          連絡先の電話番号  ○○○－○○○○－○○○○
（以下省略）
```

（注1） 申請人と司法書士等の代理人の中間の代理人である法定代理人の表示はすることを要しないとされていますが（昭和39年11月30日民三第953号第三課長依命通知『登記研究』205号）、原則どおり遺言執行者の表示をすべきと考えます（令3条3号）。

（注2） 遺言執行者の印鑑証明書を添付します（令16条2項、昭和30年8月16日民事甲第1734号民事局長通達）。相続人の印鑑証明書は不要です。

（参考：満田忠彦・小圷眞史編『遺言モデル文例と実務解説』青林書院、藤原勇喜『新訂相続・遺贈の登記』テイハン）

相続人の不存在

Q076 登記申請 …相続人が韓国人である場合

日本に住所を有する韓国人甲男が死亡しましたが、相続人の存在が不明であるため、日本の家庭裁判所において相続財産管理人が選任されました。甲男所有の不動産を法人名義とする登記手続について教えてください。

　渉外的要素を有する登記事件については、裁判管轄権、相続の準拠法の決定等の問題が生じます。さらに、相続人が不存在の場合には、その確認および相続財産管理人の選任と相続財産の管理清算の準拠法についても検討を加えなければなりません。相続人不明の場合の処理について、我が国にある外国人の遺産について相続人が不存在である場合に、相続準拠法が適用されるのは、相続人の範囲、相続の放棄・承認、相続分等相続自体に関する事項に限られ、相続人が不存在の場合の財産の帰属および遺産の管理・清算については、相続財産所在地法である日本法が適用されています。

　在日韓国人の相続については、相続準拠法を指定した遺言がなければ、被相続人の死亡当時の本国法が適用されますので(Q049参照。通則法36条、韓国国際私法49条1項)、甲男の相続人の調査は韓国民法によってされます。

　したがって、被相続人が死亡し、その相続人のあることが明らかでない場合には、民法951条により相続財産は当然に法人とされ、登記手続としては相続財産法人の法定代理人である相続財産管理人

から被相続人名義を法人名義とする登記名義人の表示変更の登記を申請することになります（昭和10年1月14日民事甲第39号民事局長通牒）。

なお、審判書に相続人不存在である旨が明らかにされていない場合には、登記手続としては、相続人の不存在を証する書面（除籍謄本、家族関係証明書、基本証明書、婚姻関係証明書、入養関係証明書、親養子縁組証明書等と訳文を添付することになります）の添付を要し、登記官において韓国法上相続人が不存在であることを審査することになりますので（昭和39年2月28日民甲第422号民事局長通達（『登記研究』197号））、審判を求める場合には注意を要します。
（参考：在日コリアン弁護士協会編著『第2版 Q&A 新・韓国家族法』日本加除出版）

Q077 登記申請 …相続財産法人名義の登記の抹消

A死亡後、相続人が存在しないということで相続財産法人名義の登記がされましたが、その後、相続人がいることがわかりました。Aの離婚した妻が、離婚はAが勝手にしたものであり無効である旨の訴訟を提起して、認められたからです。そこで、妻への相続登記をしたいのですが、相続財産法人名義の登記を抹消する方法を教えてください。

相続財産法人名義の登記を抹消することなく、相続登記を申請することができます。申請方法は、相続登記ですので、相続人からの単独申請となります。
（参考：昭和30年5月28日民甲第1047号民事局長回答、『登記研究』311号質疑応答）

| Q 078 | 登記申請 …特別縁故者が存在する場合 |

知り合いが亡くなりましたが、相続人がいない場合には、特別縁故者が不動産を取得できると聞きました。どういう場合に取得できるのでしょうか。

1 特別縁故者による請求

　相続人がいなくて亡くなった場合には、被相続人の財産は特別縁故者(とくべつえんこしゃ)の請求によって、その者に移転します(民法958条の3第1項)。

　特別縁故者とは、被相続人と生計を同じくしていた者、被相続人の療養看護に努めた者、その他被相続人と特別の縁故があった者をいいます(同958条の3第1項)。内縁(ないえん)の配偶者、事実上の養親子関係にある者などです。また自然人とは限らず、被相続人が世話になった老人ホームや市町村などでもよいとされています。

　この請求は、民法958条の期間満了後3か月以内に、相続が開始した地(被相続人の住所地)を管轄する家庭裁判所に対して相続財産分与審判の申立てをしなければなりません(同958条の3第2項、家事法203条3号)。家庭裁判所は、申立てが相当と認めたときは、清算後残存する相続財産の全部または一部を与えることになります(民法958条の3第1項)。

　申立人または相続財産管理人は、分与の審判に対して即時抗告ができます(家事法206条1項)。

2 申立てまでの順序

① 相続財産管理人の選任

家庭裁判所は、利害関係人または検察官の請求により相続財産管理人を選任し（民法952条1項）、その旨を遅滞なく公告しなければなりません（同条2項）。

申立の管轄は、相続が開始した地の家庭裁判所に行います（家事法203条1号）。

利害関係人とは、一般的には特別縁故者、相続債権者をいいますが、そのほかに担保権者、成年後見人、遺言執行者、相続財産の共有者（民法255条参照）等を挙げることができます。

② 相続人の捜索と清算の開始

相続財産管理人の選任公告の2か月以内に相続人のあることが明らかにならなかったときは、相続財産管理人は、遅滞なく、すべての相続債権者および受遺者(じゅいしゃ)に対し、一定の期間内にその請求の申出をすべき旨を公告しなければなりません。その期間は、2か月を下ることができません（同957条1項）。

③ 相続人の捜索の公告

民法957条1項の期間満了後、なお相続人がいるかどうかわからない場合は、家庭裁判所は、相続財産管理人または検察官の請求によって、相続人があるならば一定の期間内にその権利を主張すべき旨を公告しなければなりません。この期間は6か月を下ることができません（同958条）。この手続きは、②の相続財産の清算と並行して進められます。

④ 相続人不存在の確定

この期間内に相続人としての権利を主張する人がいないとき

は、相続人ならびに相続財産の管理人に知れなかった相続債権者および受遺者は、その権利を行使することができません（同958条の2）。これにより、相続人の不存在が確定し、残余財産がある場合には、特別縁故者から相続財産分与の申立てができます。

⑤ **特別縁故者への帰属**

家庭裁判所は、特別縁故者の請求によって、特別縁故者に清算後残存する相続財産の全部または一部を与えることができます。この特別縁故者による相続財産分与の申立ての請求は、民法958条の期間満了後3か月以内にしなければなりません（同958条の3第2項）。

また、特別縁故者に対する相続財産の分与の申立てについての審判は、民法958条の期間の満了後3か月を経過した後にしなければなりません（家事法204条1項）。

3 登記手続

(1) **相続財産への氏名変更登記をする**

前提として、相続人不存在を原因とする登記名義人の氏名等の変更登記を申請します（昭和10年1月14日民事甲第39号民事局長通牒）。

(2) **特別縁故者への分与の登記をする**

その後、「○○年○月○日民法第958条の3の審判」を登記原因とする所有権移転登記を申請します。その日付は、審判の確定した日です。この日付は、被相続人の死亡の日から13か月の期間の経過後の日であることを要します（平成3年4月12日民三第2398号民事局長通（『改訂先例・通達集』114頁））。

〔Q078〕登記申請 …特別縁故者が存在する場合

(3) 添付情報

　特別縁故者は、家庭裁判所の審判によって不動産に関する権利を取得したときは、法63条1項に規定する判決に準じ、その審判書正本および確定証明書に基づき、単独で、所有権移転の登記を申請することができるとされています（昭和37年6月15日民事甲第1606号民事局長通達、新井克美『判決による不動産登記の理論と実務』18頁・542頁テイハン）。したがって、被相続人の登記識別情報は不要であり、また、義務者である相続財産法人の代理権限証明情報としての相続財産管理人選任審判書の謄本の添付は要しません。

　登録免許税は、課税価格の1000分の20（登免税法別表1、1、(2)ハ）です。

（参考：正影英明『相続財産管理人、不在者財産管理人に関する実務』日本加除出版）

〈相続財産が農地の場合〉

　特別縁故者が民法958条の3の規定による相続財産の分与に関する裁判によって所有権移転がされる場合には、農地法3条の許可は不要です（農地法3条1項12号）。

申請書見本1：相続人不存在の場合（死亡時の住所と登記記録に記録されている住所とが同じとき）

```
                    登 記 申 請 書

登記の目的    所有権登記名義人氏名変更
原   因     ○○年○月○日相続人不存在(注1)
変更後の事項  登記名義人　亡甲某相続財産
申 請 人    ○市○町○番○号
            亡甲某相続財産管理人
                    乙 某 ㊞
            連絡先の電話番号　○○○－○○○○－○○○○
添付情報    登記原因証明情報(注2)　代理権限証明情報(注3)
○○年○月○日申請　○法務局○出張所
代理人　○市○町○番○号
        何 某 ㊞
登録免許税  金○,000円(注4)
不動産の表示
（以下省略）
```

(注1) 原因は「相続人不存在」とし、その日付は被相続人の死亡した日です。
(注2) 家庭裁判所の相続財産管理人選任審判書の謄本を提供します（昭和43年4月27日民甲第1328号民事局長回答）。ただし、審判書の記載によって、相続人不存在であること、被相続人の死亡年月日が明らかでないときは、これらの事項を証明するものとして、被相続人の戸籍・除籍謄本等の提供が必要となります（昭和39年2月28日民甲第422号民事局長通達（『登記研究』197号））。
(注3) 相続財産管理人は相続財産法人を代表することになるので、その代理権限証明情報として家庭裁判所の相続財産管理人選任審判書の謄本を提供します。したがって、この相続財産管理人選任審判書の謄本が登記原因証明情報と代理権限証明情報を兼ねることになります。
　　　なお、この審判書の謄本は令17条1項の規定により作成後3か月以内のものを要するが、作成後3か月を経過した審判書の謄本と併せて、作成後3か月以内の権限外行為許可審判書の謄本が添付されている場合は、適法な書面が添付されているものとして処理して差し支えないとされています（『登記研究』806号質疑応答）。登記申請を委任した場合には委任状を添付します。
(注4) 不動産1個につき1,000円です（登免税法別表1、1、(14)）。

第4章 相続登記

申請書見本2：相続人不存在の場合（死亡時の住所氏名と登記記録に記録されている住所氏名とが異なるとき）

```
　　　　　　　　　登　記　申　請　書

登記の目的　　所有権登記名義人住所、氏名変更
原　　因　　　○○年○月○日氏名変更
　　　　　　　○○年○月○日住所移転
　　　　　　　○○年○月○日相続人不存在
変更後の事項　登記名義人　○市○町○番○号
　　　　　　　　　　　　　亡甲某相続財産
（以下省略）
```

（注）　前記申請書見本1に添付する添付書面のほか住所変更証明書を添付します。

申請書見本3：被相続人の死亡後に住居表示が実施されたとき

```
　　　　　　　　　登　記　申　請　書

登記の目的　　所有権登記名義人住所、氏名変更
原　　因　　　○○年○月○日相続人不存在
　　　　　　　○○年○月○日住居表示実施
変更後の事項　登記名義人　○市○町○番○号
　　　　　　　　　　　　　亡甲某相続財産
（以下省略）
```

〔Q078〕登記申請　…特別縁故者が存在する場合

申請書見本4：民法第958条の3の審判による所有権移転

登 記 申 請 書

登記の目的　　所有権移転
原　　　因　　○○年○月○日民法第958条の3の審判(注1)
権　利　者　　○市○町○番○号
（申請人）(注2)　丙　某
義　務　者　　○市○町○番○号
　　　　　　　亡甲某相続財産

添附情報　　登記原因証明情報(注3)　住所証明情報
　　　　　　代理権限証明情報(注4)
○○年○月○日申請　○地方法務局○出張所
代　理　人　　○市○町○番○号
　　　　　　　　何　某　㊞
　　　　　　連絡先の電話番号　○○○－○○○○－○○○○
課税価格　金○○○,000円
登録免許税　金○○,000円
不動産の表示
（以下省略）

第4章
相続登記一般
遺産分割協議
特別受益
遺　言
相続人の不存在
相続登記の更正

(注1) 原因は「○○年○月○日民法第958条の3の審判」とし、その日付は、審判の確定した日です。この日付は、被相続人の死亡の日から13か月の期間の経過後の日であることを要します
(注2) 特別縁故者が単独で申請することができます。
(注3) 登記原因証明情報としては、相続財産分与の審判書正本を添付します。また、相続財産分与の審判に対しては即時抗告することができますので、確定証明書も添付します（昭和37年6月15日民事甲第1606号民事局長通達）。
(注4) 登記申請を代理人に委任した場合には、委任状を添付します。

相続登記の更正

Q 079 登記申請 …相続登記と真正な登記名義の回復

ある土地についてA・B名義に相続の登記をしましたが、本当はこの土地はAだけが相続したものでした。「真正な登記名義の回復」を原因として、Bの持分をAに移転できるでしょうか。

　特段の事情がある場合には可能です。
　本問の場合、誤ってAとBの名義になっているのをA1人の名義に是正するのですから、その是正方法として、誤った登記を抹消した後に、再度、正しい相続登記をする方法があります。しかし、誤った登記といえどもAの登記された持分に関しては有効であるため、A・B共有の所有権移転登記を抹消するのではなく、A・B共有をA単有の所有権移転登記に更正する登記が認められています。

(1) 権利の更正登記

　一般的に権利の更正の登記は主登記または付記登記によってされますが、登記上の利害関係を有する第三者の承諾がある場合および当該第三者がない場合に限り、付記登記によってすることができます（法66条）。法66条では付記登記によってすることができるとされていますが、権利の更正の登記は、登記されている事項に更正があった場合にされるものですから、本来、付記登記

によってされるべきものであり、申請人の自由な判断で主登記または付記登記にできるものではありません。したがって、登記上の利害関係を有する第三者の承諾がある場合および当該第三者がない場合には、必ず付記登記によってされます。

　付記登記によって権利の更正登記を申請する場合において、登記上の利害関係を有する第三者があるときは、当該第三者の承諾を証する当該第三者が作成した情報または当該第三者に対抗することができる裁判があったことを証する情報を添付しなければなりません（令別表の 25 の項添付情報欄ロ）。

(2) 所有権の更正登記

　所有権の更正登記は、一般の権利の更正登記と異なり主登記によることは許されないとされています。所有権の更正登記は、共有を単有にする更正する場合も、また、単有を共有に更正する場合も実質的には所有権の一部抹消登記と同じです。そして、権利に関する登記の抹消は、登記上の利害関係を有する第三者がある場合には当該第三者の承諾があるときに限り申請することができますので（法 68 条）、一般の権利の更正登記のように登記上の利害関係を有する第三者の承諾が得られない場合には主登記による方法がとれませんので、所有権更正の登記は、常に付記登記によってすることになります。したがって、登記上の利害関係を有する第三者がいる場合において当該第三者の承諾が得られない場合には、所有権の更正登記はできないことになります。

(3) 結論

　本問について考えてみると、たとえば、Ｂの持分に対して抵当権が設定されていると、Ａ・Ｂ共有をＡ単有に更正した場合には、Ｂの持分がなくなるわけですからＢの持分について設定されて

いた抵当権設定登記は職権で抹消されます。したがって、当該抵当権者の承諾書またはこれに対抗できる裁判の謄本の添付なしには更正の登記はできないことになります（令7条、別表の25の項添付情報欄ロ）。したがって、登記上の利害関係人の承諾を得ることが困難な場合には、このような「真正な登記名義の回復」を原因として登記される場合もあります。所有権移転登記の方式であれば、Bの持分について設定されている抵当権も新しい所有者の持分に付いていきますので抵当権者には不利益は生じないことになります。しかし、このような特段の事情がない場合には、真正な登記名義の回復による所有権移転登記は認めることはできないものと考えます。

Q080 登記申請　…代位による相続登記と更正

仮差押えの前提として代位によってA・B・Cの3人に相続の登記がされましたが、A1人に相続させる旨の遺言書が見つかりましたので、相続登記の更正をしたいと考えています。どのようにすればよいでしょうか。

　相続を原因としてA・B・C共有とされている所有権移転登記をA単有に更正する登記は認められます。その場合は、Aが登記権利者、B・Cが登記義務者となって共同で申請します。この場合、代位登記を申請した代位債権者は申請人とはなれないとされています（『登記研究』504号質疑応答）。
　所有権の更正登記を申請する場合において登記上の利害関係を有する第三者がある場合には、当該第三者の承諾を証する当該第三者が作成した情報または当該第三者に対抗することができる裁判があったことを証する情報を添付しなければなりませんので（令別表

の25の項添付情報欄ロ)、登記上の利害関係人を有する第三者として代位登記を申請した代位債権者の承諾書（印鑑証明書付き）の添付が必要となります（昭和39年4月14日民甲第1498号民事局長通達（『登記研究』198号)、『登記研究』145号質疑応答)。代位債権者が登記上の利害関係を有する第三者と考えられる理由は、債権者が代位でした相続登記を債権者の不知の間に相続人がその更正登記をすると債権者の代位の目的が達せられないことになり、その意味で代位者は登記上の利害関係人となるものと考えられているからです（『登記研究』456号質疑応答)。ただし、当該差押えの登記が抹消されている場合には、当該代位債権者は、登記上の利害関係人に当たらないため、その承諾は不要と考えられています（『登記研究』788号質疑応答)。

なお、前記通達では相続登記の更正登記には相続を証する書面の添付は不要としていますが、登記原因証明情報として遺言書の添付を要するものと考えます。

また、登記識別情報の提供ができないため（相続登記が代位によってなされた場合には登記識別情報が通知されません)、法23条の事前通知または資格者代理人による本人確認情報の提供を受ける制度等によって申請をします。

第5章
所有権移転の登記

所有権移転

第5章 所有権移転の登記

Q081 農地法3条と所有権移転

農地を取得する場合には農地法の許可が必要と聞きましたが、どういうことでしょうか。

　農地または採草放牧地について所有権を移転する場合には、原則として農地法所定の許可が必要とされ（農地法3条）、この許可がないときは所有権移転の効力が生じないと解されています。この許可は、登記原因について第三者の許可、同意または承諾を要する場合の当該第三者が許可し、同意し、または承諾したことを証する情報となりますので（令7条1項5号ハ）、申請書とあわせて登記所に提供しなければなりません（法25条9号）。

　ただし、農地法3条1項各号および5条1項本文に該当する場合、農地法施行規則15条に該当する場合には農地法の許可は要しないとされています。たとえば、遺産の分割（農地法3条1項12号）、包括遺贈または相続人に対する特定遺贈（同施行規則15条5号）により農地を取得した場合には、農地法所定の許可は不要とされています。また、相続の場合にも許可は不要と解されていますが、それは、農地法が農地の権利移動を制限するのは当事者の意思による権利移動の場合であり、相続のように死亡という事実によって当然に権利が移動する場合には規制の対象外であるからと解されています。

売 買

第5章
所有権移転
売 買
贈 与
時効取得
真正な登記名義の回復
その他の原因

Q 082　登記申請　…登記をする前に売主が死亡した場合

不動産を購入しましたが、登記をする前に売主が亡くなってしまいました。所有権移転の登記は、どのようにすればよいでしょうか。

　買主を登記権利者、売主の相続人全員を登記義務者として、共同で所有権移転の登記を申請します。

　登記義務者が権利に関する登記の申請人となることができる場合において、登記義務者に相続が開始した場合には、その相続人はその権利に関する登記を申請することができます（法62条）。その場合の相続人は、法定相続人全員となり（昭和27年8月23日民甲第74号民事局長回答）、登記の申請にあたっては、通常の売買による所有権移転登記に必要な添付書面のほかに、相続があったことを証する市町村長が作成した情報を提供します（令7条1項5号イ）。

　市町村長が作成した相続を証する情報とは、被相続人のおおむね12歳頃以前に編製された除籍謄本から被相続人の死亡の事実が記載されている戸籍全部事項証明書（戸籍謄本）、相続人全員の戸籍事項証明書（被相続人が死亡後に発行されたもの）、相続人の住所が本籍と異なる場合は、その相続人の住民票の写し、被相続人の住民票の除票または戸籍の附票の写しです。ただし、登記記録に記録されている被相続人の住所が本籍と同一の場合には不要です。

なお、売主である被相続人の最後の住所が登記記録の記録と異なる場合には、当該所有権移転登記の前提として、売主である登記名義人の住所変更の登記が必要とされています（『登記研究』401号質疑応答）。

申請書例

```
              登 記 申 請 書

登記の目的    所有権移転
原   因      ○○年7月7日売買
権 利 者     ○市○町○番○号
              A
義 務 者     ○市○町○番○号
              亡 B
上記相続人    ○市○町○番○号（注1）
              C
              ○市○町○番○号
              D
添付情報      登記原因証明情報  登記識別情報  印鑑証明書（注2）
              住所証明情報  相続を証する情報  代理権限証明情報
○○年○月○日申請  ○法務局○出張所
代 理 人     ○市○町○番○号
              E  ㊞
              連絡先の電話番号  ○○○－○○○－○○○○
課税価格     金○,000円
登録免許税   金○00円
不動産の表示
  （以下省略）
```

（注1） 申請人が登記義務者の相続人である旨を記載します（令3条11号ロ）。
（注2） 登記義務者の相続人全員の印鑑証明書を添付します。

Q 083 登記申請 …登記をする前に買主が死亡した場合

不動産を売却しましたが、登記をする前に買主が亡くなってしまいました。所有権移転の登記は、どのようにすればよいでしょうか。

第5章
所有権移転
売　買
贈　与
時効取得
真正な登記名義の回復
その他の原因

　登記権利者となるべき買主がその旨の登記申請をする前に死亡し、相続が開始した場合には、その相続人が当該権利に関する登記を申請することができます（法62条）。この場合において、登記権利者の相続人が数名いる場合には、保存行為としてそのうちの1人から申請することができます（民法252条ただし書）。したがって、売主を登記義務者、亡くなった買主の相続人を登記権利者として、死亡者名義で所有権移転の登記を申請します。その場合、通常の売買による所有権移転登記に必要な添付書面のほかに、相続があったことを証する市町村長が作成した情報を提供します（令7条1項5号イ）。

　市町村長が作成した相続を証する情報とは、具体的には、被相続人の死亡の事実が記載されている戸籍事項証明書（戸籍謄抄本）、申請人となる相続人の戸籍事項証明書（被相続人が死亡後に発行さ

▶ **一般承継人による申請（法62条）**

登記権利者、登記義務者又は登記名義人が権利に関する登記の申請人となることができる場合において、当該登記権利者、登記義務者又は登記名義人について相続その他の一般承継があったときは、相続人その他の一般承継人は、当該権利に関する登記を申請することができる。

れたもの)、申請人となる相続人の住所が本籍と異なる場合には、その相続人の住民票の写し、被相続人の住民票の除票または戸籍の附票の写しです。ただし、登記記録に記録されている被相続人の住所が本籍と同一の場合には不要です。なお、ほかに相続人がいないことを証明する戸籍の謄本等は不要です。

申請書例

```
                   登 記 申 請 書

登記の目的    所有権移転
原   因     ○○年7月7日売買
権 利 者    ○市○町○番○号(注1)
            亡 A
上記相続人    ○市○町○番○号(注2)
            C
義 務 者    ○市○町○番○号
            B
添付情報    登記原因証明情報   登記識別情報   印鑑証明書
           住所証明情報(注3)  相続を証する情報  代理権限証明情報
○○年○月○日申請   ○法務局○出張所
代 理 人    ○市○町○番○号
            D ㊞
            連絡先の電話番号  ○○○-○○○-○○○○
課税価格    金○,000円
登録免許税   金○00円
不動産の表示
 (以下省略)
```

(注1) 登記権利者の氏名および相続開始の時の住所を記載します(令3条11号ハ)。
(注2) 申請人が登記権利者の相続人である旨を記載します(令3条11号ロ)。相続人が数人いる場合でも、実際に申請する相続人の氏名のみを記載します。
(注3) 死亡した買主の住所証明情報を添付します。

Q 084 登記申請 …登記をする前に会社が清算結了した場合

会社から不動産を買いましたが、その旨の登記をしないでいたら会社が清算結了してしまいました。清算結了した株式会社名義の不動産の所有権移転登記の手続きはどのようにすればよいでしょうか。

買主を登記権利者とし、清算会社の元の清算人を登記義務者として、共同で登記申請をします。

会社が清算結了前に不動産を売り渡し、その登記が未了であるような場合は、処分の効力そのものはすでに発生し、登記申請義務のみが履行されていないだけですから、元の清算人が登記申請をすればよいと考えます。

本来ならば、清算結了した会社の登記を錯誤により抹消して、会社の復活の登記をした後に、所有権移転の登記を申請し、その登記完了後に再度清算結了の登記をすべきでしょうが、便宜的に清算結了したままで所有権移転登記の申請が認められています。

その場合、清算人の印鑑証明書、清算人の資格を証する書面として会社の閉鎖登記事項証明書を添付します。

なお、申請書に添付する印鑑証明書は、市区町村長の証明する元清算人個人の印鑑証明書を添付します。

清算人全員が死亡している場合には、裁判所に対し当該会社の清算人の選任を申し立て（会社法478条2項）、当該清算人との共同申請により所有権移転登記をすればよいと考えます。

（参考：昭和30年4月14日民甲第708号民事局長回答（『登記研究』90号）、昭和38年9月13日民甲第2598号民事局長回答（『登記研究』191号）、藤原勇喜『不動産登記の実務上の諸問題』257頁・テイハン、『登記研究』480号質疑応答）

Q 085 登記申請…成年被後見人の居住用不動産を売却する場合

私が後見している成年被後見人Ａの居住用の不動産について、Ａを代理して売却することとなりました。登記の申請手続について教えてください。

　成年後見人が、成年被後見人の居住の用に供する建物またはその敷地について本人を代理して売却、賃貸、賃貸借の解除または抵当権の設定その他これらに準ずる処分をするには、家庭裁判所の許可が必要とされており（民法859条の3）、成年後見人が家庭裁判所の許可を得ないで本人の居住用不動産を処分した場合には、その処分行為は、無効とされています。管轄する家庭裁判所は、成年被後見人の住所地を管轄する家庭裁判所です。

　居住の用に供する建物またはその敷地とは、生活の本拠として現に居住の用に供しているもの、または居住の用に供する予定がある建物およびその敷地をいうとされています。

　成年被後見人の居住用の不動産についての所有権移転の登記の場合には、通常の所有権移転登記に必要な書面のほか、後見人の代理権限を証する情報として作成後3か月以内の後見人が記録された登記事項証明書（令7条1項2号）、第三者の許可を証する情報として家庭裁判所の許可書の添付が必要となります（同項5号ハ）。そして、この場合、登記識別情報の提供は不用であり、事前通知等（法23条）も不要と考えられています（『登記研究』779号「カウンター相談」）。

　なお、成年後見人の選任の日から3か月以内に登記が申請される場合に限り、成年後見人の選任に係る審判書の正本または謄本およびその審判の確定証明書についても代理権限証明情報として取り扱

うことができます(『登記研究』740号質疑応答)。

1 後見監督人の同意書の添付の要否

後見監督人が選任されている場合、被後見人の不動産を処分する場合には、後見監督人の同意が必要ですので(民法864条、13条1項3号)、被後見人の不動産を処分する登記の申請の際には、その同意書を添付するのが原則です。ただし、居住用不動産の処分のための家庭裁判所の許可書を添付している場合には、後見監督人の同意書の添付は不要と考えます。なぜなら、後見監督人の同意書を添付しなければ家庭裁判所では許可しないからです。

```
            登 記 申 請 書
登記の目的    所有権移転
原   因    ○○年○月○日売買
権 利 者    ○市○町○番○号
           甲 野 花 子
義 務 者    ○市○町○番○号
           乙 川 修 一
           上記成年後見人
           ○市○町○番○号
           丙 山 太 郎
添付情報    登記原因証明情報(注1)  裁判所の許可書(注2)
           印鑑証明書(注3)  代理権限証明情報(注4)
○○年○月○日申請  ○法務局○出張所
代 理 人    ○市○町○番○号
           丁     某  ㊞
           連絡先の電話番号  ○○○-○○○-○○○○
(以下省略)
```

(注1) 売買契約書または報告形式の登記原因証明書を添付します。
(注2) 第三者の許可書として家庭裁判所の許可書を添付します。

〔Q085〕登記申請 …成年被後見人の居住用不動産を売却する場合

第5章 所有権移転の登記

(注3) 成年後見人の市区町村長または裁判所書記官が作成した印鑑証明書（裁判所書記官が作成した印鑑証明書は作成後3か月以内のものでなくてもかまわない）を添付します（『登記研究』815号質疑応答）。
(注4) 成年後見人の登記事項証明書を添付します（作成後3か月以内のもの）。なお、成年後見人の選任の日から3か月以内に登記が申請される場合に限り、成年後見人の選任に係る審判書の正本または謄本およびその審判の確定証明書についても代理権限証明情報として取り扱うことができます（『登記研究』740号質疑応答）。

登記申請を委任した場合には委任状を添付します。

登記原因証明情報見本

登記原因証明情報

1　当事者及び不動産
　(1)　当事者　　権利者（甲）甲　野　花　子
　　　　　　　　　義務者（乙）乙　川　修　一
　　　　　　上記成年後見人（丙）丙　山　太　郎
　(2)　不動産の表示
　　　　（省略）
2　登記の原因となる事実又は法律行為
　(1)　本件不動産は、成年被後見人乙の居住用の不動産であり、丙と甲は、○○年○月○日、本件不動産の売買契約を締結した。
　(2)　売買契約には、所有権の移転の時期について、甲が売買代金を支払い、丙がこれを受領した時に移転する旨の特約がされている。
　(3)　○家庭裁判所は○○年○月○日、本件不動産の売買の許可をした。
　(4)　○○年○月○日、甲は売買代金を支払い、丙はこれを受領した。
　(5)　よって、本件不動産の所有権は、同日、乙から甲に移転した。
○○年○月○日申請　　○法務局○出張所
上記の登記原因のとおり相違ありません。
　　　　　　　　　　　（買主）　○市○町○番○号
　　　　　　　　　　　　　　　　甲　野　花　子　㊞
　　　　　　　　　　　（売主）　○市○町○番○号
　　　　　　　　　　　　　　　　乙　川　修　一
　　　　　　　　上記成年後見人　○市○町○番○号
　　　　　　　　　　　　　　　　丙　山　太　郎　㊞

〔Q085〕登記申請　…成年被後見人の居住用不動産を売却する場合

2 居住用不動産の許可の申立て方法

被後見人の居住用不動産を処分する場合には、事前に家庭裁判所に「居住用不動産処分許可」の申立てをして、その許可をとる必要があります。

① 申立てに必要な書類
- □ 申立書
- □ 収入印紙　800円分
- □ 郵便切手　82円

② 添付書類
- □ 処分する不動産の全部事項証明書（既に提出してあり、記載内容に変更がない場合は不要）
- □ 不動産売買契約書の案
- □ 処分する不動産の評価証明書
- □ 不動産業者作成の査定書

③ 後見登記事項に変更がある場合
- □ 申立人および本人の住民票の写し、戸籍謄本
- □ 成年後見監督人がいる場合には、その意見書

（東京家庭裁判所後見センターのホームページより）

3 後見「登記事項証明書」の申請方法

(1) 申請者

登記事項証明書を請求できる方は、成年被後見人・成年後見人・成年後見人等の当事者、本人（成年被後見人等）の4親等内の親族およびそれらの方から委任を受けた代理人です。

(2) **申請先**

☐ 窓口で申請する場合

東京法務局後見登録課または全国の法務局・地方法務局の本局の戸籍課で取り扱っています。

※いずれの局も支局・出張所での取扱いはしていません。

☐ 郵送で申請する方法

郵送での取扱いは、住所地、本籍地に関係なく、すべて東京法務局後見登録課のみで取り扱っています。

〈問合せ先〉

〒 102 - 8226
東京都千代田区九段南 1 - 1 - 15　九段第 2 合同庁舎 4 階
東京法務局民事行政部後見登録課
電話：03（5213）1360

（東京法務局ホームページより）

Q086 登記申請 …債権と譲渡担保権を売却した場合の登記原因

債権者が譲渡担保で不動産の所有権を取得している場合に、第三者にその債権と譲渡担保権を売却したときの所有権移転登記の登記原因としては何が適当でしょうか。

譲渡担保は債権契約ですが、所有権移転登記の形式によるものなので、移転の原因を「債権譲渡」とするのは相当ではなく、被担保債権とともに譲渡担保権も譲渡したという場合には、実質的な原因を入れた「譲渡担保の売買」とするのが相当とされています（『登記研究』534号「カウンター相談」）。

Q087 判決による登記

私は、原告から訴えを起こされ「被告は、原告に対し、別紙目録記載の不動産につき、○○年○月○日売買を原因とする所有権移転登記手続をせよ」という判決を受けましたが、原告が登記をしないので固定資産税がかかり困っています。私から、本件判決正本をもって所有権移転登記の申請ができますか。

申請できません。

不動産登記法63条1項では、「…これらの規定により申請を共同してしなければならない者の一方に登記手続をすべきことを命ずる確定判決による登記は、当該申請を共同してしなければならない者

の他方が単独で申請することができる。」と規定しています。したがって、本件判決正本をもって、原告、被告のどちらからでも単独で登記申請手続ができるのではないか、という疑問が生じたものと思われます。

　売買による所有権移転登記は、買主が登記権利者、売主が登記義務者となり共同して申請するのが原則です（法60条）。しかし、登記権利者または登記義務者のどちらか一方は、登記申請に協力をしない相手方に対して登記手続をすべきことを命ずる確定判決を得て、その判決をもって単独で登記申請をすることができるとされています（法63条1項）。これは、相手方が登記申請に協力しない場合において相手の登記申請の意思表示に代わるものであり（民法414条2項ただし書）、共同申請の形を維持するものです。

　したがって、原告が本件確定判決をもって、単独で登記申請をすることに問題はありません。

　本件は、被告の相談者が、本件判決をもって、所有権移転登記の申請ができないか、ということですが、それはできません。法63条は、登記手続に協力しない相手に対して登記手続をするよう命じた場合において、他方の相手方が単独で登記申請することができるものとするものです。本判決は、被告であるあなたに対して登記手続をせよと命じているのであり、原告に対して登記申請の手続きを命じておりませんので、本判決をもって、あなたから単独で所有権移転登記を申請することはできません。

Q088 相続財産管理人による登記申請

相続財産管理人を登記義務者とする売買による所有権移転登記手続を教えてください。

第5章
所有権移転
売買
贈与
時効取得
真正な登記名義の回復
その他の原因

1 相続財産法人とは

相続人のあることが明らかでないとき（たとえば、戸籍上において相続人がまったくいない場合、最終順位の相続人全員が相続放棄をした場合、あるいは相続欠格（民法891条）・推定相続人の廃除（同892条、893条）により相続権を有しなくなった場合等）には、相続財産は法人となります（同951条）。

相続人がいるかいないかわからない場合には、相続人を探し出す必要がありますが、それと同時に、相続人が現れるまでの間、相続財産を管理しなければなりません。この二つの目的を実現しようとするのが相続人不存在の制度です。

2 相続財産管理人の選任

相続財産には、利害関係人（被相続人の債権者、特定遺贈を受けた者、特別縁故者、被相続人の死亡時における成年後見人等）または検察官の請求によって家庭裁判所(注)によって選任された相続財産管理人が置かれ（同952条1項）、管理・清算の手続きが進められます。

相続人不存在により相続財産が法人となったときは、相続財産管理人は登記名義人の氏名変更の登記を申請します（昭和10年1月

14日民事甲第39号民事局長通牒)。相続財産法人への変更登記は、相続財産管理人の権限内の行為ですので家庭裁判所の許可の権限外の許可は不要です。

(注) 相続が開始した地を管轄する家庭裁判所に申立てをします(家事法203条1号)。相続は、被相続人の住所において開始しますので(民法883条)、相続が開始した地とは、被相人の最後の住所地を管轄する家庭裁判所になります。

3 相続財産管理人の権限

　相続財産管理人の権限については、民法28条の不在者財産管理人の規定を準用しています(民法953条[注1])。したがって、相続人の財産の保存に必要と認める処分をすることができます。また、民法103条[注2]に規定する権限を越える行為をするときは、家庭裁判所の許可が必要とされています(同28条)。

　不動産を売却する行為は権限外の行為なので裁判所の許可が必要となります。管轄裁判所は、相続が開始した地ですが(家事法203条1項)、実務上は、相続財産管理人選任申立事件が所属している裁判所に申立てをします。

(注1) 民法953条：第27条から第29条までの規定は、前条第1項の相続財産の管理人(以下この章において単に「相続財産の管理人」という。)について準用する。
(注2) 民法103条：権限の定めのない代理人は、次に掲げる行為のみをする権限を有する。
　　一　保存行為
　　二　代理の目的である物又は権利の性質を変えない範囲内において、その利用又は改良を目的とする行為

4 登記手続

　はじめに、相続財産管理人が選任された場合には、相続財産への氏名変更の登記をします(Q078参照)。

　その後、買主を登記権利者、相続財産を登記義務者として所有権

移転の登記を申請します。

登記申請をする場合には次の書面が必要です。

① **登記原因証明情報（令7条1項5号ロ、別表30の項添付情報欄イ）**

売買契約書または報告形式の登記原因証明情報を添付します。

② **裁判所の許可書（令7条1項5号ハ）**

相続財産管理人が不動産を売却するのは権限外の行為ですので、その許可書（審判書謄本）を添付します。この審判に対しては即時抗告ができませんので（家事法206条）、確定証明書は不要です。

裁判所の権限外行為の許可書が添付している場合には、登記義務者の登記識別情報または登記済証の添付は不要とされています（『登記研究』606号質疑応答）。

③ **住所証明情報（令別表30の項添付情報欄ロ）**

登記権利者である買主の住民票の写しまたは戸籍の附票の写しを添付します。

④ **印鑑証明書（令16条2項、規則48条1項3号）**

印鑑証明書としては、次のいずれかのものを添付します。
 i 相続財産管理人個人の住所地の市区町村長が作成したもの 作成後3か月以内のものが必要（令16条2項、3項）
 ii 裁判所書記官が作成したもの（作成後3か月以内のものである必要はないとされています。規則48条1項3号[注]、『登記研究』815号質疑応答）

⑤ **代理権限証明情報**

家庭裁判所発行の相続財産管理人の選任審判書の謄本を添付

しますが、これは令17条1項の規定により発行後3か月以内のものが必要です。

　ただし、作成後3か月を経過した審判書謄本と併(あわ)せて、裁判所書記官が作成した当該相続財産の管理人がその権限を越える行為をすることを許可する審判の記録の謄本であって、作成後3か月以内のものが提供された場合には、適法な書面が添付されているものとして処理することができるとしています（『登記研究』806号質疑応答）。

　なお、登記申請を代理人に委任した場合には委任状を添付します。

（注）　本号の適用を受ける印鑑証明書は、①申請人が裁判所によって選任された者であること、②その印鑑証明書は、その選任された事件について職務上行う申請の申請書に押印した印に関するものであること、③裁判所書記官が最高裁判所規則で定めるところにより作成したものであることのいずれにも該当することが必要であるとされています（小宮山秀史『逐条解説不動産登記規則1』476頁・テイハン）。
　　　具体的な例としては次のものがあります。
　　　①　不在者財産管理人
　　　②　相続財産管理人
　　　③　成年後見人
　　　以上の者が職務上不動産登記の申請をする場合において、その登記の申請書に押印した印鑑に関する証明書は規則48条1項3号に規定する印鑑証明書として取り扱って差し支えないとされています。また、これらの印鑑証明書は、作成後3か月以内のものである必要はないとされています（『登記研究』815号質疑応答）。
　　　なお、弁護士会発行の印鑑証明書は利用できるかですが、利用できないものと考えます。印鑑証明書とは、原則は令16条2項によるものをいいます。しかし、弁護士が、個人の住所を知られたくないなどの理由により、例外として公的な機関である裁判所の書記官が作成したものであるから認められたものと考えます。したがって、さらに例外の例外を認める必要がないからです。

（参考：正影秀明『相続財産管理人、不在者財産管理人に関する実務』日本加除出版2018年、小宮山秀史『逐条解説不動産登記規則1』テイハン平成21年版）

申請書見本：売却による所有権移転登記

登 記 申 請 書

登記の目的　　所有権移転
原　　　因　　○○年○月○日売買
権　利　者　　○市○町○番○号
　　　　　　　　甲　　某
義　務　者　　○市○町○番○号
　　　　　　　　亡乙某相続財産
　　　　　　　　上記相続財産管理人
　　　　　　　　　○市○町○番○号
　　　　　　　　　　丙　　某

添 付 情 報　　登記原因証明情報　　裁判所の許可書
　　　　　　　　住所証明情報　　印鑑証明書　　代理権限証明情報
○○年○月○日申請　　○○地方法務局○○出張所
代　理　人　　○市○町○番○号
　　　　　　　　何　　某　㊞
　　　　　　　　連絡先の電話番号　　○○○－○○○○－○○○○
課 税 価 格　　金○○,000円
登 録 免 許 税　　金○,○00円
不動産の表示
（以下省略）

第5章　所有権移転

売　買

贈　与

時効取得

真正な登記名義の回復

その他の原因

〔Q088〕相続財産管理人による登記申請

登記原因証明情報見本

登記原因証明情報

1　当事者及び不動産
　(1)　当事者　　権利者（甲）甲　某
　　　　　　　　　義務者（乙）亡乙某相続財産
　　　上記相続財産管理人（丙）丙　某
　(2)　不動産の表示
　　　（省略）
2　登記の原因となる事実又は法律行為
　(1)　甲と丙は、○○年○月○日、本件不動産の売買契約を締結した。
　(2)　売買契約には、所有権の移転の時期について、甲が売買代金を支払い、丙がこれを受領した時に移転する旨の特約がされている。
　(3)　丙は、上記売買契約を締結する前に、○家庭裁判所に、権限外の行為の許可の申立てを行い、○○年○月○日本件不動産の売却の許可がされた。
　(4)　○○年○月○日、甲は売買代金を支払い、丙はこれを受領した。
　(5)　よって、本件不動産の所有権は、同日、乙から甲に移転した。
○○年○月○日、○法務局○出張所
上記の登記原因のとおり相違ありません。
　　　　　　　　　（買主）　　○市○町○番○号
　　　　　　　　　　　　　　　甲　某　㊞
　　　　　　　　　（売主）　　○市○町○番○号
　　　　　　　　　　　　　　　亡乙某相続財産
　　　　　　　　　上記相続財産管理人　○市○町○番○号
　　　　　　　　　　　　　　　丙　某　㊞

贈 与

Q 089 登記申請 …贈与による所有権移転登記

私の名義になっている土地と建物の各 2 分の 1 を妻に贈与したいと考えていますが、その登記の申請書の書き方を教えてください。

ご質問のケースでは、受贈者が登記権利者、贈与者が登記義務者となり、共同で申請をします。登記の目的は「所有権一部移転」となります。登記原因は「贈与」となり、その日付は贈与契約の成立した日です。

添付情報は、次のとおりです。

① 登記原因証明情報
　報告形式の登記原因証明情報または贈与契約書を添付します。
② 登記識別情報または登記済証
　登記義務者が所有権を取得したときに通知を受けた登記識別情報またはオンライン化前に登記済証の交付を受けている場合には登記済証を添付します。
③ 印鑑証明書
　登記義務者の印鑑証明書（作成後 3 か月以内のもの）を添付します。

④ 住所証明情報
　　登記権利者の住所証明情報として住民票の写しまたは戸籍の附票の写しを添付します。
⑤ 代理権限証明情報
　　登記の申請を委任した場合には、委任状を添付します。
⑥ 固定資産の評価証明書
　　法定の添付情報ではありませんが、登録免許税を計算するために必要ですので、登記を申請する年度のものを添付してください。

　なお、後掲に登記原因証明情報の例を掲載していますが、これは、贈与契約書がない場合または提出できない場合に契約の内容を記載して提出する書面の見本で、「報告形式の登記原因証明情報」といわれるものです。この書面は原本還付の手続きができません。

申請書例

登 記 申 請 書

登記の目的　　所有権一部移転
原　　　因　　○○年7月7日贈与
権　利　者　　○市○町○番○号
　　　　　　　持分2分の1
　　　　　　　甲　野　恵　子
義　務　者　　○市○町○番○号
　　　　　　　甲　野　太　郎
添付情報　　登記原因証明情報　　登記識別情報　　印鑑証明書
　　　　　　住所証明情報　　代理権限証明情報
○○年○月○日申請　○法務局○出張所
義務者兼権利者の代理人
　　　　　　　○市○町○番○号
　　　　　　　甲　野　太　郎　㊞
連絡先の電話番号　○○○-○○○-○○○○
課税価格　　金○,000円
登録免許税　　金○00円

不動産の表示
　不動産番号　　1234567890123(注)
　所　　　在　　○市○町一丁目
　地　　　番　　100番1
　地　　　目　　宅地
　地　　　積　　230.50平方メートル

　不動産番号　　1234567890124(注)
　所　　　在　　○市○町一丁目100番地1
　家屋番号　　100番1
　種　　　類　　居宅
　構　　　造　　木造かわらぶき2階建
　床　面　積　　1階　70.35平方メートル
　　　　　　　　2階　50.00平方メートル

(注)　不動産番号を記載した場合には、土地については所在・地番・地目・地積、建物については所在・家屋番号・種類・構造・床面積の記載を省略することができますが、不動産番号の記載がない場合にはこれらの記載を省略できませんので、「登記事項証明書」に記録されているとおりに記載してください。

第5章

所有権移転

売　買

贈　与

時効取得

真正な登記名義の回復

その他の原因

[Q089] 登記申請　…贈与による所有権移転登記

登記原因証明情報例

登記原因証明情報

1 当事者及び不動産
 (1) 当事者　　権利者　　○市○町○番○号
　　　　　　　　　　　　　甲　野　恵　子
　　　　　　　義務者　　○市○町○番○号
　　　　　　　　　　　　　甲　野　太　郎
 (2) 不動産の表示
　　　所　　在　　○市○町一丁目(注1)
　　　地　　番　　100番1
　　　地　　目　　宅地
　　　地　　積　　230.50平方メートル

　　　所　　在　　○市○町一丁目100番地1
　　　家屋番号　　100番1
　　　種　　類　　居宅
　　　構　　造　　木造かわらぶき2階建
　　　床面積　　　1階　70.35平方メートル
　　　　　　　　　2階　50.00平方メートル

2 登記の原因となる事実又は法律行為
 (1) 甲野太郎は、甲野恵子に対し、○○年7月7日、本件不動産（持分2分の1）を贈与し、甲野恵子はこれを受諾した。
 (2) よって、本件不動産の所有権の一部は、同日、甲野太郎から甲野恵子に移転した。

○○年○月○日　○法務局○出張所

　上記の登記原因のとおり相違ありません。
　　　（受贈者）　○市○町○番○号
　　　　　　　　　甲　野　恵　子　㊞(注2)
　　　（贈与者）　○市○町○番○号
　　　　　　　　　甲　野　太　郎　㊞(注2)

(注1)　不動産の表示は、登記事項証明書に記載されているとおりに記載してください。なお、不動産番号を記載すれば不動産の表示の記載を省略できるのは申請書に記載した場合のみですので、申請書以外の書面には不動産番号は記載しません。
(注2)　受贈者、贈与者が押印する印については、別段の定めはありませんが、後日の紛争を防ぐために、贈与者の印は実印を押印するのがよいでしょう。

〔Q089〕登記申請　…贈与による所有権移転登記

時効取得

第5章 所有権移転

売買

贈与

時効取得

真正な登記名義の回復

その他の原因

Q 090　登記申請　…共有者の一部の持分についてのみ行う登記申請の可否

A・B共有の土地がありますが、当該土地について時効取得しました。その旨の登記を行いたいと思いますが、Bが登記に協力してくれませんので、とりあえず、Aと共同で、Aの持分についてのみ時効取得を原因とする所有権移転登記をすることを考えています。このような登記申請は受理されるでしょうか。

　受理されると考えます（『登記研究』547号、397号、351号質疑応答）。

　民法では、20年間または10年間、他人の物を占有した人は所有権を取得します。たとえば、その土地について自分の土地と思って占有した人は、そう思うことに過失がなく10年間占有したことで所有権を取得します（民法162条2項）。また、20年間所有の意思をもって平穏かつ公然に他人の物を占有した人は、その物の所有権を取得します（同条1項）。

　取得時効が完成するためには一定期間の占有が必要ですが、持分についての占有はできるのか、また、持分についての時効取得はあるのか、という疑問が生じます。この点について、判例には、相続により当該土地の2分の1を取得したと信じた人が他の共有者と当該土地を占有した場合ですが、被告の持分の2分の1の時効取得を認めているものがあります（東京地判昭和57年5月13日（『判例タイムズ』482号108頁））。

また、本件の場合は、持分について占有をしていたわけではなく、土地全部を占有し、土地の全部を時効取得したわけですから、問題はないと考えます。

　Bが登記に協力してくれない理由はわかりませんが、もしBが自己の持分に対する時効取得を認めない場合であったとしてもAの持分について時効取得が認められることからAと共同してA持分についてのみする登記申請は受理されるものと考えます。

Q091 登記申請
…占有の承継者が取得時効を完成させた場合

X所有の不動産について、Aが所有の意思を持って占有を開始しましたが、死亡し、Aの相続人であるBが占有を承継して取得時効が完成しました。この場合の所有者は誰になるのでしょうか。時効起算日の占有者がAですから、いったんXからAへの所有権移転登記をする必要がありますか。

　XからBへ、直接、所有権移転登記をすることができるものと考えます。

　時効の効力として権利の得喪が生ずるのは時効期間の満了日ですが、時効取得における登記原因の日付は、時効の効力が起算日にさかのぼることから（民法144条）、時効の起算日とするのが登記実務の取扱いです。そうすると、時効起算日の占有者はAですから、いったんXからAへの移転登記をする必要があるのではないか、という疑問が生じますが、Aの生存中には時効が完成していないので、Aが当該不動産を取得することはなく、取得するのは時効を承継したBということになります。したがって、XからBへ、直接に所有権の移転登記をすることになります。なお、この場合、時効取得の場合の原因日付は時効の起算日となりますが、その日付

がBの生まれる日より前であっても差し支えないとされています（『登記研究』603号質疑応答）。

Q092 登記申請　…農地を時効取得した場合

農地を時効により取得したので、その旨の所有権移転の登記をしたいと考えていますが、農業委員会の許可は必要でしょうか。

　農業委員会の許可は不要です。

　時効取得は、一定の事実状態の継続によって法律上の権利を取得するものですから、農地法3条による権利の移動にはならないので、農業委員会の許可は必要ありません（昭和38年5月6日民甲第1285号民事局長回答（『登記研究』187号））。ただし、農地の時効取得を原因とする権利移転の登記申請があった場合には、登記官からその旨を関係農業委員会に通知することとされています（昭和52年8月22日民三第4239号第三課長依命通知（『登記研究』360号））。

　通知を受けた農業委員会の処理は次のとおりです。

① 登記完了前の措置
　ア　当該通知に係る事案が取得時効完成の要件を備えているか否かにつきその実情を調査する。
　イ　アの調査の結果、当該事案が取得時効完成の要件を備えていないと判断した場合には登記官に対して通知し、当該登記申請当事者に対し、申請書を取り下げさせるなどの指導を行う。

② 登記完了後の措置
ア 当該通知に係る事案が取得時効完成の要件を備えているか否かにつきその実情を調査する。
イ 当該申請が農地法違反であることが判明したときは、登記申請当事者に対して農地法違反であることを伝え、当該登記の末梢、農地の返還等農地法違反行為の是正を行うよう指導する。
ウ 登記申請当事者がイの指導に従わない場合には、農業委員会は都道府県知事に対して、当該登記申請当事者に是正を行うべき旨の通知を行うよう連絡する。

③ 都道府県知事の処理
②のウの連絡を受けた場合には、必要に応じて実情を調査し、登記申請当事者に対して農業委員会を経由して農地法違反の是正措置を講ずるよう通知し、場合によっては告発を行う。

▶参考判例：昭和50年9月25日最高裁第一小法廷判決

(要旨) 農地法第3条による都道府県知事等の許可の対象となるのは、農地等につき新たに所有権を移転し、または使用収益を目的とする権利を設定若しくは移転する行為に限られ、時効による所有権の取得は、いわゆる原始取得であって、新たに所有権を移転する行為ではないから、許可を受けなければならない行為にはあたらないと解すべきである。

Q093 登記申請 …時効取得した土地を相続する場合

Xの所有する土地をAが占有し、時効が完成しました。時効完成後にAが死亡したのですが、Aの相続人Bが当該土地を自分の名義にするにはどのような登記をすればよいのでしょうか。

　Bが登記権利者、Xが登記義務者となり、「時効取得」を原因として、いったん、A名義に所有権移転の登記をします（その場合の登記原因の日付は時効の起算日とするのが実務の取扱いです）。そのあと、AからBへ「相続」を原因とする所有権移転の登記を申請します。

第5章 所有権移転の登記

真正な登記名義の回復

Q 094 登記申請
…真正な登記名義の回復による登記の可否

AとBが、Xから土地を買い、その登記も済ませました。しかし、実はBは名前を貸しただけで、本当はAだけが所有者です。本来ならば、共有者A・Bとあるのを所有者Aに更正する登記を申請したいのですが、当該土地のB持分には抵当権が設定されており、更正登記をするための抵当権者の承諾を得るのが困難な状態にあります。そこで、Bの持分を「真正な登記名義の回復」を原因としてAに移転しようと考えていたところ、Bが死亡したのでBの相続人Cの協力を得てBの持分をAに移転できると考えますが、どうでしょうか。その場合、BからCへの相続の登記が必要でしょうか。なお、Bの相続人はCのみです。

「真正な登記名義の回復」を原因として、BからAへの所有権移転登記はできます。その場合、Cへの相続登記は必要ありません。

(1) 本来ならば、「共有者A・B」とあるのを所有権の更正登記を申請してAの単有名義に更正すべきですが、付記登記によって権利の更正の登記を申請する場合には、登記上の利害関係を有する第三者の承諾が必要となりますので（法66条、令別表の25の項添付情報欄ロ）、Bの持分に対して抵当権が設定されているような場合には、利害関係を有する第三者である抵当権者の承諾を得ることが困難な場合があります。そのような場合には、便宜的に、更正登記ではなく、所有権移転登記の形を借りて真の所有者

名義にするということが認められています。

　なお、所有権の更正登記は実質的には所有権の一部抹消登記と同じなので、登記の抹消の規定（法68条）が準用され、登記上利害関係を有する第三者の承諾がある場合のみにしかできないので、必ず付記登記によってすることになります。

(2)　BからCへの相続登記が必要かどうかですが、Bは当該土地の所有権を当初から有していないのですから、相続すべき持分がないため相続登記をすることはできないと考えます。したがって、相続登記をすることなく、相続証明書を添付して（法62条、令7条1項5号イ）、Aが登記権利者、Bの相続人全員が登記義務者となり共同で登記申請をすることになります。

　登記の目的は「B持分全部移転」、登記原因は「真正な登記名義の回復」とし、日付は記載しません。登記権利者はA、登記義務者はBで、相続人Cとして申請すればよいと考えます。

申請書例

```
            登 記 申 請 書

登記の目的    B持分全部移転
原　　因      真正な登記名義の回復
権 利 者     ○市○町○番○号
             持分○分の○
                    A
義 務 者     ○市○町○番○号
             亡　B
上記相続人    ○市○町○番○号
                    C
（以下省略）
```

Q 095 登記申請 …真正な登記名義の回復と農地法の許可

AからBに「売買」を登記原因として所有権移転登記がされている農地について、「真正な登記名義の回復」を登記原因として従前の所有権の登記名義人でないCを登記権利者とする所有権移転登記を申請する場合には、AからCに対する所有権の移転についての農地法3条による許可書の添付は必要ですか。

　添付を要します（昭和40年12月9日民甲第3435号民事局長通達（『改訂先例・通達集』156頁、『登記研究』220号））。
　「真正な登記名義の回復」を原因とする所有権移転登記とは、たとえば本問の事例に合わせて考えると、Cが所有者であるにもかかわらず何らかの理由でBの名義になっているため、本来ならばAからBへの所有権移転登記を抹消した後にAからCへの所有権移転登記をすべきところ、登記上の利害関係人がいてその人の承諾を得られないために抹消登記ができない場合に便宜的に行われる登記のことです。
　農地について所有権を移転する場合には農地法所定の許可が必要ですが（農地法3条）、「真正な登記名義の回復」を原因とする所有権移転の登記は、当事者間には何らの物権変動があるわけではない、すなわち実体法上所有権移転があるわけではないので、農地法所定の許可は不要ということになります。しかし、それでは、「真正な登記名義の回復」を原因とする所有権移転登記を悪用し、不正に農地の移転登記がなされるおそれがあります。そこで、「真正な登記名義の回復」を原因とする場合にも農地法所定の許可書の添付が必要とされています。その場合、AからCへの所有権移転の許可書の添付がある場合には、BからCへの「真正な登記名義の回復」を原因とする所有権移転登記は受理されます（『登記研究』386号質疑応答）。なお、BからCへの所有権移転の許可書（権利移転の

内容が真正な登記名義の回復となっている場合）が添付されている場合には、真正な登記名義の回復は農地法上の権利変動とはならないため申請は受理されないとする考え（『登記研究』404号質疑応答）と、便宜受理されるとする考え（『登記研究』567号「カウンター相談」）があります（ただし、AからBへの移転原因が「相続」の場合には、取扱いが異なりますので、Q096を参照してください）。

なお、Bから従前の所有権の登記名義人であるAへ「真正な登記名義の回復」を原因として所有権移転する場合には、実体法上の所有者の変動がないため農地法の許可は不要とされています（昭和40年9月24日民甲第2824号民事局長回答）。

Q096 登記申請 …相続登記がされている農地の真正な登記名義の回復

農地について、AからBへ「相続」を原因とする所有権移転登記がされています。しかし、相続登記に錯誤があり、実際に相続しているのはCです。BからCへ「真正な登記名義の回復」を登記原因として所有権移転登記を申請する際には、農地法の許可書の添付が必要ですか。

登記原因証明情報の内容として相続登記が誤っていること、申請人が相続により取得した真実の所有者であること等の事実関係または法律行為（遺産分割等）が記載されていれば、農地法所定の許可書の添付は不要とされています（平成24年7月25日民二第1906号第二課長通知（『改訂先例・通達集』157頁、『登記研究』784号））。

その他の原因

Q 097 競売申立の前提としての相続財産法人への変更登記の要否

登記記録上の所有者が死亡し、すべての相続人が相続放棄をしている場合、抵当権の登記名義人が当該不動産に対して競売の申立てをするには、その前提として相続財産法人への変更の登記が必要でしょうか。

　相続財産法人への登記名義人の表示の変更登記が必要と考えます。

(1)　担保権の目的である不動産の所有権の登記名義人が死亡している場合には、死者を相手として競売の申立てをすることはできませんので、その相続人を相手として競売の申立てを行い、競売申立を受理した旨の裁判所の証明書（この受理証明書が代位原因を証する書面となります）を添付して、担保権者は相続人に代位して（民法423条）、相続の登記を行うことになり、その場合の代位原因の表示は、「〇〇年〇月〇日設定の抵当権の実行による競売」となります（昭和62年3月10日民三第1024号民事局長回答（『登記研究』473号））。

(2)　相続人の存在が不明または不存在の場合には、相続財産は法人となり（民法951条）、相続財産管理人の管理に服します（同法953条）。したがって、担保権者が相続財産である不動産について競売の申立てをするには、あらかじめ家庭裁判所に相続財産管理人の選任を請求し、選任された相続財産管理人を相手方として

競売の申立てを行うことになります。この申立てに担保権の登記された登記事項証明書（仮登記を除く）等が提出されたときに限り競売の開始決定がされること（民事執行法181条1項）、そのためには、不動産の所有権の登記名義人を相続財産法人とする登記が必要であること、およびその登記手続は、前述の相続人がある場合と同様です。

　ところで、所有権の登記名義人を被相続人から相続財産法人に変更する登記は、所有権の移転の登記ではなく登記名義人の表示の変更の登記として被相続人の所有権の登記に付記してされる取扱いとなっています（昭和10年1月14日民甲第39号民事局長通達）。

(3)　一方、仮差押え、仮処分の登記の場合には、嘱託書に登記義務者の表示として、登記記録上の住所と現住所が併記され、決定正本にも同様の記載がある場合には、登記名義人の表示の変更の登記を経ることなく、当該嘱託は受理して差し支えないものとされていますが（昭和46年2月9日民甲第538号民事局長通達）、この取扱いは、当該登記の実現が緊急性を要求されるものであり、しかも登記義務者の表示として、現住所と登記記録上の住所が決定正本および嘱託書に併記されていれば、裁判所が登記義務者の同一性を調査確認していることは明らかであることが考慮され、便宜認められたものと解されます。

　これに対し、所有者が死亡し、相続人の存在が不明または不存在の場合には、当該相続財産は法人となるのですから、死者と相続財産法人とを同一人格とみなすことはできませんし、また、競売の申立ては、相続財産法人の職務上の当事者である相続財産管理人に対して行われなければならないのですから、登記簿上の登記名義人を相続財産法人に変更する登記をする必要があるのです。

〔Q097〕競売申立の前提としての相続財産法人への変更登記の要否

Q098 代償分割による移転

遺産分割協議の中で、私が父所有の不動産を相続することになりましたが、その代わりに私の所有する不動産を弟に贈与することを考えています。どのような登記をすればよいでしょうか。

　共同相続人の1人が不動産全部を取得する代償として、他の相続人に金銭または自己所有の不動産を譲渡する場合があります。このような分割方法を「代償分割」といいます。

　代償分割によって不動産が移転した場合には、登記原因は、その所有権の移転原因である法律行為の法的性質によって「遺産分割による贈与」または「遺産分割による売買」となります（昭和40年12月17日民甲第3433号民事局長回答）。ご質問のケースでは、弟さんに自己の不動産を贈与するということですから、弟さんが登記権利者、あなたが登記義務者となって「遺産分割による贈与」を原因とする所有権移転登記を申請することになります。その場合の登録免許税の税率は、相続を原因とする所有権移転の登記の税率（1,000分の4）に準ずるのではなく、その他の原因による移転の登記（登免税法別表第1、1、(2)ハ）として1,000分の20になるものと思われます（『登記研究』652号質疑応答）。

第6章
所有権の更正登記

名義

Q 099 登記申請
…所有権保存登記の単有名義を共有名義に更正する場合

A名義で所有権保存の登記がされていますが、これをA・B共有名義に更正する方法を教えてください。

　所有権の保存登記の更正の登記を考える場合には、1戸建ての建物（または土地）と敷地権付区分建物に分けて考える必要があります。

1　1戸建ての建物（または土地）の場合

　Bが登記権利者となり、Aが登記義務者となって、共同で更正登記を申請します。
　登記に誤りがある場合には、いったん、その登記を抹消した後、再度、正しい登記をすべきですが、それに代わって更正登記ができる場合があります。
　所有権保存および所有権移転の登記の場合においては、A単独所有をB単独所有に更正する登記は、登記を受けた人がいなくなり別人が所有者となるため認められていませんが、A単独所有をA・B共有に更正する登記は、少なくともAの所有権取得の登記の部

分については有効であるため、これを抹消することは妥当ではなく、更正登記をすることができるとされています。更正登記をする場合、登記上の利害関係を有する第三者があるときは、その第三者の承諾を証する書面（印鑑証明書付き）またはその第三者に対抗することができる裁判があったことを証する情報を提供する必要があります（令別表25の項添付情報欄ロ）。

　なお、登記完了後に通知される登記識別情報は、新たに登記名義人となったBのみに通知されます。

2　敷地権付区分建物の場合

　敷地権付区分建物の所有権保存登記は、実質、専有部分と敷地権の移転ですから、その更正登記には、所有権移転の更正登記と同様に前所有者の関与が必要とされています。

　そのため、A名義をA・B共有名義に更正する場合には、表題部の所有者（敷地権の登記名義人）の所有権譲渡証明書（印鑑証明書付き）および承諾書（印鑑証明書付き）が必要となります（松尾英夫『改正区分建物登記詳述』221頁・テイハン、『登記研究』439号質疑応答、登記申請実務研究会『事例式不動産登記申請マニュアル』1537頁・新日本法規）。この印鑑証明書は有効期限の定めはありません。また、原本の還付はできないものと考えます（令19条2項、規則55条1項）。その他の手続き等は前記**1**と同様です。

申請書例：1戸建ての建物の場合

登 記 申 請 書

登記の目的　　　所有権更正
原　　因　　　　錯誤
更正すべき登記　〇〇年〇月〇日　受付　第〇号
更正後の事項
　　　共有者　　〇市〇町〇番〇号
　　　　　　　　　　持分2分の1　A
　　　　　　　　〇市〇町〇番〇号
　　　　　　　　　　持分2分の1　B
権　利　者　　　〇市〇町〇番〇号
　　　　　　　　　　B
義　務　者　　　〇市〇町〇番〇号
　　　　　　　　　　A
添 付 情 報　　　登記原因証明情報　登記識別情報[注1]　印鑑証明書[注2]
　　　　　　　　住所証明情報[注3]　承諾書[注4]　代理権限証明情報
〇〇年〇月〇日申請　〇法務局〇出張所
代　理　人　　　〇市〇町〇番〇号
　　　　　　　　　　C　㊞
連絡先の電話番号　〇〇〇－〇〇〇－〇〇〇〇
登録免許税　　　金〇,000円[注5]

不動産の表示
　　（以下省略）

（注1）　Aが所有権保存登記をした際に、通知または交付を受けた登記識別情報または登記済証を添付します。
（注2）　Aの印鑑証明書（作成後3か月以内のもの）を添付します。
（注3）　Bの住所証明情報として、住民票の写しまたは戸籍の附票の写しを添付します。
（注4）　抵当権者等の利害関係人がある場合には承諾書（印鑑証明書付き）を添付します。この承諾書に添付してある印鑑証明書については原本還付を請求することはできません（令19条2項、規則55条）。ただし、印鑑証明書の有効期間の定めはありません。
（注5）　登録免許税は不動産1個につき1,000円です（ただし、租税特別措置法の軽減の適用を受けてAのために所有権保存の登記をした後にA・Bの共有名義に更正する場合には、Q204参照）。

登記原因証明情報見本：1戸建て建物の場合

登記原因証明情報

1　当事者及び不動産
　(1)　当事者　　　権利者　B
　　　　　　　　　　義務者　A
　(2)　不動産の表示
　　　（省略）
2　登記原因となる事実又は法律行為
　(1)　A及びBは、各2分の1の資金を出資し、本件建物を新築した。本来ならば、各持分2分の1とする建物表題登記及び所有権保存登記をすべきところ、誤ってA単有名義による所有権保存登記（○○年○月○日法務局○出張所受付第○号）がなされた。
　(2)　当初の新築計画では、Aが建築資金の全額を出資する予定であったが、その後、Bも出資することになり、A及びBの共有とすることにした。
　　　　しかし、登記を申請する際に、表題登記に必要な所有権証明書の作成を誤ってA単有名義として、そのまま表題登記及び所有権保存登記がなされた。
　(3)　よって、本建物の保存登記をA持分2分の1、B持分2分の1と更正する。
○○年○月○日
　上記の登記原因のとおり相違ありません。
　　　　　　　　　権利者　　○市○町○番○号
　　　　　　　　　　　　　　　B　㊞
　　　　　　　　　義務者　　○市○町○番○号
　　　　　　　　　　　　　　　A　㊞

（注）　A・Bは、建売業者から新築建物を買い受けたか、または建築業者と請負契約をして新築建物を取得したのであるから、これらの業者の署名または記名押印が必要であるとする意見もあります（青木登『元登記官からみた登記原因証明情報』180頁・新日本法規）。

〔Q099〕登記申請　…所有権保存登記の単有名義を共有名義に更正する場合

記録例

権利部（甲区）		（所有権に関する事項）	
順位番号	登記の目的	受付年月日・受付番号	権利者その他の事項
1	所有権保存	○○年○月○日 第○号	<u>所有者　○市○町○番○号</u> <u>A</u>
付記1号	1番所有権更正	○○年○月○日 第○号	原因　錯誤 共有者 　○市○町○番○号 　持分2分の1 　　A 　○市○町○番○号 　2分の1 　　B

権利部（乙区）		（所有権以外の権利に関する事項）	
順位番号	登記の目的	受付年月日・受付番号	権利者その他の事項
1	抵当権設定	○○年○月○日 第○号	（省略）
付記1号	1番抵当権更正	余白	抵当権の目的　A持分 甲区1番付記1号の登記に より○○年○月○日付記

（注）　所有権の更正登記をしたときは、当該不動産を目的とする抵当権の登記を職権により更正します。

〔Q099〕登記申請　…所有権保存登記の単有名義を共有名義に更正する場合

Q100 登記申請 …所有権保存登記の共有名義を単有名義に更正する場合

A・B共有名義で所有権保存がされていますが、これをA単有名義にする場合の申請書の記載方法を教えてください。また、当該不動産に抵当権が設定されている場合の抵当権者の承諾書の添付の要否についても教えてください。なお、A・Bの持分は各2分の1で登記されています。

1 1戸建の建物（または土地）の場合

(1) 申請書の記載方法

　Aが登記権利者、Bが登記義務者となり、共同で所有権更正登記を申請します。登記が完了すると、Aに登記識別情報が通知されます。

申請書例

```
　　　　　　　　　登　記　申　請　書

登記の目的　　　所有権更正
原　　　因　　　錯誤
更正すべき登記　〇〇年〇月〇日　受付　第〇号
更正後の事項
　　　所有者　　〇市〇町〇番〇号
　　　　　　　　　A
権　利　者　　　〇市〇町〇番〇号
　　　　　　　　　A
義　務　者　　　〇市〇町〇番〇号
　　　　　　　　　B
```

```
添付情報    登記原因証明情報    登記識別情報    印鑑証明書
            承諾書    代理権限証明情報
○○年○月○日申請  ○法務局○出張所
代 理 人      ○市○町○番○号
              C  ㊞
連絡先の電話番号  ○○○-○○○-○○○○
登録免許税    金○,000円


不動産の表示
    （以下省略）
```

記録例

権 利 部 （甲区）		（所有権に関する事項）	
順位番号	登記の目的	受付年月日・受付番号	権利者その他の事項
1	所有権保存	（省略）	共有者 ○市○町○番○号 持分2分の1 　A ○市○町○番○号 2分の1 　B
付記1号	1番所有権更正	（省略）	原因　錯誤 所有者　○市○町○番○号 　A

〔Q100〕登記申請　…所有権保存登記の共有名義を単有名義に更正する場合

権　利　部　（乙区）		（所有権以外の権利に関する事項）	
順位番号	登記の目的	受付年月日・受付番号	権利者その他の事項
1	抵当権設定	（省略）	（省略）
付記1号	1番抵当権更正	余白	抵当権の目的　所有権2分の1 甲区1番付記1号の登記により 　　　○○年○月○日付記
2	A持分抵当権設定	（省略）	（省略）
付記1号	2番抵当権更正	余白	抵当権の目的　所有権2分の1 甲区1番付記1号の登記により 　　　○○年○月○日付記
<u>3</u>	<u>B持分抵当権設定</u>	（省略）	（省略）
4	3番抵当権抹消	余白	甲区1番付記1号の登記により 　　　○○年○月○日登記

(2) **抵当権者の承諾書の添付の要否**

　抵当権が設定されている場合としては、①A・B持分全部に抵当権が設定されている場合、②Aの持分に対してのみ抵当権が設定されている場合、③Bの持分に対してのみ抵当権が設定されている場合の3通りが考えられますので、各場合について考えてみることにします。

① **A・B持分全部に抵当権が設定されている場合**

　所有権の更正登記がされると、当該不動産を目的とする抵当権の目的を職権により「所有権2分の1」と更正します。なぜならば、抵当権設定契約では、当該不動産の所有者（抵当権設定者）がA・Bとされているわけですが、A・B共有をA単有に所有権の更正登記をするということは、Bは当初より所有者ではなかったということになるからBの持分について設定された抵当権設定は効力を失うからです。

〔Q100〕登記申請　…所有権保存登記の共有名義を単有名義に更正する場合

更正登記の結果、Aが単有となりますが、抵当権の効力は当初のAの持分2分の1にしかなく、所有権の更正登記をしたからといって、自動的に抵当権が更正後のAの持分に及ぶものではありません。その結果、登記の外観上、抵当権がAの所有権の一部に設定されたのと同様となります。通常は所有権の一部に対しての抵当権設定登記は認められないのですが、この場合は例外的に認められます。したがって、本問のような所有権の更正登記を申請する場合には、抵当権者の承諾書の添付が必要となります。

② Aの持分に対してのみ抵当権が設定されている場合

この場合、抵当権の目的は「A持分抵当権設定」となっていますので、これを「所有権2分の1」と更正します。

当初の抵当権は、Aの持分である2分の1にしか設定していませんので、所有権をA単有に更正したからといって抵当権の効力が所有権全部に及ぶことにはなりません。したがって、抵当権の目的を上記のように職権で更正しても抵当権の効力の及ぶ範囲には変更がなく、抵当権者に不利益を与えませんので、抵当権者の承諾は不要となります。

③ Bの持分に対してのみ抵当権が設定されている場合

この場合、抵当権の目的は「B持分抵当権設定」となっていますが、Bが当初から所有者ではなかったということですから、Bの持分に設定されていた抵当権は職権で抹消することになります。したがって、この場合には、抵当権者の承諾書の添付が必要となります。

2 敷地権付区分建物の場合

敷地権付区分建物の所有権保存登記は、実質、専有部分と敷地権

の移転ですから、その更正登記には、所有権移転の更正登記と同様に前所有者の関与が必要とされています。

そのため、A・B共有名義をA単有名義に更正する場合には、表題部の所有者（敷地権の登記名義人）の承諾書（印鑑証明書付き）が必要となります。その他の手続き等は前記**1**と同様です。

Q101　登記申請　…共有名義を単有名義に更正する場合

AがCから不動産を単独で買ったのに、誤ってA・B共有の名義で登記をしてしまいました。この登記をA単独名義に更正する場合、Cも登記義務者になるのでしょうか。

前所有者であるCも登記義務者となります。

Aの単独所有であるにもかかわらずA・Bの共有として登記されても、Aの所有権取得の部分については、その登記は有効であるため、A・B共有をA単有の所有権移転登記に更正することは認められています（昭和36年10月14日民甲第2604号民事局長回答（『改訂先例・通達集』161頁、『登記研究』170号））。その場合に前所有者であるCが登記義務者となるかどうかですが、当初の登記申請は、A・Bが登記権利者、Cが登記義務者となって共同で申請したものですが、そのうちの1人が登記名義人から除かれるような更正登記を申請する場合には、Cも登記義務者となるのが妥当であると考えたものと思われます（同回答）。

したがって、本問の場合は、Aが登記権利者、BおよびCが登記義務者となって共同で所有権更正登記を申請します。

更正登記の申請書には、次の書面を添付します。

なお、単独所有名義を共有名義に更正する場合も前所有者は登記

義務者となります（昭和40年8月26日民事甲第2429号民事局長回答（『改訂先例・通達集』162頁、『登記研究』215号））。

> ① 登記原因証明情報
> ② 登記識別情報または登記済証
>   　BおよびCの前所有者Cの登記識別情報または登記済証を添付します。
> ③ 印鑑証明書
>   　Bおよび前所有者Cの印鑑証明書（作成後3か月以内のもの）を添付します。
> ④ 承諾書
>   　抵当権者等の登記上の利害関係人がいる場合には承諾書（印鑑証明書付き）を添付します。

持 分

第6章 名義 持分

Q102 登記申請 …持分更正

不動産を夫婦で買って、各持分2分の1として登記をしましたが、持分が間違っていたことがわかりました。どうすれば持分を正しいものにできるでしょうか。

　持分が増える人を登記権利者、減る人を登記義務者として、持分更正の登記を申請します。なお、持分の更正登記をしても申請人は新たに登記名義人となるわけではないので、登記識別情報は通知されません。
　更正登記の申請書には、次の書面を添付します。

① 登記原因証明情報
② 登記識別情報または登記済証
　登記義務者の登記識別情報または登記済証を添付します。前所有者の登記識別情報または登記済証の添付は不要です。
③ 印鑑証明書
　登記義務者の印鑑証明書（作成後3か月以内のもの）を添付します。
④ 承諾書
　登記義務者の持分に対して設定されている抵当権者等の登記上の利害関係人がいる場合には承諾書（印鑑証明書付き）

を添付します。

　なお、当該不動産全体に抵当権が設定されている場合には、持分の更正があっても抵当権の効力の及ぶ範囲には影響がありませんので、抵当権者は利害関係人にはなりません（昭和47年5月1日民甲第1765号民事局長回答（『改訂先例・通達集』163頁、『登記研究』347号））。

申請書例

```
　　　　　　　　　　登 記 申 請 書

登記の目的　　　所有権更正
原　　因　　　　錯誤
更正すべき登記　○○年○月○日　受付　第○号
更正後の事項
　　　　　　A持分　3分の2
　　　　　　B持分　3分の1
権　利　者　　　○市○町○番○号
　　　　　　　　　A
義　務　者　　　○市○町○番○号
　　　　　　　　　B
添 付 情 報　　　登記原因証明情報　　登記識別情報　　印鑑証明書
　　　　　　　　承諾書　　代理権限証明情報
○○年○月○日申請　　○法務局○出張所
代　理　人　　　○市○町○番○号
　　　　　　　　　C　㊞
　　　　　　　　　連絡先の電話番号　○○○－○○○－○○○○
登録免許税　　　金○,000円(注)
不動産の表示
　（以下省略）
```

（注）登録免許税は不動産1個につき1,000円です。

登記原因証明情報見本

登記原因証明情報

1　当事者及び不動産
 (1)　当事者　　　権利者　A
　　　　　　　　　義務者　B
 (2)　不動産の表示
　　（省略）
2　登記原因となる事実又は法律行為
 (1)　A及びBは、前所有者○○○○から本件不動産を買い、その旨の登記（○○年○月○日○法務局○出張所受付第○号）がなされた。
 (2)　当初の計画では、A及びBが各2分の1の資金を出して購入する予定であったが、住宅ローンの融資の関係上Aが3分の2、Bが3分の1の資金を出すことになった。
　　　しかし、売買契約をする際に、その旨を売主に報告せずに当初の予定どおりの各持分2分の1とする契約が締結され、A及びBの持分各2分の1とする所有権移転登記がなされた。しかし、実際には、Aは持分3分の2、Bは持分3分の1を取得したのが事実である。
 (3)　よって、本件土地及び建物の登記をA持分3分の2、B持分3分の1と更正する。
○○年○月○日
　　上記の登記原因のとおり相違ありません。
　　　　　　　　　権利者　　○市○町○番○号
　　　　　　　　　　　　　　A　㊞
　　　　　　　　　義務者　　○市○町○番○号
　　　　　　　　　　　　　　B　㊞

第6章

名　義

持　分

〔Q102〕登記申請　…持分更正

Q103 登記申請 …持分更正と承諾書の要否

A持分2分の1、B持分2分の1の共有となっている不動産の持分を、A持分3分の2、B持分3分の1と更正したいと考えています。次の場合には抵当権者の承諾書は必要でしょうか。
① 不動産全体に抵当権が設定されている場合
② A持分のみに抵当権が設定されている場合
③ B持分のみに抵当権が設定されている場合

　①および②の場合は承諾は不要ですが、③の場合は、抵当権者の承諾書の添付を要します。

　更正登記を申請する場合に登記上の利害関係を有する第三者の承諾がある場合および当該第三者がいない場合には、更正登記は付記登記によることになり、承諾が得られない場合には、主登記によります（法66条）。しかし、所有権の持分更正の登記は、持分の減少する者の持分に関しては事実上、所有権の一部抹消登記と同じなので、登記の抹消の規定（法68条）が準用され、登記上の利害関係を有する第三者がいる場合において、当該第三者の承諾を証する当該第三者が作成した情報または当該第三者に対抗することができる裁判があったことを証する情報を提供できない場合には、更正登記は申請できないことになります。

　①の場合には、その所有者の持分を更正しても不動産全体に抵当権が設定されていることには変動がありませんから、抵当権者は利害関係人とはならないので（昭和47年5月1日民甲第1765号民事局長回答（『登記研究』347号））、抵当権者の承諾は不要とされています。

　②の場合は、抵当権の及ぶ部分には変動が生じませんので、抵当権者の承諾は不要です。この場合は、抵当権の及ぶ範囲は当初の2分の1だけですので、持分の更正をしても更正後の増えた持分につ

いて抵当権は及ばないので、登記官は職権によって抵当権の目的がAの持分の一部（更正前の持分相当）である旨の更正をします（法務省法務総合研究所編『対話式不動産登記ケーススタディ40選』169頁・日本加除出版、青山修『新版不動産登記申請MEMO権利登記編』230頁・新日本法規）。

③の場合は、Bの持分2分の1を3分の1と更正したことによって抵当権の及ぶ範囲が縮減するため、抵当権者の承諾を要することになります。この登記がされた場合には、登記官は職権で、当該抵当権の目的を「所有権の3分の1（B持分）」とする更正登記をします。

③の場合の記録例

権利部（乙区）		（所有権以外の権利に関する事項）	
順位番号	登記の目的	受付年月日・受付番号	権利者その他の事項
○付記1号	○番抵当権更正	余白	抵当権の目的　所有権3分の1（B持分） 甲区1番付記1号の登記により○○年○月○日付記

（参考：誌友会民事研修編集室編『不動産登記研修講座』68頁・日本加除出版）

第7章
抵当権の登記

設 定

Q 104 登記簿 …債務者が記載されていない登記簿

ふるい登記簿を見ますと、抵当権設定登記の登記事項欄に債務者が記載されていません。債務者は誰になるのですか。

　抵当権の設定者（所有権の登記名義人）が債務者となります。
　旧不動産登記法（明治32年2月24日法律24号）によると、質権または抵当権の設定の登記を申請する場合において設定者が債務者でないときは申請書に債務者の表示をすることとされていました（旧法119条）。したがって、債務者と設定者が同じ場合には債務者を記載しない取扱いでした。しかし、「不動産登記法の一部を改正する等の法律」（昭和35年3月31日法律第14号）により、先取特権、質権または抵当権の保存または設定の登記を申請する場合には申請書に債務者を表示することになりました。この法律は、昭和35年4月1日より施行されましたので、それ以降の抵当権の登記事項には債務者の表示が記載されています。

Q105 登記申請…一体化後における建物のみの追加設定の可否

抵当権設定の登記のある土地を敷地として区分所有の建物が新築され、その表題の登記によって敷地権の表題の登記がされた後、敷地についての既存の抵当権の被担保債権と同一の債権を担保するために当該区分建物のみを目的として抵当権を追加設定することはできますか。

可能です（昭和59年9月1日民三第4675号民事局長通達（『登記研究』442号））。

この場合、申請書に、不動産の表示として区分建物のみを記載し、また、既存の抵当権の目的である土地が他の登記所の管轄に属する場合には、その抵当権の登記を証する書面（登記事項証明書）を添付します。また、この場合の区分建物にする抵当権設定の登記には、建物のみに関する旨を付記します。

敷地について抵当権が設定され、その後、敷地権の登記がされて建物と敷地がいわゆる一体化された場合、敷地にされている抵当権と同一の債権を担保するために建物に抵当権の追加設定ができるかどうかがご質問の趣旨かと思います。敷地権付き区分建物には、当該建物のみを目的とする担保権に係る権利に関する登記をすることができないとされています（法73条3項本文）。ただし、当該建物の敷地権が生じた後にその登記原因が生じたもの（分離処分禁止の場合を除く）または当該建物のみの所有権についての仮登記もしくは当該建物のみを目的とする質権もしくは抵当権に係る権利に関する登記であって当該建物の敷地権が生ずる前にその登記原因が生じたものは、この限りでないとされています（同項ただし書）。このことから、追加設定契約が一体化後であれば建物のみを目的とした抵当権の追加設定はできないのではないかという疑問が生じたのでしょう。

区分法22条は、専有部分とその専有部分に係る敷地利用権とを分離して処分することはできないとしています。本問の追加設定がこの分離処分禁止に触れるかどうかですが、触れないと考えます。むしろ、区分法の目指している専有部分と敷地利用権を一体的に処分する、という方向に沿うのではないかと考えます。実体的に追加設定が認められるならば、手続的にも登記は可能であるとしなくてはならないでしょう。

Q106 登記申請 …所有権取得以前の日付による抵当権設定登記の可否

抵当権の目的たる不動産を本年8月10日に取得しましたが、抵当権設定契約は同年8月7日にしました。この場合、8月7日の日付をもって抵当権設定の登記をすることはできますか。

　所有権を取得する前の日付では抵当権設定の登記はできないと解します（『登記研究』440号質疑応答）。

　所有権を取得する前に抵当権の設定契約をしても、それは担保物について処分権限を持たない人の行為ですので、抵当権設定契約が無効となります。よって、所有権を取得する前の日付をもって抵当権設定の登記はできないということになります。

　それでは、将来所有権を取得する予定の不動産についての抵当権の設定契約はどうかというと、それは可能であり、その場合には抵当権者が所有権を取得したときに契約が成立すると考えます（『登記研究』141号質疑応答）。

Q107 登記申請 …借地権に対する抵当権設定登記の可否

借地権にも抵当権設定の登記は可能でしょうか。

　借地権とは、一般的には建物の所有を目的とする地上権または土地の賃借権をいいます（借地借家法2条）。

　抵当権は、登記、登録などの可能なものについてのみ設定できます。また、法律によって認められたものに限ります（民法175条）。具体的には、民法369条によって不動産と地上権、永小作権が認められています。そのほかでは、登記した船舶（商法686条、848条）、製造中の船舶（同法851条）、各種財団抵当法による財団、立木ニ関スル法律2条による立木などがあります。

　したがって、借地権の内容が地上権であれば、地上権に対しての抵当権設定は可能です。しかし、それが土地の賃借権をいうのであれば、それは不可と言わざるを得ません。

Q108 登記申請 …「元本債権と利息債権」の登記の可否

保証委託契約による求償債権を担保するための抵当権の設定登記を申請する場合、債権額の内訳として、「元本債権及び利息債権」を登記することは可能でしょうか。

　可能と考えます。

　保証人の求償債権および保証料債権を担保する抵当権の設定登記において、債権額の内訳として「求償債権及び保証料債権」がある場合には、これらの内訳を登記する必要はなく、「債権額金何円」とのみ登記すればよいものとされています（『登記研究』427号質疑応答）。これは、保証料債権は、一般的には保証契約の中で、むしろ付随的なものとして位置づけられており、あえて独立させて表示するまでもないものと考えられるからです。

　一方、元本および利息を合計した総額を被担保債権として抵当権を設定することは可能であり、この場合には、その合計額を債権額として記載し、「元本債権金何円、利息債権金何円」と内訳を記載すべきものとされています（昭和36年3月25日民甲第676号民事局長通達（『登記研究』167号））。そして、利息については、将来発生する分でも差し支えないとされています。

　ところで、保証委託契約において、保証人の求償債権が発生した場合、保証人が弁済した日以後の法定利息を請求することができるのであり（民法459条2項）、また、利息債権は保証料債権のように付随的なものではなく、そして将来発生するものでも差し支えないわけですから、ご質問のように、債権額の内訳として「元本債権と利息債権」を登記することは可能であると考えます。

Q109 登記申請 …抵当権付き債権を目的とする根質権設定登記の可否

抵当権付き債権を目的として根質権設定の登記をすることはできますか。

　可能とされています（平成4年5月13日民三第2310号民事局長通達（『登記研究』537号））。

　質権とは、債権の担保として債務者または第三者から受け取った物を占有し、かつ、その物について他の債権者に先立って自己の債権の弁済を受けることができる担保物権です（民法342条）。

　商取引においては、一定の継続的取引を担保するため、一定の額（極度額）まで担保することを決めて担保権を設定することがあります。通常は抵当権が利用され、それを「根抵当権」といいますが、質権が利用されることもあります。これを「根質権」といいます。

　質権は、譲り渡すことができない物をその目的をすることができませんが（同法343条）、不動産、所有権以外の財産権もその対象となります（同法356条、362条）。

　債権質の目的となるには、その債権が財産的な価値を持ち、譲渡可能なものでなくてはなりません。そして、その被担保債権は将来の特定のものでもよいし、将来発生する不特定の債権の担保のために、あらかじめ設定されることも有効とされています。また、抵当権付き債権の質入れの効力は、質入れされた債権を担保している抵当権にも及ぶことになります。

　以上のことから、抵当権付債権を目的とする根質権の設定は認められるし、その登記も可能と考えられています。

記録例

権　利　部　（乙区）		（所有権以外の権利に関する事項）	
順位番号	登記の目的	受付年月日・受付番号	権利者その他の事項
1	抵当権設定	○○年○月○日 第○号	（省略）
付記1号	1番抵当権の債権根質入	○○年○月○日 第○号	原因　○○年○月○日設定 極度額　金1億円 債権の範囲　銀行取引 　　手形債権　小切手債権 債務者　○市○町○番○号 　　甲野太郎 根質権者　○市○町○番○号 　　株式会社乙銀行

変 更

第7章
設定
変更
抹消

Q110 登記申請 …抵当権の債務者変更登記と印鑑証明書添付の要否

抵当権の債務者の変更または債務者の表示変更の登記の場合には印鑑証明書の添付が必要ですか。

必要ありません。

令16条によると、申請人またはその代表者もしくは代理人は、規則48条で定める場合を除いて、申請情報を記載した書面に記名押印し、印鑑証明書を添付しなければならないとされています。規則48条で定める例に該当しない例として、所有権の登記名義人が登記義務者となる権利に関する登記（規則47条3号イ(1)）があり、本問も所有権の登記名義人が登記義務者として登記を申請する場合ですから、形式的には当然に同条の規定により印鑑証明書の提出を要する事案のように考えられます。しかし、抵当権の場合の債務者の変更（債務引受等）は、権利に消長をきたす内容の変更ではなく、かつ、直接所有権の得喪変更にも影響するものではないので、登記義務者の印鑑証明書の添付は不要とされています（規則47条3号イ(1)カッコ書）。

Q111 登記申請 …抵当権の債務者を更正する方法

A・B共有名義の不動産に債務者Aとして抵当権を設定しましたが、本当はA・Bの連帯債務だったので、更正の登記をしたいと考えています。どうすればよいのでしょうか。

登記権利者を抵当権者、登記義務者を不動産の所有権の登記名義人A・Bとして、抵当権の更正登記を申請します。

添付情報は、登記原因証明情報、登記識別情報、申請人が会社法人等番号を有する法人の場合には会社法人等番号です。登記義務者の印鑑証明書の添付は不要です（規則47条3号イ(1)カッコ書）。登録免許税は、不動産の個数1個につき1,000円となります。

申請書例

```
            登 記 申 請 書

登記の目的     抵当権更正
更正すべき登記  ○○年○月○日受付　第○号
原　　因       錯誤
更正後の事項    連帯債務者
              ○市○町○番○号
                A
              ○市○町○番○号
                B
権　利　者     ○市○町○番○号
                C
義　務　者     ○市○町○番○号
                A
              ○市○町○番○号
                B
（以下省略）
```

記録例

権利部（乙区）		（所有権以外の権利に関する事項）	
順位番号	登記の目的	受付年月日・受付番号	権利者その他の事項
1	抵当権設定	○○年○月○日 第○号	（省略） 債務者　○市○町○番○号 　　　　　A 抵当権者　○市○町○番○号 　　　　　C
付記1号	1番抵当権更正	○○年○月○日 第○号	原因　錯誤 連帯債務者 　○市○町○番○号 　　A 　○市○町○番○号 　　B

第7章　設定／変更／抹消

▶ 連帯債務

　連帯債務は、たとえば、A・Bが債権者から1,000万円の融資を受け、その弁済について2人が連帯債務者となった場合には、A・Bは各自1,000万円を弁済する義務を負い、そのうちの1人Aが1,000万円を弁済すればBは債務を免れる多数当事者の債務です。ただし、連帯債務者内部では、その中の1人または数人だけが負担する場合もあります。たとえば、Aの負担部分は600万円、Bの負担部分は400万円とされている場合です。債権者が連帯債務者の1人に対してその債務を免除したときは、その債務者の負担部分についてのみ他の債務者の利益のためにもその効力を生じ、その負担部分だけは他の債務者も債務を免れることができます（民法437条）。したがって、Bに対して債務免除をした場合には、Bの負担部分が減額になるのが原則です。ただし、債権者が債務者の内部の負担部分を知っているとは限らないし、単にBに対しては請求をしない、という趣旨の場合もあります。その場合には、債権者は、Aに対して1,000万円の請求をすることができます。したがって、連帯債務者の1人に対して債務免除があったとしても、ただちに債権額の変更登記をしなければならないというものではありません。もちろん、債権額に変更が生じる場合には、その旨の登記をすることはできます。

〔Q111〕登記申請　…抵当権の債務者を更正する方法

Q112 登記申請 …債務免除による債務者の変更

A・B共有名義の不動産に、連帯債務者A・Bで抵当権を設定しましたが、債務免除によって債務者をAの1人にしたいと考えています。どのようにすればよいでしょうか。

抵当権者が登記権利者、所有権の登記名義人A・Bが登記義務者となって、「債務免除」を登記原因とする抵当権変更の登記をすることになります（『登記研究』402号質疑応答）。

添付情報は、登記原因証明情報、登記識別情報、申請人が会社法人等番号を有する法人の場合には会社法人等番号です。登記義務者の印鑑証明書の添付は不要です（規則47条3号イ(1)カッコ書）。登録免許税は、不動産の個数1個につき1,000円となります。

申請書例

```
            登 記 申 請 書

登記の目的      抵当権変更
変更すべき登記   ○○年○月○日受付 第○号
原    因       ○○年○月○日債務免除
変更後の事項    債務者
              ○市○町○番○号
              A
権 利 者       ○市○町○番○号
              C
義 務 者       ○市○町○番○号
              A
              ○市○町○番○号
              B
（以下省略）
```

記録例

権利部（乙区）		（所有権以外の権利に関する事項）	
順位番号	登記の目的	受付年月日・受付番号	権利者その他の事項
1	抵当権設定	○○年○月○日 第○号	（省略） <u>連帯債務者</u> 　○市○町○番○号 　<u>A</u> 　○市○町○番○号 　<u>B</u> 抵当権者　○市○町○番○号 　　　　　C
付記1号	1番抵当権変更	○○年○月○日 第○号	原因　○○年○月○日債務免除 債務者 　○市○町○番○号 　A

第7章

設　定

変　更

抹　消

〔Q112〕登記申請　…債務免除による債務者の変更

Q113 登記申請 …取扱店が変更した場合

抵当権者の銀行の取扱店が変更しましたが、その登記の申請書の書き方を教えてください。

取扱店の変更および追加は、登記名義人表示変更登記の取扱いに準じて処理されます（昭和36年9月14日民甲第2277号民事局長回答（『登記研究』170号））。したがって、申請は、抵当権者である当該銀行の単独申請になります。添付情報は、登記原因証明情報（令別表の23の項添付情報欄）、会社法人等番号、代理権限証明情報等であり、登録免許税は、不動産1個につき1,000円となります。

申請書例

```
              登 記 申 請 書

登記の目的     抵当権変更
変更すべき登記  ○○年○月○日受付 第○号
変更後の事項   取扱店 日本橋支店
申 請 人      ○市○町○番○号
              株式会社　○○銀行
              （会社法人等番号　1234－56－789011）
              代表取締役　○○○○
  連絡先の電話番号　○○○－○○○－○○○○

添付情報　登記原因証明情報　会社法人等番号　代理権限証明情報
     （以下省略）
```

※原因およびその日付は記載しません。

Q114 登記申請 …外貨債の抵当権の債権額の変更の可否

外貨債の抵当権の債権額（米ドル貨）を円貨に変更したいのですが、可能ですか。可能な場合、その登記手続についても教えてください。

可能と考えます。

外国の通貨をもって債権額を指定した債権の担保として質権もしくは転質または抵当権の登記を申請する場合においては、申請書にその外貨表示の債権額のほか、日本の通貨をもって表示した「担保限度額」を記載することとされています（法83条1項5号、令別表の55の項申請情報欄イ）。

担保限度額として日本円に換算した金額を併記する趣旨は、外国の通貨をもって債権額が指定されてあっても、その履行地が日本国内であれば債務者は履行地における為替相場により日本の通貨で弁済することができる（民法403条）ことから、配当時に適用される為替換算率がいくらになるか予想できないために、担保される債権額に邦貨額を併記して外貨債の担保権者が優先弁済を受ける金額を公示することにしたものです。すなわち、外国金銭債権であっても、債権額を指定するには外国通貨をもってしたに過ぎず、外国通貨自体の給付が明示的に条件とされていない限り、債務者は日本の通貨をもって弁済できるのであり、単に債権額の指定を米ドル貨から円貨に変更するだけであれば、被担保債権の同一性は失われないものと考えられます。したがって、ご質問の変更登記申請は可能であると考えます。

登記の申請手続は、次のようになります。

申請人：抵当権の変更登記は、抵当権者と所有権の登記名義人の共同申請によるのが原則です。ご質問の場合、担保限度額を増減させる等の変更ではないため明確ではありませんが、当該登記を実行すれば利益を受けると判断される人は抵当権者と考えられますので、抵当権者を登記権利者、所有権の登記名義人を登記義務者とするのが相当です。

登記原因：被担保債権の債権額（米ドル貨）を円貨に変更する実態は、債権額の指定の変更ですので、「〇〇年〇月〇日債権額指定の変更」とするのが相当とされています（『登記先例解説集』36巻1号・101頁・きんざい）。

承諾書の要否：担保限度額には、民法375条1項本文の「抵当権者は、利息その他の定期金を請求する権利を有するときは、その満期となった最後の2年分についてのみ、その抵当権を行使することができる。」という規定の適用がないと解されているので（『登記研究』210号質疑応答）、優先弁済を受ける範囲は担保限度額を超えることができないが、その範囲内であれば、元本と利息、遅延損害金のすべてを担保限度額まで優先弁済を受けることができると解されています。

　したがって、担保限度額をそのまま「債権額」と変更すれば、民法375条が適用されるため、優先弁済権の範囲が増加することになりますので、登記上の利害関係を有する第三者があるときは、その登記名義人の承諾書またはこれらの者に対抗することのできる裁判の謄本を添付した場合および当該第三者がいない場合に限り付記登記によってすることができます（法66条、令別表の25の項添付情報欄ロ）。そうでない場合には主登記によってします。

記録例

権　利　部　（乙区）		（所有権以外の権利に関する事項）	
順位番号	登記の目的	受付年月日・受付番号	権利者その他の事項
1	抵当権設定	○○年○月○日 第○号	原因　○○年○月○日金銭消費貸借同日設定 債権額　米貨金○万ドル 担保限度額　金○万円 利息　○% 損害金　年○% 債務者　○市○町○番○号 　　　　甲　某 抵当権者　○市○町○番○号 　　　　乙　某
付記1号 （※）	1番抵当権変更	○○年○月○日 第○号	原因　○○年○月○日債権額指定の変更 債権額　金○万円

※登記上の利害関係人が存する場合には、その人が承諾したことを証する情報を提供したときに限り、付記登記によります。

Q115 登記申請 …債権者の交替による更改を行った場合

抵当権の被担保債権について、債権者を変更する更改契約に基づく抵当権の名義人交替の登記手続は、変更登記によるべきでしょうか、あるいは移転登記によるべきでしょうか。
変更登記とした場合、利息・損害金の利率を従前より高くできるでしょうか。また、登記申請人は誰になるでしょうか。

　抵当権の変更登記によります。
　更改とは、既存の債権関係の当事者がその債務の要素を変更することによってその債務を消滅させ、新たな債権を成立させる契約をいいます（民法513条1項）。債務の要素の変更には、債務者の交替（民法514条）、債権者の交替（同法515条）、目的の変更などがあります。これらの変更は債権譲渡、債務引受によっても実現され、いずれも債務の同一性を失わないで債務の要素を変更することができますが、更改は新債務が成立すると旧債務が消滅するため債務の同一性が失われることから現在ではあまり利用されていません。
　更改の当事者は、その債務の担保として設定された質権または抵当権を更改後の債務に移すことができますが、それは更改前の債務の目的の限度においてですので（同法518条）、更改後の債権は旧債務の範囲内を限度とせざるを得ず、利息・損害金の利率を従前より高くすることはできないものとされています。
　更改によって旧債務の担保として設定されていた質権または抵当権は更改後の債務に移されますが、その登記は変更登記によってされます（法66条）。
　登記権利者は旧債権者（抵当権者）、登記義務者は所有権の登記名義人となり、新債権者は申請人とはなりません（香川保一編『全訂不動産登記書式精義　中』352頁・テイハン）。

記録例

権利部（乙区）		（所有権以外の権利に関する事項）	
順位番号	登記の目的	受付年月日・受付番号	権利者その他の事項
1	抵当権設定	○○年○月○日第○号	原因　○○年○月○日金銭消費貸借同日設定 債権額　金○万円 利息　年○％ 債務者　○市○町○番○号 　　　　乙某 抵当権者　○市○町○番○号 　　　　甲某
付記1号	1番抵当権変更	○○年○月○日第○号	原因　○○年○月○日債権者更改による新債務担保 債権額　金○万円 利息　年○％ 抵当権者　○市○町○番○号 　　　　A株式会社

第7章

設　定

変　更

抹　消

〔Q115〕登記申請　…債権者の交替による更改を行った場合

抹 消

Q116 登記申請 …代物弁済により抵当権を抹消する場合

抵当権者が代物弁済により所有権を取得したため、代物弁済された債権にかかる当該抵当権を抹消する場合、登記原因は「混同」でよいでしょうか。

　代物弁済によって被担保権が消滅し、それにともない当該抵当権も消滅したのですから、登記原因は「代物弁済」とするのが相当です（『登記研究』270号質疑応答）。登記原因の日付は、代物弁済が行われた日です。

申請書例

```
　　　　　　　　　登 記 申 請 書

登記の目的　　　抵当権抹消
原　　因　　　　○○年○月○日代物弁済
抹消すべき登記　　○○年○月○日受付　第○号
権利者兼義務者　　○市○町○番○号
　　　　　　　　　　法 務 太 郎　㊞
　連絡先の電話番号　○○○－○○○－○○○○
添付情報　　登記原因証明情報　　登記識別情報
　（以下省略）
```

なお、抵当権者が代物弁済ではなく、売買により所有権を取得したのであれば、当該抵当権の抹消の登記原因は「混同」であり、その日付は所有権を取得した日となります。

Q117 登記申請 …「混同」による抹消を行う場合

「混同」を登記原因として抵当権を抹消する場合にも、登記義務者の権利に関する登記識別情報の提供は必要ですか。

　登記識別情報の提供を要します。
　混同によって抵当権設定登記を抹消する場合には、登記権利者と登記義務者が同一人物となりますが、その場合でも、登記義務者の権利に関する登記識別情報の提供が必要とされています（平成2年4月18日民三第1494号民事局長通達（『改訂先例・通達集』184頁、『登記研究』510号））。
　なお、登記原因証明情報の添付については、混同であることは登記記録上明らかなため、不要とされています（『登記研究』690号質疑応答）。

Q 118 登記申請 …設定者が異なる抵当権を抹消する場合

A所有の甲不動産とB所有の乙不動産が同一債権のために共同担保として設定されています。抹消登記を申請しようと思うのですが、同一の申請書で申請できますか。

甲不動産	乙不動産
抵当権者 X	抵当権者 X
所有者 A	所有者 B

　同一の申請書で申請できます。その場合の登記権利者はAおよびB、登記義務者は抵当権者Xとなります。この場合、A・Bは共有関係ではないので、AまたはBのどちらか一方から保存行為として申請することはできません。したがって、AおよびBが必ず一緒に申請することになります。

　申請書は、原則として登記の目的および登記原因に応じて、一つの不動産ごとに作成することになっています。ただし、同一の登記所の管轄区域内にある二つ以上の不動産について申請する登記の目的ならびに登記原因およびその日付が同一であるとき、その他、規則35条で定める場合はこの限りでないとされています（令4条）。

　規則35条10号では、同一の登記所の管轄区域内にある二つ以上の不動産について申請する登記が、同一の債権を担保する先取特権、質権または抵当権（根抵当権を含む）に関する登記であって、登記の目的が同一であるときは、同一の申請書で申請することができるとされています。したがって、本問のように共同抵当権の場合には、設定者が相違しても同一の申請書で抹消登記が申請できます。

Q119 登記申請…抵当権設定者の不動産に破産の登記がされている場合

抵当権設定者の不動産に破産手続開始決定の登記がされている場合の抵当権の抹消登記の申請は、破産管財人と抵当権者による共同申請でよいのでしょうか。

　破産管財人と抵当権者による共同申請は可能です。なお、本問は、破産者である抵当権設定者の不動産に破産手続開始の登記がされているということなので、破産者が個人の場合ですが（破産法258条1項）、破産者が法人の場合も同様です。

　破産手続が開始されると破産者の有していた財産の管理処分権は破産管財人に専属しますので、ご質問の場合には、破産管財人と抵当権者によって抵当権の抹消登記を申請することになります。その場合、破産管財人の選任を証する書面（破産規則23条3項）として、破産者が個人の場合には裁判所の破産管財人選任証明書（作成後（3か月以内のもの）『登記研究』529号質疑応答）、破産者が法人の場合には破産管財人の事項が記録されている当該法人の登記事項証明書または会社法人等番号（破産法257条2項参照）を提供します。あとは、通常の抵当権抹消登記の手続きと相違しません。

▷ 破産法257条（法人の破産手続に関する登記の嘱託等）2項の定め

前項の登記（※法人である債務者について破産手続開始の決定があったときに、裁判所書記官が職権で行う破産手続開始の登記）には、破産管財人の氏名又は名称及び住所、破産管財人がそれぞれ単独にその職務を行うことについて第76条第1項ただし書の許可があったときはその旨並びに破産管財人が職務を分掌することについて同項ただし書の許可があったときはその旨及び各破産管財人が分掌する職務の内容をも登記しなければならない。

申請書例

登 記 申 請 書

登記の目的	抵当権抹消
原　　　因	○○年○月○日放棄
抹消すべき登記	○○年○月○日受付　第○号
権　利　者	○市○町○番○号
	法　務　太　郎
	破産者法務太郎破産管財人
	○市○町○番○号
	何　　　某
義　務　者	○市○町○番○号
	株式会社　Ａ
	（会社法人等番号　1234－56－789012）
	代表取締役　何　　某
添　付　情　報	登記原因証明情報　　登記識別情報
	代理権限証明情報　　会社法人等番号

○○年○月○日申請　○法務局○出張所

代　理　人	○市○町○番○号
	何　　　某　㊞
	連絡先の電話番号　○○○－○○○－○○○○
登録免許税	金○,000円

不動産の表示
　（以下省略）

Q120 登記申請 …清算結了した会社の清算結了前に消滅した抵当権の抹消

株式会社を解散して清算結了した会社ですが、清算結了前に消滅した会社を抵当権者とする抵当権の登記がまだ残っていました。抹消登記の手続きについて教えてください。元の清算人はいます。

当時の清算人を登記義務者の代表者とし、所有権の登記名義人を登記権利者として、共同で抵当権の抹消登記を申請することができます（『登記研究』151号質疑応答）。

なお、代表清算人が死亡している場合には、他の清算人と所有権の登記名義人とで申請することができます。もし、ほかに清算人がいなければ、株主総会を開催して新たに清算人を選任します（会社法478条1項3号）。この場合に、株主総会において選任することが困難であるときは、利害関係人の請求によって裁判所が清算人を選任します（同条2項、『登記研究』38号質疑応答）。

▶ 清算人の就任（会社法478条1項）

次に掲げる者は、清算株式会社の清算人となる。
① 取締役（次号又は第3号に掲げる者がある場合を除く。）
② 定款で定める者
③ 株主総会の決議によって選任された者

Q121 登記申請
…設定者の死亡以前に消滅した抵当権の抹消

父は、銀行を抵当権者とする抵当権設定登記をしていましたが、亡くなる前に債務を弁済し、抵当権は消滅しています。この抵当権抹消の登記の申請はどのようにすればよいでしょうか。なお、相続による所有権移転登記はまだしていません。

　本来ならば相続による所有権移転の登記をした後に抹消登記をするのが望ましいのですが、何らかの理由で相続登記をすることができない場合もあります。この場合、登記権利者が登記の申請人となることができる場合において、当該権利者について相続があったときは、その相続人は当該権利に関する登記を申請することができます（法62条）。

　本問の場合は、相続が開始する前に抵当権が消滅していますので、相続による所有権移転の登記をすることなく、相続人と抵当権者によって抹消登記の申請をすることができます（同条）。この場合、通常の抹消登記に必要な書面のほかに相続を証する書面を添付します（令7条5号イ）。

(1) **相続人が複数の場合**

　　相続人が複数いる場合には、相続人の1人が保存行為として、抵当権の抹消登記の権利者として申請することができます（民法252条ただし書）。その場合、申請人の表示は、相続人が数名いる場合でも実際に申請する相続人のみを記載すれば足ります。

(2) **相続を証する情報**

　　相続を証する情報は、被相続人が死亡した旨の記載のある戸籍

事項証明書（戸籍謄本または抄本）、登記記録上の人物と戸籍上の人物が同一人物であることを証明するために住民票の除票の写しまたは戸籍の附票の写し（ただし、登記記録上に記録されている被相続人の住所が本籍と同一の場合には不要）、申請人となる人が相続人であることを証明するためにその人の相続開始後に発行された戸籍事項証明書（戸籍謄本または抄本）および住所が本籍と異なる場合は、その相続人の住民票の写しを添付します。通常の相続登記に必要な、ほかに相続人のいないことの証明書としての被相続人に関する除籍謄本、他の相続人の戸籍事項証明書（戸籍謄本または抄本）の添付は不要です。

(3) **住所変更がある場合**

　登記名義人である被相続人の住所が変更をしている場合、抹消登記の前提として住所変更の登記を要するかどうかですが、住所変更を要するものと考えます。住所または氏名の変更を省略できる例として、相続による所有権移転登記の場合の被相続人の氏名変更（明治33年4月28日民刑第414号）、抵当権等の抹消登記をする場合における登記義務者の住所変更（昭和31年9月20日民甲第2202号（『登記研究』107号）、昭和31年10月17日民甲第2370号（『登記研究』108号））などがあります。

　登記の実務においては、抵当権の抹消登記の前に所有権の登記名義人の住所が変更している場合には、住所変更をしなければならないとされています（『登記研究』355号質疑応答）。登記は、時間の経過を追って事実を登記するのが原則ですので、本問のように登記権利者となるべき人が死亡している場合にも住所変更の登記を省略することはできません。

申請書例

```
              登 記 申 請 書

登記の目的     抵当権抹消
原　　因      ○○年○月○日弁済
抹消すべき登記  ○○年○月○日受付　第○号
権　利　者    ○市○町○番○号
            （亡）法 務 健 二
    上記相続人⁽注⁾○市○町○番○号
            法 務 太 郎
義　務　者    ○市○町○番○号
            株式会社　Ａ
            （会社法人等番号　1234－56－789011）
              代表取締役　何　某
添付情報   登記原因証明情報　登記識別情報　相続を証する情報
          代理権限証明情報　会社法人等番号

○○年○月○日申請　○法務局○出張所

権利者兼義務者の代理人
            ○市○町○番○号
            法 務 太 郎 ㊞
            連絡先の電話番号　○○○－○○○－○○○○

登録免許税　金○,000 円

不動産の表示
    （以下省略）
```

（注）　法62条の規定により登記を申請するときは、申請人が登記権利者、登記義務者または登記名義人の相続人その他の一般承継人である旨を記載します（令3条11号ロ）。

Q122 登記申請 …設定者の死亡後に消滅した抵当権の抹消

父の名義であった不動産に抵当権を設定していましたが、父が死亡した後も相続による所有権移転登記をしませんでした。今般、私がローンの返済をして無事ローンの返済が終わりましたので、この抵当権を抹消したいと思いますが、どのような手続きが必要でしょうか。

　相続による所有権移転登記をした後、抵当権者とともに抵当権抹消登記の申請をします。

　抵当権が消滅したのは相続が開始した後ですので、当該抵当権を抹消する権利は相続人にあり、被相続人であるお父さまにはありません。すなわち、お父さまには抵当権設定登記を抹消する権利はないということです。したがって、本問の場合には、法62条の適用はありません。また、登記は、事実の経過について時間を追ってするのが原則ですので、抹消登記の前提として相続による所有権移転登記をしなければなりません（『登記研究』661号質疑応答）。

　なお、共有者の1人が死亡した場合はQ123を参照してください。

Q123 登記申請　…共有者の死亡と抹消手続

兄（A）とわたし（B）の共有名義の不動産に、金融機関から融資を受けるために抵当権を設定していました。兄の死亡後もローンの返済はわたしが行い、返済も無事終了したので、この抵当権を抹消したいと思いましたが、兄の相続登記をしなければ抹消登記はできないと言われましたが本当でしょうか。兄には相続人がいますが、相続の話はなかなかまとまらないようです。

　お兄さまの相続登記をすることなく、あなたと抵当権者が共同して抹消登記を申請することができると考えます。

　所有権の登記名義人が死亡した後に抵当権が消滅した場合には、相続による所有権移転登記をした後に抹消登記をするのが原則です（Q122参照）。しかし、本問の場合は、あなたは当該不動産の共有者ですから抵当権設定登記の抹消請求権を有しています。共有不動産に設定されている抵当権を抹消する場合には、共有者の1人から保存行為（民法252条ただし書）として登記申請ができることから、あなたと抵当権者とで共同でして抹消登記を申請できるものと考えます。すなわち、申請人とならない他の共有者は相続登記をしなくてもかまわないということです。その場合、申請書には登記権利者としてお兄さまとあなたの住所氏名を記載しますが、あなたが申請人となりますので、あなたの肩書きとして申請人である旨を記載してください。お兄さまの住所氏名は登記記録のとおりに記載します。

例

```
登記権利者    ○市○町○番○号
（申請人）     B
             ○市○町○番○号
              A
```

Q124 登記申請…抵当権設定登記の抹消登記申請手続と代理権の不消滅

金融機関から融資を受けて抵当権を設定していました。2年前に全額返済し、抵当権設定登記の抹消登記に必要な書面の交付を受けましたが、抹消登記の申請を忘れていました。当時の委任状等を添付して抵当権設定登記の抹消登記の申請をすることはできますか。抵当権者の代表者は現在変更されています。

代理権は消滅しませんので、通常の抹消登記に必要な登記原因証明情報、登記識別情報のほかに当時の委任状および当該法人が会社法人等番号を有する法人であるときは、当該法人の会社法人等番号を提供すれば（令7条1項1号イ）、抹消登記の申請はできます。この場合には、申請情報（申請書）に当該代表者の代表権が消滅した旨を明らかにしなければなりません。もし、会社法人等番号によって当該代表者の資格を確認することができないときは、その資格を確認することができる登記事項証明書を提供しなければなりません

（平成27年10月23日民二第512号民事局長通達2、(5)、ア（『改訂先例・通達集』57頁））。しかし、実際には、再度、金融機関から抹消登記に必要な書面の交付を受けて、現在の代表者から申請しているのが一般的ですから、抵当権者である金融機関に相談するとよいでしょう。

⑴　登記の申請は代理人による申請も認められており（令3条3号）、その場合には登記の申請書には代理権限を証する書面（委任状等）を添付するものとされていますが（令7条1項2号）、代理権は、本人の死亡、代理人の死亡または代理人が破産手続開始の決定もしくは後見開始の審判を受けたこと、委任による代理権は、以上のほか委任の終了により消滅するものとされています（民法111条）。委任は、委任者または受任者の死亡、委任者または受任者

が破産手続開始の決定を受けたこと、受任者が後見開始の審判を受けたことにより消滅します（同法653条）。

ただし、不動産登記法においては、①本人の死亡、②本人である法人の合併による消滅、③本人である受託者の信託に関する任務の終了、④法定代理人の死亡またはその代理権の消滅もしくは変更によっては、委任による代理人の権限は消滅しないとしています（法17条）。

法定代理人が登記申請の委任者である場合においても代理権不消滅の規定が適用されますが、この場合の法定代理人の中には法人の代表者も含まれるとされています（平成5年7月30日民三第5320号民事局長通達の記第2の1（『改訂先例・通達集』70頁））。法人が代表者からの委任による代理人によって登記を申請する場合には、当該代表者の作成した委任状を添付しますが、そのほかに、当該法人が会社法人等番号を有する法人であるときは、当該法人の会社法人等番号を提供します。

(2) 登記権利者と登記義務者が共同して申請をしなければならない権利に関する登記において、登記義務者たる法人の代表者が更迭された場合に、その委任による登記申請のための代理人の代理権が消滅するとなると登記権利者の利益が害されることになります。他方、登記義務者たる法人の現在の代表者にとっては、旧代表者が負担していた登記申請義務を承継しているわけであり、新たな登記申請義務を負担するわけではありません。また、当該法人が登記権利者の場合は、当該法人を登記名義人とする登記がなされるだけであり、当該法人にとって特段の不利益があるとは考えられません。

(3) このようなことから、申請書に添付された登記申請の代理権限を証する書面の作成名義人である法人の代表者が現在の代表者でないときでも、提供された会社法人等番号によって当該代表者が

代表権限を有していたことを明らかにすることができるならば、当該代表者の代理権限を証する情報として取り扱うことができるとされています。

(4) 代理人は、代表者の代理権限が消滅した旨を明示することとされています。その理由は、申請書に添付されている添付情報（委任状）の適格性を明示させるということです。

(5) 申請書作成の段階で若干の問題点があります。申請人が法人であるときは、申請書にはその代表者の氏名を記載することとされていますが（令3条2号）、法人の代表者として誰の氏名を記載するのか、また、現在の代表者の資格証明書の添付は要するのか、という問題です。

東京法務局の取扱いでは、申請書には現在の代表者の氏名を記載することとなっていますが、この取扱いには疑問があります。委任状を作成して、登記申請に必要な添付情報を代理人に交付した後では、現在の代表者が当該登記申請に関わることはないのであるし、添付情報にも現在の代表者の氏名は記載されていないことから、現在の代表者が当該申請行為には何ら関わっていないことがわかります。したがって、申請書には当該登記申請に関わった代表者である旧代表者の氏名を記載すべきと考えます。もし、現在の代表者の氏名を記載しなければならないと考えた場合には、現在の代表者が複数いる場合には誰の氏名を記載すればよいのだろうかという新たな疑問が生じます。

第7章 抵当権の登記

申請書例

登　記　申　請　書

登記の目的　　抵当権抹消
原　　　因　　〇〇年〇月〇日解除
抹消すべき登記　〇〇年〇月〇日受付　第〇号
権　利　者　　〇市〇町〇番〇号
　　　　　　　　法　務　太　郎
義　務　者　　〇市〇町〇番〇号
　　　　　　　　株式会社　A
　　　　　　　　（会社法人等番号　1234－56－789012）
　　　　　　　　代表取締役　何　某（注1）
添付情報　　登記原因証明情報　登記識別情報　代理権限証明情報
　　　　　　会社法人等番号

登記義務者の代表者の代表権限は消滅していますが、代表権限を有していた時期は〇〇年〇月〇日から〇〇年〇月〇日です。（注2）

〇〇年〇月〇日申請　〇法務局〇出張所

権利者兼義務者の代理人
　　　　　〇市〇町〇番〇号
　　　　　　法　務　太　郎　㊞
　　　　　連絡先の電話番号　〇〇〇－〇〇〇－〇〇〇〇

登録免許税　金〇,000円

不動産の表示
　　（以下省略）

（注1）　東京法務局の取扱いでは現在の代表者の氏名を記載すべきとされています。
（注2）　代表権限が消滅した旨および代表権限を有していた時期を明らかにします（平成5年度首席登記官会同における質疑第2、2、『民事月報』平成6年49巻号外286頁）。

〔Q124〕登記申請　…抵当権設定登記の抹消登記申請手続と代理権の不消滅

平成5年度首席登記官会同における質疑(抜粋)

第二
二 代表権限が消滅した旨及び代表権限を有していた時期を明らかにする趣旨等

11 関係通達[注1] 第2、1、ア「…代理権限が消滅した旨及び当該代表者が代理権を有していた時期を明らかにし…」とあるが、具体的にどのような方法によるのか。
回答:申請書等において代表者の代理権限の消滅事由及び年月日を明示すべきである。

12 関係通達第2、1、ア「登記申請の代理人が当該代表者の代理権限が消滅した旨及び当該代表者が代表権限を有していた時期を明らかにし」とあるが、登記簿、閉鎖登記簿等で代表権が確認できるので、書面の提出は不要と思われるがどうか。
回答:申請書等に明示すべきである。
　なお、閉鎖された役員欄の登記用紙については、一定限度で細則第44条ノ8の取扱いを認めるものである。

13 「…当該代表者が代表権限を有していた時期を明らかにし…」とあるが、その時期を明らかにしない場合であっても、添付書面等により登記官が確認できるため、当該申請を却下することはできないと考えるがどうか。
回答:却下事由(法49条8号[注2])に該当するものと考える。
(以下省略)

(注1) 平成5年7月30日民三第5320号民事局長通達
(注2) 編注:現在の法25条9号と思われます。

> **Q125** 登記申請
> …供託書正本を添付してする抵当権抹消登記
>
> 先日、登記事項証明書を取り寄せたら、ふるい抵当権が残っていました。登記されている抵当権者がどこの人で、相続人がいるのか否か、親に聞いてもわかりません。このような場合には供託をすれば抵当権設定の登記は抹消できると聞いたのですが、手続きはどのようにすればよいのですか。

抵当権設定登記の抹消等の権利に関する登記の申請は、登記権利者および登記義務者が共同して登記の申請をするのが原則です（法60条）。

抵当権設定登記の抹消の登記義務者（抵当権者）の行方が知れないときは、登記権利者（所有権の登記名義人）は登記義務者と共同して抵当権設定登記の抹消登記の申請ができないことになります。

このような場合には、債権の弁済期より20年を経過し、かつ、申請書にその期間の経過した後に債権、利息および債務の不履行により生じた損害金の全額に相当する金銭を供託したことを証する書面を添付したときは、登記権利者のみでその登記の抹消を申請することができるとされています（法70条3項後段）。

提供する添付書面（添付情報）は、次のとおりです（令別表の26の項添付情報欄ニ）。

---

① 被担保債権の弁済期を証する情報
② ①の弁済期から20年を経過した後に当該被担保債権、その利息および債務不履行により生じた損害の全額に相当する金銭が供託されたことを証する情報（供託書正本）
③ 登記義務者の所在が知れないことを証する情報

---

① **被担保債権の弁済期を証する情報**

　抵当権設定の登記は、昭和39年改正法（昭和39年3月30日法律第18号）施行（昭和39年4月1日施行）の前後で取扱いが異なります。

　改正法施行前にされた抵当権設定の登記の場合は、債権の弁済期に関する定めがあれば弁済期の記載がありますから、この場合は、便宜この書面の添付を省略して差し支えないとされています。ただし、改正法施行前にされた抵当権設定の登記であっても、改正法施行後に移記または転写がされた場合は、弁済期の記載が省略されていますから、抹消する不動産の全部の閉鎖登記簿の謄本を添付する必要があります。また、当該抵当権設定の登記に当初から債権の弁済期の記載がない場合は、債権の成立の日（登記に債権成立の年月日の記載がない場合は、その抵当権の設定の日）が債権の弁済期となります。

　改正法施行後にされた抵当権設定の登記の場合は、債権の弁済期に関する定めがあっても、弁済期の記載がされないから、この場合は、債権者・債務者間で合意した金銭消費貸借契約書、弁済猶予証書を添付する必要があります。ただし、これらの書面が不存在の場合、または提出することができない場合は、弁済期についての債務者の申述書（印鑑証明書付き）でも差し支えないとされています（昭和63年7月1日民三第3456号民事局長通達第3の5（『改訂先例・通達集』189頁、『登記研究』487号））。

② **供託書正本**

　債権の弁済期から20年を経過した後に、債権、利息および損害金の全額に相当する金銭の供託をしたことを証する書面です。登記の申請人が供託をした場合に、供託書正本中に、抹消を申請する抵当権の登記の表示（不動産、債権および抵当権者の各表示）がなされているものは、登記原因証明情報としての適格を有しています。

債権とは、登記記録に記録されている債権額であり、登記記録の記録と異なる金額を供託することはできません。

利息および損害金の全額に相当する金銭とは、登記記録に利息および損害金の定めの記録がある場合は、債権の成立の日から弁済期までの利息および弁済期の翌日から供託をする日までの損害金の全額であり、債権成立の日の記載がない場合は、抵当権の設定の日から弁済期までの利息および弁済期の翌日から供託をする日までの損害金の全額です。債権成立の日をもって弁済期とする場合は、債権成立の日の1日分の利息と翌日から供託をする日までの損害金の全額となり、登記記録に利息の定めおよび損害金の定めのいずれの記録もない場合は、利息および損害金とも年6分の率により計算した利息および損害金の全額となります。

③ **登記義務者の所在が知れないことを証する情報**

登記義務者が自然人か法人かで異なります。

〈登記義務者が自然人の場合〉

登記義務者が知れないときとは、登記義務者である抵当権者の現在の所在も死亡の有無も不明の場合です。また、登記義務者が死亡したことはわかっているが、相続関係が不明な場合、相続人はわかっているが、その行方が不明な場合も含まれるものと解されています。この場合の書面としては、登記義務者が登記記録上の住所に居住していないことを市区町村長が証明した書面または登記義務者の登記記録上の住所に宛てた被担保債権の受領催告書が不到達であったことを証する書面（配達証明付き郵便）のほか、警察官が登記義務者の所在を調査した結果を記載した書面、または民生委員が登記義務者が登記記録上の住所に居住していないことを証する書面でも差し支えないとされています（昭和63年7月10日民三第3499号第三課長依命通知第1の1（『改訂先例・通達集』191頁、『登記研究』487号））。

しかし、実際には警察官や民生委員には証明書を発行する義務

がないため、これは、もしもそのような証明書が得られたならばそれでも差し支えない、という程度の意味と解すべきでしょう。

〈登記義務者が法人の場合〉

　登記義務者が法人の場合には、申請人が当該法人の所在地を管轄する登記所等において、調査した結果を記載した書面（申請人の印鑑証明書付き）で差し支えないとされています（前記昭和63年7月1日民三第3456号民事局長通達第3の4）。

　この調査書は、申請人（またはその委任を受けた第三者）が当該法人の登記簿上の所在地を管轄する登記所において、登記事項証明書の請求もしくは閉鎖登記簿の謄本もしくは抄本の交付またはこれらの登記簿の閲覧を申請したが、該当の登記簿または閉鎖登記簿が存在しないため、その目的を達することができなかった旨を記載した書面であることを要するとされています（前記昭和63年7月10日民三第3499号第三課長依命通知第1の2）。

　なお、この書面には、調査結果の信憑性を担保するために申請人の印鑑証明書を添付します。また、調査を第三者に委任した場合には、申請人が調査書のその旨を記載して、署名押印すべきものとされています（調査者の署明押印は不要です）。

(参考：後藤基『〔補訂版〕休眠担保権をめぐる登記と実務』新日本法規)

第7章 抵当権の登記

申請書例

```
　　　　　　　　　登　記　申　請　書

登記の目的　　抵当権抹消
原　　因　　○○年○月○日弁済（注）
抹消すべき登記　昭和23年8月26日受付　第○号
権　利　者　　○市○町○番○号
（申請人）　　　甲　某
義　務　者　　○市○町○番○号
　　　　　　　　乙　某
添付情報　　債権の弁済期を証する情報　　供託を証する情報
　　　　　　所在不明を証する情報　　代理権限証明情報
（以下省略）
```

(注)　登記原因は「弁済」であり、その日付は供託の効力が生じた日（供託金が払い込まれた日）です（昭和63年7月1日民三第3456号民事局長通達第3の6（『改訂先例・通達集』189頁、『登記研究』487号））。

〔Q125〕登記申請　…供託書正本を添付してする抵当権抹消登記

Q 126 登記申請 …休眠担保権抹消の場合の行方不明を証する書面

休眠担保権抹消登記申請書には、登記義務者の行方の知れないことを証する書面を添付しますが、配達証明付き郵便の場合に「宛名不完全」のスタンプ印のある封筒は、被担保債権の受領催告書が不到達であったことを証する書面に当たりますか。

封筒に登記記録上の住所が宛名として記載されている場合には、登記義務者の行方不明を証する書面とすることができます。

(1) 法70条3項後段の規定により、先取特権、質権または抵当権に関する登記の抹消を登記権利者が単独で申請するための要件は次のとおりです。

① 登記義務者が行方不明であること
② 被担保債権の弁済期から20年を経過していること
③ 申請書に債権の弁済期から20年を経過した後に債権、利息および債務の不履行によって生じた損害の全額に相当する金銭を供託したことの書面を添付すること

(2) いわゆる休眠担保の登記の抹消手続となる本特例の場合には、登記義務者の行方不明を証する書面を抹消登記申請書に添付しなければなりません（令別表の26の項添付情報欄ハ、ニ）。
　この書面は、登記義務者が自然人であるときは、登記義務者が登記記録上の住所に居住していないことを市区町村長が証明した書面または登記義務者の登記録上の住所に宛てた被担保債権の受領催告書が不到達であったことを証する書面で差し支えないとさ

れています（昭和63年7月1日民三第3456号民事局長通達第3の4（『改訂先例・通達集』189頁、『登記研究』487号））。

　この場合、通達に示された被担保債権の受領催告書が不到達であったことを証する書面は、配達証明付き郵便によることを要するとされています（昭和63年7月1日民三第3499号第三課長依命通知第1の1（『改訂先例・通達集』191頁、『登記研究』487号））。

(3)　現在の登記記録には、登記がされて長年月を経た担保権の登記が多数あり、その中には、明治・大正時代に登記された抵当権等もあります。したがって、抵当権者等の登記記録上の住所は区画整理、町名変更または住居表示の実施等により変更していることが明らかな場合があります。たとえば、登記義務者の住所が「何町何番邸」とか「何番屋敷」と登記記録に記録されている場合です。このような場合でも、被担保債権の受領催告書は、登記義務者の登記記録上の住所に郵送して差し支えないとされています（昭和63年度首席登記官会同質疑応答（『民事月報』平成元年44巻号外192頁、後藤基『〔補訂版〕休眠担保権をめぐる登記と実務』227頁・新日本法規））。その結果、「宛名不完全」のスタンプ印が押された場合には、その封筒は受領催告書が不到達であったことを証する書面に該当します。なお、「宛て所に尋ね当らず」のスタンプ印が押してある場合も同様です。

Q127 登記申請 …除権決定による抵当権抹消登記

債務を弁済したにもかかわらず抹消登記をしていない抵当権が登記記録上残っていますが、抵当権者の行方がわかりません。除権決定を得て抹消できると聞きましたので、その方法を教えてください。

非訟法99条に規定する公示催告の申立てをし（法70条1項）、非訟法106条1項に規定する除権決定を得て登記権利者が単独で抹消登記を申請することができます（法70条2項）。

(1) 登記義務者の行方が不明の場合には、登記権利者は、登記義務者に対して登記手続をすべきことを命ずる確定判決を得て、法63条1項の規定に基づき、単独で抹消登記を申請することができます。しかし、それよりも簡易な方法があります。それは、登記権利者が簡易裁判所に公示催告の申立てを行い、除権決定を得て、それに基づき抹消登記を単独で申請する方法です（法70条2項）。

公示催告の申立ては、公示催告に係る権利を有する人の普通裁判籍の所在地または不動産所在地の簡易裁判所にします（非訟法100条）。

公示催告の申立てがあると簡易裁判所は、一定の期間内に権利を申し出るべき旨の「公示催告」をして、この期間内に権利の届出がないときは、公示催告の申立てに係る権利につき失権の効力を生ずる旨の除権決定をします（非訟法106条1項）。公示催告の申立てにおいては、抹消の対象となる権利が実体法上存在せず、または消滅していることおよび登記義務者が行方不明であることなどについて証明することを要すると解されています。

(2) 法70条2項の規定により登記権利者が単独で抹消登記を申請する場合には、除権決定があったことを証する情報を申請書とあわせて提供します（令別表の26の項添付情報欄ロ）。具体的には、除権決定謄本を添付します。

申請書例

```
              登 記 申 請 書

登記の目的     抵当権抹消
原　　　因     ○○年○月○日弁済(注)
抹消すべき登記  昭和23年8月26日受付　第○号


権　利　者    ○市○町○番○号
（申請人）      甲　某
義　務　者    ○市○町○番○号
              乙　某


添付情報    除権決定書謄本    代理権限証明情報


○○年○月○日申請　○法務局○出張所


代　理　人    ○市○町○番○号
               法　務　太　郎　㊞
              連絡先の電話番号　○○○－○○○－○○○○


登録免許税    金○,000円


不動産の表示
   （以下省略）
```

(注)　抵当権の消滅した原因とその日付を記載します。除権決定がされた場合でも除権決定が登記原因とはなるわけではありません（新井克美『判決による不動産登記の理論と実務』416頁・テイハン）。

〔Q127〕登記申請　…除権決定による抵当権抹消登記

第8章
根抵当権の登記

根抵当権

Q128 極度額の増額

根抵当権の極度額の増額をしたいと考えていますが、同順位の根抵当権がある場合、同順位者の承諾は必要ですか。

　同順位者の承諾も必要になります。
　根抵当権者は、確定した元本ならびに利息、その他の定期金および債務の不履行によって生じた損害の賠償の全部について極度額を限度としてその根抵当権を行うことができますので（民法398条の3第1項）、その枠の変更である極度額の変更は重要な意義を持っています。そのため民法は、利害関係人の承諾がなければ極度額の変更を行うことができないものとしています（同条の5）。すなわち、利害関係人の承諾が変更契約の効力要件となっています。
　後順位の抵当権者その他の担保権者が利害関係人になることは問題ないと思いますが、それは他の根抵当権の極度額が増額されることにより、自己の弁済を受け取る取り分が減少する不利益を受けるおそれがあるからです。同順位の担保権者はどうかというと、やはり同順位の根抵当権の極度額が増額されると自己の弁済を受け取る取り分が減少するおそれがありますので、利害関係人に当たり、承諾書が必要と考えます。

Q129 債権の範囲の変更

確定前の根抵当権を全部譲渡して、譲渡人の債権も当該根抵当権で担保させる方法としての債権の範囲を変更する場合の登記申請書の書き方を教えてください。

全部譲渡は、根抵当権の確定前でなくてはできません（民法398条の12第1項）。また、全部譲渡は、根抵当権の譲渡人と譲受人の間で契約し、根抵当権設定者の承諾によって効力を生じますので（同条1項）、全部譲渡による根抵当権移転登記の申請には設定者（所有権の登記名義人）の承諾書を添付します（令7条5号ハ）。全部譲渡と債権の範囲の変更の登記申請書の記載例は次のとおりです。

申請書例（根抵当権の全部譲渡）

```
               登 記 申 請 書

登記の目的    根抵当権移転
移転する登記   ○○年○月○日受付第○号根抵当権
原    因    ○○年8月31日譲渡(注)
権  利  者    ○市○町○番○号
              株式会社　A
              （会社法人等番号　1234－56－789011）
              代表取締役　甲　某
義  務  者    ○市○町○番○号
              株式会社　B銀行
              （会社法人等番号　1234－56－789012）
              代表取締役　乙　某
添 付 情 報   登記原因証明情報　登記識別情報　代理権限証明情報
              会社法人等番号　　承諾書
○○年○月○日申請　○法務局○出張所
  （以下省略）
```

(注) 原因は「譲渡」とし、その日付は譲渡契約の日か設定者の承諾の日かどちらか遅い日となります。

申請書例（債権の範囲の変更）

```
              登 記 申 請 書

登記の目的      根抵当権変更
変更する登記    ○○年○月○日受付第○号根抵当権
原    因       ○○年 8 月 31 日変更
変更後の事項(注1)
  債権の範囲    ○○年 8 月 31 日債権譲渡（譲渡人株式会社 B 銀行）
               にかかる債権　　金銭消費貸借取引　　手形債権
               小切手債権　　電子記録債権
権 利 者(注2)   ○市○町○番○号
               株式会社　A
               （会社法人等番号　1234 - 56 - 789011）
               代表取締役　甲　某
義 務 者(注3)   ○市○町○番○号
               甲　野　太　郎
添 付 情 報     登記原因証明情報　登記識別情報　代理権限証明情報
               会社法人等番号　　印鑑証明書
○○年○月○日申請　○法務局○出張所
（以下省略）
```

(注1) 変更後の事項は、債権の範囲として「○○年○月○日債権譲渡（譲渡人何某）にかかる債権」とすれば、譲渡人の有していた債権も引き継ぎ、当該根抵当権で担保することができます。
(注2) 権利者は、根抵当権の譲受人の氏名、住所を記載します。申請人が法人であるときは、その会社法人等番号と代表者の氏名も記載します（令3条2号）。
(注3) 義務者は所有権の登記名義人の氏名、住所を記載します。申請人が法人であるときは、その会社法人等番号と代表者の氏名も記載します（令3条2号）。

Q130 合意の登記の満了日が土曜日の場合の取扱い

根抵当権の債務者が死亡したので、指定債務者の合意の登記をしたいと思いますが、その満了日が土曜日に当たります。そうすると、登記の申請は金曜日までにしなくてはならないのですか。

　月曜日までにすればかまいません。

　指定債務者の合意の登記は、相続開始後6か月以内に登記をしないときは、根抵当権は、相続開始の時に確定したものとみなされますが（民法398条の8第4項）、6か月の期間の計算は初日不算入で、債務者の死亡の翌日から起算して6か月後の応答日の前日をもって満了します（民法140条、141条、143条）。

　たとえば、債務者が4月10日に死亡した場合には、起算日は4月11日ですから、6か月後の起算日の応答日である10月11日の前日の10月10日が満了日となり、この日までに登記の申請をしなければなりません。その満了日が土曜日の場合には、行政機関の休日に関する法律2条によって、国の行政庁に対する申請、届出その他の行為の期限で法律または法律に基づく命令で規定する期間（時をもって定める期間を除く）をもって定めるものが行政機関の休日に当たるときは、行政機関の休日の翌日をもってその期限とみなすこととなっていますので、期間満了日が土曜日の場合には、月曜日が満了日になります。もし、月曜日が祝日であれば、その翌日である火曜日が満了日となります。

Q131 会社合併以前に根抵当権が消滅した場合の抹消登記

根抵当権者である会社が合併により消滅しましたが、合併の日以前に根抵当権が消滅している場合には、根抵当権の抹消登記の登記義務者は誰になるのですか。

　合併会社が登記義務者となります。

　根抵当権が消滅した時点では被合併会社が存続していたので、被合併会社は抹消登記の登記義務者となることができたのですが、抹消登記をしないでいたら当該会社が合併されたということですから、法62条の規定により合併会社が登記義務者となり登記権利者と共に抹消登記を申請することになります。その場合、すでに根抵当権は消滅していますので、前提として合併による根抵当権移転の登記は申請はできません。

　この場合の添付情報として、通常の抹消登記に必要な情報のほかに、合併を証する情報（合併会社の合併の事項が記録されている登記事項証明書）を提供します（令7条5号イ）。ただし、当該法人の会社法人等番号を提供したときは、合併を証する情報に代えることができます（平成27年10月23日民二第512号民事局長通達（『改訂先例・通達集』56頁、『登記研究』820号））。

　なお、根抵当権の消滅原因が合併の日より後の場合には、合併による根抵当権移転の登記が必要となります。

▶一般承継人による申請(法62条)

登記権利者、登記義務者又は登記名義人が権利に関する登記の申請人となることができる場合において、当該登記権利者、登記義務者又は登記名義人について相続その他の一般承継があったときは、相続人その他の一般承継人は、当該権利に関する登記を申請することができる。

〔Q131〕会社合併以前に根抵当権が消滅した場合の抹消登記

元本確定

Q 132 登記申請
…共同根抵当と元本確定の登記の要否

所有者を異にするA・Bの不動産に共同根抵当権が設定されています。A不動産については、根抵当取引の終了により確定の登記をしましたが、B不動産については設定者の協力が得られません。そこで、B不動産について根抵当権移転登記をする場合、A不動産の登記事項証明書を提供することにより、確定の登記を省略して、代位弁済を原因とする根抵当権の移転登記をすることができるでしょうか。

　根抵当権の移転登記の前提として、B不動産についても確定の登記を要するものと考えます。

　民法398条の16の共同担保である旨の登記のある共同根抵当権の確定は、当然にすべての不動産上の根抵当権について同時に生じます。すなわち、共同担保である根抵当権につき、一つの不動産について確定事由が生じるとすべての不動産について根抵当権は確定します。そして、次の場合を除き、すべての不動産について確定の登記が必要です。

① 登記記録上の確定期日がすでに到来しているとき
② 根抵当権者または債務者について相続による移転または変更の登記がされた後、民法398条の8第1項および2項の合意の登記がされないまま6か月を経過しているとき

③　民法398条の20第1項1号、2号または4号の規定により確定していることが登記記録上明らかなとき

　また、法は、一不動産一登記記録の原則により（法2条5号）、個々の不動産について登記記録を備えることとしており、個々の不動産ごとに登記すべき原因があるかどうかということを審査するわけですから、ある不動産に確定の登記がされているからといって、ほかの不動産については確定の登記を省略してもよいということにはなりません（昭和57年7月6日民三第4278号第三課長回答（『登記研究』421号））。

　したがって、ご質問のケースについては、たとえA不動産の登記事項証明書を添付したとしても、B不動産の根抵当権について確定していることが登記記録上明らかになったとはいえませんから、確定の登記をした後、代位弁済を原因として根抵当権の移転登記をすべきものと考えます。

> ▶不動産一登記記録の原則（法2条5号の定め）
>
> 　法2条（定義）この法律において、次の各号に掲げる用語の意義は、それぞれ当該各号に定めるところによる。
> 　⑤　登記記録　表示に関する登記又は権利に関する登記について、一筆の土地又は一個の建物ごとに第12条（※登記記録の作成）の規定により作成される電磁的記録（電子的方式、磁気的方式その他人の知覚によっては認識することができない方式で作られる記録であって、電子計算機による情報処理の用に供されるものをいう。以下同じ。）をいう。

Q133 登記申請 …根抵当権者が単独でする元本確定の登記

根抵当権者が単独で元本の確定の登記を申請することができるということですが、その申請手続について教えてください。

担保物権及び民事執行制度の改善のための民法等の一部を改正する法律（平成15年法律第134号）により、民法および不動産登記法等の一部が改正され、平成16年4月1日、施行されました。

改正された民法398条の19第2項の規定により、根抵当権者は元本確定期日の定めがある場合を除き、いつでも担保すべき元本の確定を請求することができ、この請求があったときは、その時に当該根抵当権の元本が確定するとされました。この場合の登記申請は、当該根抵当権の登記名義人が単独で申請することができます（法93条）。

この根抵当権者からの確定請求は、根抵当権設定者からの確定請求（民法398条の19第1項）の場合とは異なり、根抵当権設定時から3年が経過したことは必要ありません（平成15年12月25日民二第3817号民事局長通達（『改訂先例・通達集』201頁、『登記研究』675号））。

そこで、根抵当権者が単独でする根抵当権の元本確定の登記については、法93条の規定により民法398条の19第2項の規定による請求をしたことを証する書面を元本確定の登記申請書に添付することになりました（令別表の61の項添付情報欄）。

この請求をしたことを証する書面は、①元本の確定を請求する旨、②当該請求に係る根抵当権の設定登記がされた物件の表示、③当該設定登記の申請書の受付年月日および受付番号が記載されたもので、かつ、当該請求が配達証明付き内容証明郵便により行われた

ことを証するものでなければならないとされています（前記通達第3、2）。

なお、根抵当権者の権利に関する登記識別情報の提供または登記済証の提供は不要とされています（『登記研究』676号質疑応答）。

▶ 根抵当権者の元本の確定の登記（法93条）

民法第398条の19第2項又は第398条の20第1項第3号若しくは第4号の規定により根抵当権の担保すべき元本が確定した場合の登記は、第60条の規定（※共同申請）にかかわらず、当該根抵当権の登記名義人が単独で申請することができる。ただし、同項第3号又は第4号の規定により根抵当権の担保すべき元本が確定した場合における申請は、当該根抵当権又はこれを目的とする権利の取得の登記の申請と併せてしなければならない。

Q134 登記申請…不動産が共有の場合の元本確定請求

共有の不動産に根抵当権を設定しています。根抵当権者が民法398条の19第2項により元本確定請求をする場合には、共有者全員に確定請求をしなければなりませんか。また、所有者の異なる不動産が複数ある場合はどうですか。

　共有者を含めたすべての所有者に確定請求をする必要があります（『登記研究』698号「カウンター相談」）。

　なお、全員に確定請求をしないとその効力が生じないとされていますので、登記原因の日付は、根抵当権設定者に確定請求が到達した日のうち最も遅い日となります。

申請書例

```
　　　　　　　　　登 記 申 請 書

登記の目的　　1番根抵当権元本確定
原　　　因　　○○年7月7日確定(注1)
権 利 者　　○市○町○番○号
　　　　　　　　甲 野 一 郎
　　　　　　　○市○町○番○号
　　　　　　　　乙 野 花 子
申 請 人　　○市○町○番○号
（根抵当権者）　A銀行　株式会社
　　　　　　　（会社法人等番号　1234－56－789011）
　　　　　　　　代表取締役　乙 川 次 郎
添 付 情 報　　登記原因証明情報(注2)　代理権限証明情報
　　　　　　　会社法人等番号
○○年○月○日申請　○法務局○出張所
　（以下省略）
```

(注1)　確定請求は相手方（当該根抵当権の設定者）に到達した時にその効力が生ずるので、配達証明された日を記載します。

(注2)　登記原因証明情報としては、民法398条の19第2項の規定により請求したことを証する情報を提供します（令別表の61の項添付情報欄）。

〔Q134〕登記申請　…不動産が共有の場合の元本確定請求

Q135 登記申請 …法人が破産した場合の根抵当権確定請求

民法398条の20第1項4号による根抵当権の確定登記を申請する場合に提供する破産手続開始の決定があったことを証する情報は、会社の登記事項証明書でもよいでしょうか。

差し支えありません。

債務者または根抵当権設定者が破産手続開始の決定を受けた場合には根抵当権が確定し(民法398条の20第1項4号)、根抵当権者が単独で確定の登記を申請することができます(法93条本文)。ただし、その場合には、当該根抵当権またはこれを目的とする権利の取得の登記の申請とあわせてしなければなりません(法93条ただし書)。その場合の添付情報として、債務者または根抵当権設定者について破産手続開始の決定があったことを証する情報を提供することになっています(令別表の63の項添付情報欄)。この破産手続の開始があったことを証する情報には、破産手続開始決定の決定書の謄本はもちろん含まれますが、破産者が法人である場合には、当該法人の登記事項証明書も含まれると考えられています(河合芳光『逐条不動産登記令』327頁・金融財政事情研究会)。

Q 136 登記申請…根抵当権設定仮登記の元本確定の登記

根抵当権設定仮登記の元本確定の登記の申請は受理されますか。

　受理されます。
　元本確定の登記は、単に元本の確定という事実を報告的に公示する登記であり、対抗要件としての登記ではないと解されています。したがって、順位保全の必要はないが、仮登記された根抵当権につき元本が確定したという事実を公示することは、それにより元本の確定を前提とした登記をすることができるという利益があり、かつ、登記手続上の障害もないことから可能と考えます。
　この場合の登記は、仮登記した権利を目的とする登記ですが、単に事実を公示するものであるので、仮登記によることなく、付記の本登記によります（平成14年5月30日民二第1310号第二課長依命通知（『改訂先例・通達集』217頁、『登記研究』679号））。
　なお、根抵当権の元本確定の仮登記はできないとされています（『登記研究』435号質疑応答）。

分割譲渡

第8章
根抵当権
元本確定
分割譲渡
根抵当権と相続

Q137 分割譲渡の可否 …分割しただけで譲渡しない登記

甲単有の根抵当権を2個に分割し、いずれも根抵当権者を甲とする登記は可能ですか。

　分割譲渡は、元本確定前において根抵当権者が根抵当権設定者の承諾を得て、根抵当権を2個に分割してその一方を第三者に譲渡する場合にのみ認められるものであって、分割だけして譲渡しない登記は認められません（民法398条の12第2項）。

Q138 分割譲渡の可否 …同時に3個に分割譲渡

根抵当権を同時に3個に分割譲渡できますか。

　分割譲渡は必ず2個に分割して譲渡しますので、同時に3個に分割譲渡することはできません。3個に分割譲渡するためには、いっ

たん2個に分割譲渡した後に、再度分割譲渡することになります。

Q139 分割譲渡の可否
…分割譲渡した根抵当権の再度の分割譲渡

分割譲渡した根抵当権を再度分割譲渡することは可能ですか。

可能です。

分割譲渡後の根抵当権は、譲受人に絶対的に移転し、一方の根抵当権とは独立した別個の根抵当権となります。それはあたかも当初からA・B2個の根抵当権が同順位で設定されていたのと同じですから、さらにA根抵当権を分割譲渡することも、B根抵当権を分割譲渡することも、何ら問題ありません。

記録例

権利部（乙区）		（所有権以外の権利に関する事項）	
順位番号	登記の目的	受付年月日・受付番号	権利者その他の事項
1（あ）	根抵当権設定	平成〇年7月7日第1000号	原因　平成〇年7月6日設定 極度額　金1億円 債権の範囲　銀行取引 　手形債権　小切手債権 債務者　〇市〇町〇番〇号 　A株式会社 根抵当権者　〇市〇町〇番〇号 　株式会社甲銀行 共同担保　目録(あ)第50号

付記1号	1番（あ）根抵当権変更	余白	極度額　金7,000万円 分割譲渡により平成○年3月4日付記
付記2号	1番（あ）根抵当権変更	余白	極度額　金5,000万円 分割譲渡により平成30年6月4日付記
1（い）	1番根抵当権分割譲渡	平成○年3月4日 第○号	原因　平成○年3月3日分割譲渡 （根抵当権の表示） 平成○年7月7日受付 　第1000号 原因　平成○年7月6日設定 極度額　金3,000万円 債権の範囲　銀行取引 　手形債権　小切手債権 債務者　○市○町○番○号 　A株式会社 根抵当権者　○市○町○番○号 　株式会社乙銀行 共同担保　目録（あ）第123号
1（う）	1番（あ）根抵当権分割譲渡	平成30年6月4日 第○号	原因　平成30年6月1日分割譲渡 （根抵当権の表示） 平成○年7月7日受付 　第1000号 原因　平成○年7月6日設定 極度額　金2,000万円 （省略） 共同担保　目録（け）第○号

第8章

根抵当権

元本確定

分割譲渡

根抵当権と相続

〔Q139〕分割譲渡の可否　…分割譲渡した根抵当権の再度の分割譲渡

根抵当権と相続

Q140 登記申請 …根抵当権の債務者の死亡と合意の登記

根抵当権の債務者が死亡したので相続の登記をし、その後6か月以内に指定債務者の合意の登記をしたいと考えています。申請書の書き方と登記の記録例、また、その場合の根抵当権で担保される債務にはどのようなものがあるか教えてください。

1 申請書の書き方と登記の記録例

申請書例（債務者の相続）

```
                登 記 申 請 書

登記の目的    根抵当権変更
変更する登記   ○○年○月○日受付第○号根抵当権
原    因    ○○年○月○日相続
変更後の事項   債務者(注1)（被相続人　甲野太郎）
          ○市○町○番○号
          甲野花子
          ○市○町○番○号
          甲野修一
権 利 者    ○市○町○番○号
          株式会社　甲銀行
          （会社法人等番号　1234－56－789012）
          代表取締役　甲　某
```

義　務　者	○市○町○番○号
	甲　野　修　一
添 付 情 報	登記原因証明情報(注2)　登記識別情報　印鑑証明書
	代理権限証明情報　　会社法人等番号
○○年○月○申請　○法務局○出張所	
（以下省略）	

(注1) 根抵当取引の債務者の地位は遺産分割の対象にはならないとされていますので（枇杷田泰助監修『根抵当登記実務一問一答』118頁・金融財政事情研究会）、債務者の共同相続人全員を記載します。

(注2) 債務者の相続による変更登記は、登記権利者と登記義務者による共同申請によってされるため、登記原因証明情報の他に債務者の相続を証する書面は不要とされています（枇杷田泰助監修『根抵当登記実務一問一答』119頁・金融財政事情研究会）。

　なお、相続を証する書面（（除）戸籍謄本等）を登記原因証明情報とすることも可能であるとされています（日本司法書士会連合会登記制度対策本部『新不動産登記実務便覧（暫定版）』58頁・日本司法書士会連合会登記制度対策本部、青山修『〔改訂版〕根抵当権の法律と登記』193頁・新日本法規）。

申請書例（合意の登記）

登　記　申　請　書	
登記の目的	根抵当権変更
変更する登記	○○年○月○日受付第○号根抵当権
原　　　因	○○年○月○日合意
指定債務者	○市○町○番○号
	甲野修一
権　利　者	○市○町○番○号
	株式会社　甲銀行
	（会社法人等番号　1234 − 56 − 789012）
	代表取締役　○○○○
義　務　者	○市○町○番○号
	甲野修一
添 付 情 報	登記原因証明情報　　登記識別情報
	印鑑証明書　　代理権限証明情報　　会社法人等番号

〔Q140〕登記申請　…根抵当権の債務者の死亡と合意の登記

○○年○月○日申請　○法務局○出張所
　（以下省略）

記録例

権利部（乙区）		(所有権以外の権利に関する事項)	
順位番号	登記の目的	受付年月日・受付番号	権利者その他の事項
1	根抵当権設定	○○年○月○日 第○号	原因　○○年○月○日設定 極度額　金1億円 債権の範囲　銀行取引 　手形債権　小切手債権 債務者　○市○町○番○号 　甲野太郎 根抵当権者　○市○町○番○号 　株式会社甲銀行
付記1号	1番根抵当権変更	○○年○月○日 第○号	原因　○○年○月○日相続 債務者　○市○町○番○号 　甲野花子 　○市○町○番○号 　甲野修一
付記2号	1番根抵当権変更	○○年○月○日 第○号	原因　○○年○月○日合意 指定債務者　○市○町○番○号 　甲野修一

※債務者の相続の変更登記をしても従前の債務者の表示には抹消記号（下線）を引きません。

2 根抵当権で担保される債務

　元本の確定前にその債務者について相続が開始したときは、相続開始当時すでに発生している債務については、共同相続人の法定相続分に従って債務は分割して相続され、当該根抵当権によって担保されます。また、相続開始後、指定債務者が根抵当権者に対して負担する債務も当該根抵当権によって担保されます（民法398条の8第2項）。

Q141 登記申請
…債務者の相続の登記と合意の登記がされている場合の追加設定

根抵当権の債務者の相続の登記と、指定債務者の合意の登記がされている根抵当権を追加設定する場合の申請書の記載方法と登記の記録例を教えてください。

　本問は、根抵当権設定の登記をした後、債務者に相続が開始し、その相続による債務者の変更の登記に続き民法398条の8第2項の合意がなされ、かつ、その登記がなされている場合の追加担保による根抵当権設定の登記を申請する際の申請書の書き方および登記記録の記録方法について問うものです。
　根抵当権の確定前に根抵当権の債務者に相続が開始した場合には、その根抵当権は、相続開始の時に被担保債務として存したもののほか根抵当権者と根抵当権設定者との合意で定めた債務者の相続人（指定債務者）が相続の開始後に負担する債務を担保することになり、相続開始前に指定債務者が当該根抵当権の根抵当権者に負担していた固有の債務は当然には担保されません。
　根抵当権について、共同根抵当権として追加設定するには、その設定と同時に同一の債権の担保として追加設定された旨の登記をする必要があります。そして、共同根抵当権間にあっては、債権の範囲、債務者、極度額、根抵当権者は同一でなければならないため、本問のように相続による債務者の変更登記および指定債務者を定める合意の登記がされている場合には、いかにしてそれらを申請書および登記記録に表示するかが問題となるのです。
　相続人は、相続開始前の被相続人の有していた債務を相続し、その債務が当該根抵当権によって担保され、また指定債務者は、相続開始後に発生した債務につき、当該根抵当権の被担保債権の債務者

となるのですから、表示する事項として「相続開始年月日」、「相続人の住所、氏名」および「指定債務者の住所、氏名」は必要です。

次に、「被相続人の住所、氏名」ですが、相続人の相続開始前の固有の債務については、当該根抵当権によって担保されないことを明らかにする意味から表示しておく必要があります。また、追加設定の登記の時点では債務者は相続人ですが、被担保債権の範囲を画する基準としての当事者は依然として被相続人ですので、表示する必要があります。

また、「合意の年月日」についても、他管轄登記所の物件を追加したような場合に、その追加物件の根抵当権設定の登記をもって合意された旨を明らかにさせる必要もあることから、表示する必要があります。

(参考：昭和62年3月10日民三第1083号民事局長通達(『登記研究』474号))

申請書例

```
           登 記 申 請 書

登記の目的    共同根抵当権設定（追加）
原   因    ○○年○月○日設定
極 度 額    金1億円
債権の範囲    銀行取引　手形債権　小切手債権
債 務 者    (○市○町○番○号甲野太郎(○○年○月○日死亡)
          の相続人)
          ○市○町○番○号
            甲 野 花 子
          ○市○町○番○号
            甲 野 修 一
指定債務者 (○○年○月○日合意)
          ○市○町○番○号
            甲 野 修 一
```

〔Q141〕登記申請 …債務者の相続の登記と合意の登記がされている場合の追加設定

```
根抵当権者    ○市○町○番○号
             株式会社　甲銀行
             （会社法人等番号　1234－56－789011）
             代表取締役　○○○○
設 定 者     ○市○町○番○号
             甲　野　修　一
添 付 情 報   登記原因証明情報　　登記識別情報　　印鑑証明書
             代理権限証明情報　　前登記証明書(注)
             会社法人等番号
○○年○月○日申請　○法務局○出張所
（以下省略）
```

(注) 追加担保の登記を申請する場合において、前に受けた登記が他の管轄に属するときは、当該前の登記に関する登記事項証明書（共同担保目録付）を添付する必要があります（令別表の56の項添付情報欄ロ）。

記録例

権　利　部　（乙区）		(所有権以外の権利に関する事項)	
順位番号	登記の目的	受付年月日・受付番号	権利者その他の事項
1	根抵当権設定	○○年○月○日 第○号	原因　○○年○月○日設定 極度額　金1億円 債権の範囲　銀行取引 　　手形債権　小切手債権 確定期日　○○年○月○日 債務者　(○市○町○番○号甲 　野太郎(○○年○月○日死亡) 　の相続人) 　○市○町○番○号 　甲野花子 　○市○町○番○号 　甲野修一 指定債務者　(○○年○月○日 　合意) 　○市○町○番○号 　甲野修一 根抵当権者 　○市○町○番○号 　株式会社甲銀行 共同担保　目録（あ）第○号

第8章

根抵当権

元本確定

分割譲渡

根抵当権と相続

〔Q141〕登記申請　…債務者の相続の登記と合意の登記がされている場合の追加設定

Q142 登記申請…根抵当権者の相続と合意の登記がされている場合の追加設定

根抵当権の根抵当権者の相続の登記と合意の登記がされている根抵当権を追加設定する場合の登記の記録例を教えてください。

次のようになります。

記録例

権　利　部　（乙区）		（所有権以外の権利に関する事項）	
順位番号	登記の目的	受付年月日・受付番号	権利者その他の事項
1	根抵当権設定	○○年○月○日第○号	原因　○○年○月○日設定 極度額　金6億円 債権の範囲　金銭消費貸借取引 確定期日　○○年○月○日 債務者　○市○町○番○号 　　　　甲野大輔 根抵当権者（○市○町○番○号　乙野太郎（○○年○月○日死亡）の相続人） ○市○町○番○号 乙野二郎 ○市○町○番○号 乙野花子 指定根抵当権者（○○年○月○日合意） ○市○町○番○号 乙野二郎 共同担保　目録（な）第○号

Q143 登記申請
…死亡後6か月が経過した債務者の相続による根抵当権の変更

根抵当権の債務者が1人の場合において、その債務者が死亡して相続が開始したけれども、何もしないうちに6か月が過ぎてしまいました。債務者の相続の登記をしたいと思いますが、その場合、元本確定の登記が必要でしょうか。
また、相続人はA・B・Cの3人ですが、このうちAが他の2人（B・C）の債務を引き受ける場合の登記の申請書の書き方と登記の記録例を教えてください。

第8章
根抵当権
元本確定
分割譲渡
根抵当権と相続

1 元本確定の登記の必要性

元本確定の登記は必ずしもする必要はありません。

債務者の相続開始後、6か月以内に指定債務者の合意の登記をしないときは、担保すべき元本は、相続の開始の時に確定したものとみなされますので（民法398条の8第4項）、債務者の相続開始後に債務者の相続の登記をしたことによって登記記録上6か月以内に指定債務者の合意の登記をしなかったことが明らかになり、根抵当権の元本が確定したことが登記記録上明らかとなります。そのため、このような場合には、あえて元本確定の登記をする必要はないとされています（しかし、元本確定の登記をすることができないという意味ではないので、元本確定の登記を申請することはできます）。

2 申請書の書き方と登記の記録例

債務者の相続による根抵当権変更登記の申請書には、変更後の事項として、債務者の相続人全員の住所氏名を記載します。共同相続人の1人のみが遺産分割により債権者の承諾を得て債務を引き受け

たとしても、抵当権のようにいきなり相続人の1人のみへの変更登記はできないと解します。

　元本が確定すると、民法398条の4による債務者の変更登記はできませんので、そのうちの1人に債務を引き受けさせるためには、債務引受による債務者の変更登記が必要となります。

申請書例（債務者の相続登記）

```
　　　　　　　　　登　記　申　請　書

登記の目的　　　根抵当権変更
変更する登記　　○○年○月○日受付第○号根抵当権
原　　　因　　　○○年2月7日相続
変更後の事項　　債務者（被相続人X）
　　　　　　　　　○市○町○番○号
　　　　　　　　　　A
　　　　　　　　　○市○町○番○号
　　　　　　　　　　B
　　　　　　　　　○市○町○番○号
　　　　　　　　　　C
権　利　者　　　○市○町○番○号
　　　　　　　　株式会社　D銀行
　　　　　　　　　（会社法人等番号　1234－56－789012）
　　　　　　　　　代表取締役　甲　某
義　務　者　　　○市○町○番○号
　　　　　　　　　A
添付情報　　　　登記原因証明情報　　登記識別情報　　印鑑証明書
　　　　　　　　代理権限証明情報　　会社法人等番号
○○年8月13日申請　　○法務局○出張所
　（以下省略）
```

申請書例（債務者の変更）

```
　　　　　　　　　登　記　申　請　書
登記の目的　　　根抵当権変更
変更する登記　　○○年○月○日受付第○号根抵当権
原　　因　　　　○○年8月10日B・Cの債務引受
変更後の事項　　債務者
　　　　　　　　○市○町○番○号
　　　　　　　　A
権　利　者　　　○市○町○番○号
　　　　　　　　株式会社　D銀行
　　　　　　　　（会社法人等番号　1234－56－789012）
　　　　　　　　代表取締役　甲　某
義　務　者　　　○市○町○番○号
　　　　　　　　A
添付情報　　　　登記原因証明情報　　登記識別情報　　印鑑証明書
　　　　　　　　代理権限証明情報　　会社法人等番号
○○年8月13日申請　○法務局○出張所
　（以下省略）
```

記録例

権　利　部　（乙区）	（所有権以外の権利に関する事項）		
順位番号	登記の目的	受付年月日・受付番号	権利者その他の事項
1	根抵当権設定	○○年○月○日 第○号	原因　○○年○月○日設定 極度額　金○万円 債権の範囲　銀行取引 債務者　○市○町○番○号 　　　　<u>X</u> 根抵当権者　○市○町○番○号 　　　　株式会社　D銀行
付記1号	1番根抵当権 変更	○○年8月13日 第100号	原因　○○年2月7日相続 <u>債務者</u>　○市○町○番○号 　　　　<u>A</u> ○市○町○番○号 <u>B</u> ○市○町○番○号 <u>C</u>
付記2号	1番根抵当権 変更	○○年8月13日 第101号	原因　○○年8月10日B・C の債務引受 債務者　○市○町○番○号 　　　　A

第8章

根抵当権

元本確定

分割譲渡

根抵当権と相続

〔Q143〕登記申請　…死亡後6か月が経過した債務者の相続による根抵当権の変更

Q144 登記申請
…債務者の死亡と連帯債務者への変更

根抵当権の債務者が1人の場合において、債務者が死亡した後、相続の登記もしないうちに6か月が過ぎてしまいました。相続による債務者の登記をした後、その債務者を連帯債務者にするにはどういう方法があるのでしょうか。相続人はAとBの2人です。

　債務者の相続開始後6か月以内に指定債務者の合意の登記をしていませんので、根抵当権は相続開始の時に確定したものとみなされます（民法398条の8第4項）。

　ご質問の場合には、まずはじめに相続を原因として債務者の変更登記をします。その場合、相続人全員が債務者になります。その後、債務者は相互に重畳的に債務を引き受けることによって、連帯債務の関係になると思います。

申請書例

```
                  登 記 申 請 書
登記の目的      根抵当権変更
変更する登記    ○○年○月○日受付第○号根抵当権
原    因      ○○年8月10日AはBの及びBはAの債務を重
              畳的引受
変更後の事項    連帯債務者
                  ○市○町○番○号
                  A
                  ○市○町○番○号
                  B
権  利  者     ○市○町○番○号
              株式会社　D銀行
              （会社法人等番号　1234－56－789011）
              代表取締役　甲　某
義  務  者     ○市○町○番○号
              A
添 付 情 報    登記原因証明情報　　登記識別情報　　印鑑証明書
              代理権限証明情報　　会社法人等番号

○○年8月13日申請　○法務局○出張所

代  理  人     ○市○町○番○号
              乙　某　㊞
              連絡先の電話番号　○○○－○○○－○○○○
登録免許税    金○,000円

不動産の表示
  （以下省略）
```

第8章

根抵当権

元本確定

分割譲渡

根抵当権と相続

〔Q144〕登記申請　…債務者の死亡と連帯債務者への変更

記録例

権利部（乙区）		（所有権以外の権利に関する事項）	
順位番号	登記の目的	受付年月日・受付番号	権利者その他の事項
1	根抵当権設定	○○年○月○日 第○号	原因　○○年○月○日設定 極度額　金○万円 債権の範囲　銀行取引 <u>債務者　○市○町○番○号</u> 　X 根抵当権者　○市○町○番○号 　株式会社　D銀行
付記1号	1番根抵当権変更	○○年8月13日 第100号	原因　○○年2月7日相続 <u>債務者　○市○町○番○号</u> 　A <u>○市○町○番○号</u> 　B
付記2号	1番根抵当権変更	○○年8月13日 第101号	原因　○○年8月10日AはBの及びBはAの債務を重畳的引受 連帯債務者 　○市○町○番○号 　A 　○市○町○番○号 　B

〔Q144〕登記申請　…債務者の死亡と連帯債務者への変更

Q145 登記申請 …債務者の1人が死亡したまま6か月が経過した場合の確定の有無

根抵当権の債務者が2人いる場合に、そのうちの1人が死亡しましたが、相続の登記と指定債務者の合意の登記をしないままに6か月が過ぎてしまいました。この場合、根抵当権は確定するのでしょうか。確定しないとすれば、指定債務者の合意の登記はできるでしょうか。

　債務者が複数いる場合には、そのうちの1人について確定事由が生じたとしても根抵当権は確定しません（『登記研究』515号質疑応答）。

　元本の確定前にその債務者について相続が開始したときは、相続開始の時に存する債務は、相続人によって法定相続分に従って承継されます。根抵当取引を継続しようと思うときには、根抵当権者と根抵当権設定者との間で根抵当取引における債務者たる地位を承継する相続人（指定債務者）について合意をしなければなりません。この指定債務者の合意の登記がされると、根抵当権は、相続開始の時に存する債務のほか、指定債務者が相続の開始後に負担する債務も担保します（民法398条の8第2項）。この指定債務者の合意の登記を相続の開始後6か月以内にしないときは、担保すべき元本は、相続開始時の時に確定したものとみなされます（同条4項）。

　本問の場合には2人の債務者のうち1人が死亡した後、指定債務者の合意の登記をしない間に6か月が経過したということですから、死亡した債務者にかかる担保すべき元本は確定しますので、以後、その債務者については根抵当取引をすることがないため指定債務者の合意の登記はできません。しかし、もう1人の債務者にかかる元本が確定しませんので、その債務者と根抵当権者との間に生じる債務はその根抵当権によって担保されますので、当該根抵当権は確定しません。

Q 146 登記申請
…債務者の1人が死亡したまま6か月が経過した場合の相続債務の引受け

根抵当権の債務者甲・乙のうちの1人乙が死亡しましたが、指定債務者の合意の登記をしないままに6か月が過ぎてしまいました。死亡した債務者について、相続する債務者の変更登記をして、そのうちの1人に相続債務を引き受けてもらうにはどういう方法がありますか。乙の相続人はA・B・Cの3人です。

　根抵当権の複数の債務者の1人に確定事由が発生しても、根抵当権は全体としては確定しません。しかし、本問の場合、債務者が死亡後、指定債務者の合意の登記をしないで6か月が過ぎてしまったので、死亡した債務者に対する債権は確定したものとみなされることになりますので（民法398条の8第4項）、本問の場合だと債務者乙については特定の債務だけを担保することになります。

　したがって、まずは相続による債務者の変更登記をします。債務者は相続人全員となります。

　次に、たとえばAが単独でB・Cの債務を引き受けるならば、債務者をAに変更すると同時に債権の範囲の変更をして、債務者Aに対する債権の範囲として次の振合いで登記すればよいと考えます——「〇〇年〇月〇日債務引受（旧債務者B，C）にかかる債権」。

　こうすることによって、相続によって承継したB・Cの債務は新債務者Aが引き受けることができます。しかし、債務者の変更をしたことによって、相続債務者であるAが相続した債務がこのままでは根抵当権で担保されなくなるのではないかというおそれが生じてきます。自己の債務を引き受けるというのもおかしなものですから、「〇〇年〇月〇日相続によるAの相続債務のうち変更前根抵当権の被担保債権の範囲に属するものにかかる債権」を債権の範囲に加えることによって、この問題は解決されるのではないかと考えられます。

この場合において、「○○年○月○日債務引受」を原因として債務者の変更登記をすることはできませんので、注意してください。「○○年○月○日債務引受」を原因として債務者の変更ができるのは、根抵当権が確定した場合です。
(参考：宮本俊忠『民事法務』135号30頁・民事法務協会《登記のページ》)

記録例

権利部（乙区）		（所有権以外の権利に関する事項）	
順位番号	登記の目的	受付年月日・受付番号	権利者その他の事項
1	根抵当権設定	○○年○月○日第○号	原因　○○年○月○日設定 極度額　金1億円 債権の範囲　銀行取引 債務者　○市○町○番○号 　　　　甲　某 　　　○市○町○番○号 　　　　乙　某 根抵当権者　○市○町○番○号 　　　株式会社 A 銀行 共同担保　目録（あ）第○号
付記1号	1番根抵当権変更	○○年○月○日第○号	原因　○○年4月7日債務者 　　　乙某の相続 債務者　○市○町○番○号 　　　A ○市○町○番○号 　　　B ○市○町○番○号 　　　C

〔Q146〕登記申請　…債務者の1人が死亡したまま6か月が経過した場合の相続債務の引受け

付記2号	1番根抵当権変更	○○年○月○日第○号	原因　○○年12月9日変更 債権の範囲　債務者甲某につき 　銀行取引 　債務者Aにつき 　○○年12月9日債務引受（旧債務者B、C）にかかる債権 　○○年4月7日相続によるAの相続債務のうち変更前根抵当権の被担保債権の範囲に属するものにかかる債権　銀行取引 債務者　○市○町○番○号 　　　　甲　某 　　　　○市○町○番○号 　　　　A

第9章 地役権の登記

地役権

Q147 登記申請…「駐車場」を目的とする地役権設定登記の可否

自己の住宅敷地に隣接する土地について、駐車場の利用を目的とする地役権設定登記を申請することは可能でしょうか。

　地役権とは、設定行為で定めた目的（たとえば「通行のため」）に従い、他人の土地（承役地）を自己の土地（要役地）の便益に供するために他人の土地の上に設定する権利であって（民法280条）、要役地の利用価値の増進のため承役地の上に設定される権利です。

　地役権設定の目的たる「土地の便益」の内容については、民法中相隣（そうりん）関係に関する強行規定に反するものでない限り制限はありませんが、要役地所有者の個人的な便益のために地役権を設定することは認められません。したがって、便益の内容に制限がなく、自由だといっても、登記上・公示上の面から、その目的は一般的・常識的なものであって、第三者から見て特定的で明確性のあるものでなければなりません。

　それでは、自己の住宅敷地の隣接地を駐車場として利用するために地役権を設定することは可能でしょうか。

　たとえば、通行地役権の場合には通路を確保することにより建物の建築が可能になるし、日照地役権の場合には日照権を確保することによって、より住宅の建築が可能になるとともによりよい住宅環

境が整備されることになり、このような場合には「土地の便益」といえます。これに対し、たとえば、承役地上にネットを張り、自己のゴルフ練習場として利用する場合とか、または、家庭菜園として利用する場合等は、「個人の便益」とみなされるものと考えられます。

駐車場が「土地の便益」とみなされるか否かについては、建物の分譲は駐車場敷地部分が確保されて販売されることが多いこと、自動車の購入については駐車場の確保が必要であること（自動車の保管場所の確保等に関する法律3条）等から「駐車場の確保」は社会的要請であり、また住宅敷地と駐車場敷地とは一体的に利用されることが多いこと、相隣関係に関する強行規定に反しなければ目的は自由に定めることができること等から、駐車場の利用の目的は「土地の便益に供する」ことになるものと考えられます。

なお、目的の記載方法として、「駐車場の利用又は使用」、「駐車場の使用の妨げとなる工作物の設置その他の行為の禁止」等が考えられますが、登記の公示上、具体的で明確な記載方法がよく、通行地役権の例にならい、単に「駐車場」としても、社会通念上、利用上の特定性はあるといえます。したがって、目的を「駐車場」とする地役権設定の登記申請は受理されるものと考えます。

▶地役権と賃借権との相違

> 駐車場として利用するならば、地役権ではなくて、賃借権でもよいのではないかと考えますが、地役権と賃借権とでは次のような違いがあるといわれています。
> 賃借権は債権であり、物権的効力がないため、売買等による土地所有者の変動などで、使用権を主張できなくなる場合が生ずるので、使用する側からすると、物権を設定したほうがよいと考えられています。そして、賃借権の場合は、土地の占有は原則として賃借人に移転し、賃借人はその土地を全面的に使用することができる結果、土地所有者の使用、収益権能はなくなることになる。ところが、地役権だと、地役権の設定による土地（承役地）の負担は、「設定行為で定めた目的」の範囲に限られ（民法280条）、土地の所有者も直接占有することができ、使用、収益も可能となります。
> （参考：『登記研究』422号（登記簿））

Q148 登記申請
…地役権設定と登記識別情報の通知の有無

地役権設定の登記をした場合には、地役権者に登記識別情報が通知されるのですか。もし、通知されないのならば、地役権の抹消登記の際には登記識別情報の代わりに何を提供すればよいのですか。

　地役権設定の登記がされても地役権者には登記識別情報は通知されません。登記識別情報は、その登記をすることによって申請人自らが登記名義人となる場合に当該申請人に対し、当該登記に係る登記識別情報を通知することになっています（法21条）。

　地役権の登記は、承役地の登記記録に記録されるものですが、その登記事項として地役権者の氏名または名称および住所は登記されません（法80条2項）。これは、地役権は要役地の所有権（要役地に地上権、永小作権が設定されている場合には、地上権、永小作権）に従たるものとして、これらの権利とともに移転する性質を持っているためです。たとえば、要役地について所有権の移転の登記がされれば、地役権の移転についても当然に効力を生ずるため、あえて、地役権の登記には地役権者の氏名または名称および住所を登記事項から除いたのです。したがって、地役権の登記には登記名義人が記録されないため法21条の要件（その登記をすることによって申請人自らが登記名義人となる場合）を欠くため、地役権設定の登記をしても地役権者には登記識別情報が通知されません。

　それでは、地役権設定登記の抹消登記を申請する際には登記識別情報の提供は要しないのか、ということですが、その場合には、要役地所有者が所有権を取得した際に通知を受けた登記識別情報を提供する取扱いとなっています。

Q149 登記申請 …地役権の移転登記の可否

第9章 地役権

要役地の所有者が所有権移転の登記をしたのですが、地役権の移転の登記は申請できますか。

　地役権の移転については登記できません（昭和35年3月31日民事甲第712号民事局長通達（『登記研究』149号））。地役権は、その設定行為に別段の定めがない限り、要役地の所有権（要役地に地上権、永小作権が設定されている場合には、地上権、永小作権）に従たるものとして、これらの権利とともに移転し、また、要役地から分離して譲り渡し、または他の権利の目的とすることができないため、要役地について所有権移転登記がされれば、地役権の移転についても当然に効力が生じます（民法281条1項、2項）。

　したがって、要役地の所有者（または、地上権者、永小作権者）と地役権者は常に同一ですから、承役地に記録される地役権の登記事項には要役地の表示をすれば足り、地役権の移転登記をする必要はありません。そのため、地役権設定登記には地役権者の氏名または名称および住所は登記事項とされていません（法80条2項）。

記録例

権　利　部　（乙区）		（所有権以外の権利に関する事項）
順位番号	登記の目的	受付年月日・受付番号	権利者その他の事項
1	地役権設定	○○年○月○日 第○号	原因　○○年○月○日設定 目的　通行 範囲　東側12平方メートル 要役地　○市○町○番 地役権図面第○号

（注）登記権利者（地役権者）の氏名または名称および住所を登記することを要しない。

第 10 章
質権の登記

質 権

Q150 登記申請 …転貸された賃借権を目的とする質権の設定登記

登記されている賃借権を転貸した後、当該転借権を目的とする質権の設定登記を申請することは可能でしょうか。

　可能と考えます。
　不動産質権は、原則として、債権者がその債権の担保として債務者または第三者（物上保証人）の不動産をその債務が弁済されるまで占有し、使用・収益し、債務が任意に弁済されないときは、目的不動産を競売して優先弁済を受けることができる約定担保物権ですが（民法342条、356条）、質権は、動産および不動産はもちろん、それ以外の財産権をも目的として設定することができるのであり（同法362条1項）、その得喪変更を第三者に対抗するためにはその登記を必要とします。そして、その不動産に関する所有権以外の権利である地上権・永小作権・賃借権・採石権・不動産に関する権利の買戻権または仮登記された所有権移転請求権等を目的として権利質の設定ができます。
　不動産の賃借権は、不動産（地上権、永小作権、不動産賃借権、採石権等を含む）の使用および収益を目的とする権利（債権）ですが、当事者の一方（所有者その他の権利者等の賃貸人）が相手方（賃

借人）に対して、その不動産の使用および収益をさせることを約し、相手方がその賃料を支払うことを約す契約によって成立します（民法601条）。

不動産賃借権については、これを登記することができますが（同法605条）、その登記申請においては法59条各号に掲げるもののほか、必要的記載事項としての「賃料」のほか、法81条2号から8号に掲げる定めがあるときは、その旨を記載するものとされています（法81条）。

ところで、賃借人は、賃貸人の承諾を得て賃借物を転貸することができます（民法612条）。もっとも、賃貸借契約においてあらかじめ転貸を許す特約があれば、自由に転貸することができます。この特約は、登記事項とされています（法81条3号）。

転借権も、その登記をしなければ第三者に対抗することができないのであり、転借権の登記事項は、賃借権と同様に、「賃料」等のほか、存続期間、賃料の支払時期等であることから（法81条）、転借権も一つの賃借権であり、さらに転貸することができることはもちろん、当該転借権を目的とする質権を設定することも可能であると考えられます。

なお、転借権を目的とする質権設定の登記の目的は、「何番付記何号転借権質権設定」とするのが相当と考えます。

第10章

質権

第 11 章
賃借権の登記

設 定

Q151 登記申請 …共有持分に対する賃借権設定の可否

共有持分に対して賃借権を設定する登記申請は受理されるでしょうか。

受理されません（昭和48年10月13日民三第7694号民事局長回答（『登記研究』313号・320号））。

賃貸借は、当事者の一方がある物の使用および収益させることを約束して、相手方がこれに賃料の支払いを約束して成立します（民法601条）。すなわち、賃借権はある物を使用および収益する権利ですが、持分について使用および収益をすることは不可能なため、共有持分に対して賃借権は設定することはできないとされています。

移　転

第11章
設　定
移　転

Q152　登記申請
…登記記録上存続期間が満了している賃借権の移転の登記

売買を原因として賃借権の移転登記をしたいのですが、登記事項証明書を見ると存続期間が満了しています。この場合、賃借権の移転登記の前提として存続期間の変更登記が必要でしょうか。

　賃借権の存続期間の変更登記が必要と考えます。

　登記記録上、存続期間が満了している賃借権については、実体上も満了しており、その結果、賃借権が消滅しているか否か、あるいは、実体上は更新されているものの存続期間の更新の登記がされていないのか、判然としません。

　登記の実務では、「永小作権の移転の登記は、移転の登記原因の日付が登記簿上の存続期間内の場合又は登記簿上期間の経過が明らかでない場合にのみなし得」（昭和5年4月22日民事第405号民事局長回答）、また、「登記簿上の存続期間経過後、登記原因日付を期間経過後の日付として地上権移転登記の申請があった場合は、登記簿上存続期間を経過していることが明らかであるので受理すべきでない」（昭和35年5月18日民甲第1132号民事局長通達（『登記研究』151号））とされています。

　これらの先例からも、登記記録上形式的に存続期間が満了していることが明らかな場合は、賃借権移転の登記申請は賃借権が存続し

ているかどうか明らかでないとして受理できないと判断されます。したがって、実体上存続期間の更新がされているのであれば、まず賃借権の存続期間の変更登記をしたうえで、賃借権移転の登記をすべきものと考えます。また、賃借権の譲渡について、あらかじめ譲渡を認める特約がない場合には、賃貸人の承諾を要しますが、その承諾書を添付することにより存続期間が更新されたものとして、賃借権の存続期間の変更の登記を省略することはできません。なお、賃借権移転の原因日付が、登記記録上の存続期間内であれば、登記申請日が存続期間経過後であっても差し支えないと考えます。

▷賃借権または地上権が区分建物の敷地利用権の場合

賃借権等が区分建物の敷地利用権である場合には、賃借権等が準共有となり、賃借権等の存続期間の変更登記の申請人が多数となることから、存続期間の変更が借地借家法5条2項による法定更新の場合には、その変更の内容は法定されているため、一部の共有者から準共有者全員のために保存行為としての登記の申請が認められています（平成27年1月19日民二第56号第二課長回答（『登記研究』850号））。

第12章
仮登記

申　請

Q 153　登記申請　…仮登記権利者による根抵当権設定仮登記

仮登記権利者が仮登記義務者の承諾書を添付してする根抵当権設定の仮登記の申請書の書き方を教えてください。

　根抵当権仮登記は、仮登記権利者（根抵当権者）と仮登記義務者（根抵当権設定者）が共同して申請するのが原則ですが、一定の要件のもとで仮登記権利者が単独で申請することができます。これは、仮登記が本登記の順位を保全するための登記であり、民法177条の規定による第三者対抗力のない予備的な登記であることから簡略な申請手続を認めているものです。一定の要件のひとつとして、仮登記権利者は、仮登記義務者の承諾書（印鑑証明書付き）を添付して、単独で仮登記を申請することができますが（法107条1項）、その場合の申請書の書き方は、次ページに示す例のようになります。

　なお、仮登記義務者の承諾書およびそれに添付した印鑑証明書は、原本還付することはできません（令19条2項、規則55条1項）。

▶ 仮登記の申請方法（法107条）

　1　仮登記は、仮登記の登記義務者の承諾があるとき及び次条に規定する仮登記を命ずる処分があるときは、第60条の規定（※共同申請）にかかわらず、当該仮登記の登記権利者が単独で申請することができる。

2 仮登記の登記権利者及び登記義務者が共同して仮登記を申請する場合については、第22条本文の規定（※登記識別情報の提供）は、適用しない。

申請書例

```
                    登 記 申 請 書

登記の目的      根抵当権設定仮登記
原　　　因      ○○年○月○日設定
極　度　額      金○万円
債権の範囲      金銭消費貸借取引　保証取引
債　務　者      ○市○町○番○号
                A
権　利　者      ○市○町○番○号
（申請人）      B
義　務　者      ○市○町○番○号
                A
添付情報        登記原因証明情報　承諾書(注)　代理権限証明情報
○○年○月○日申請　　○法務局○出張所
（以下省略）
```

(注) 仮登記義務者の承諾書には、承諾書に押印した仮登記義務者の印鑑証明書を添付します。この印鑑証明書は作成後3か月を経過したものでもかまいません。また、仮登記義務者が法人の場合は、登記所発行の代表者の印鑑証明書と代表権限を有する者の資格を証する情報（法人の代表者事項証明書または登記事項証明書）を添付します。ただし、当該法人が会社法人等番号を有する法人であるときで、会社法人等番号を提供したときは、その代表者の資格を証する情報の提供に代えることができます。

〔Q153〕登記申請　…仮登記権利者による根抵当権設定仮登記

仮登記義務者の承諾書見本

承　諾　書

　私は、仮登記権利者である、○市○町○番○号　Bが下記記載の仮登記を申請することを承諾します。

記

後記不動産についての根抵当権設定仮登記
　　原　因　　○○年○月○日設定
　　極度額　　金○万円
　　債権の範囲　金銭消費貸借取引　　保証取引
　　債務者　　○市○町○番○号　A
　　権利者　　○市○町○番○号　B
不動産の表示
　　○市○町○番　宅地　100.00平方メートルの土地
○○年○月○日

　　　　　　　　　　　　　　　　　　　○市○町○番○号
　　　　　　　　　　　　　　　　　　　A　㊞

（注）　承諾書には、仮登記義務者が個人の場合には実印を押印し（令19条1項）、市区町村長作成の印鑑証明書を添付します（同条2項）。仮登記義務者が法人の場合には、登記所に届けている代表者印を押印し、登記官が作成した印鑑証明書と代表者の資格を証する情報（会社法人等番号を有する法人は会社法人等番号に代えることができます）を提供します。この印鑑証明書には有効期間の定めがありません。また、承諾書および添付した印鑑証明書については原本還付の請求はできません。

Q154 登記申請 …破産手続開始前の日を原因日付とする根抵当権設定仮登記の可否

破産の登記がされている不動産について、破産手続開始前に得た破産者の承諾書を添付して、破産手続開始前の日を登記原因日付として根抵当権設定の仮登記を申請した場合は受理されますか。

受理されません（平成5年2月4日民三第1182号民事局長通達（『登記研究』547号））。

破産手続開始の決定がされると、破産者の財産は破産財団に属し、破産財団の管理処分権は破産管財人に専属し、破産者は手続開始前に有していた財産の管理処分権を失います（破産法78条1項）。そして、破産者が破産手続開始後に破産財団に属する財産に関してした法律行為は、破産手続の関係においては、その効力を主張することができないとされています（同法47条1項）。また、登記原因が破産手続開始前であっても破産手続開始後にした登記（法105条1号仮登記も含む）は破産債権者に対抗できないと規定されています（同法49条1項）。ただし、登記権利者が破産手続開始の事実を知らないでした登記または仮登記についてはこの限りではない（同条ただし書）となっています。

仮登記は、仮登記義務者の仮登記を申請することについての承諾書を添付すれば、仮登記権利者が単独で申請することができるとされており（法107条1号）、また、破産手続開始前には破産者の財産管理処分権は制限を受けませんので、破産管財人は、破産者が破産手続開始前に行った法律行為の効力を承認しなければなりません。したがって、破産手続開始前の仮登記義務者（破産者）の承諾書を添付すれば仮登記権利者が単独で仮登記の申請ができるようにも思えます。

本問を考える中で、前記通達の解説（『登記研究』547号）の中でいくつかの考え方が挙げられていますが、そのひとつとして民法177条（不動産に関する物権の得喪及び変更は、不動産登記法その他の登記に関する法律の定めるところに従いその登記をしなければ、第三者に対抗することができない。）の対抗の問題としてとらえようとするものがあります（『登記研究』547号131頁上段）。すなわち、破産管財人は登記をしなければ対抗することができない第三者と解されていますので（伊藤眞『破産法・民事再生法（第2版）』250頁・有斐閣、大判昭和8年11月30日民集12巻278頁）、仮登記権利者と破産管財人の関係は対抗関係となり、仮登記義務者（破産者）の承諾書があるだけでは仮登記権利者はその権利を破産管財人に主張することはできないというものです。しかし、この『登記研究』の意見は旧破産法当時のものであり、現在の破産法（平成16年法律75号）では、個人が破産者の場合には破産者所有の不動産の登記記録に破産手続開始の登記が裁判所書記官の嘱託によってされますが（破産法258条1項）、法人が破産者の場合には、法人の登記記録に破産手続開始の登記が裁判所書記官の嘱託によってされます（同法257条1項）。したがって、法人が破産者の場合には、法人所有の不動産に破産手続開始の登記がされませんので、対抗問題ということは起こらず、破産者が個人の場合と法人との場合とで取扱いが異なり、この問題を対抗問題として考えると不合理な結果となります。

　そこで、本問は破産者の承諾が破産手続開始決定前に有効であっても、破産者の破産財団に属する財産についての処分権は破産手続開始決定により喪失し、破産管財人の同意等がない限り、破産者である仮登記義務者の承諾書の効力は失われると解し（『登記研究』547号131頁下段）、破産者の仮登記をする旨の承諾書を添付しても、根抵当権仮登記の申請は受理できないものと考えるのが妥当かと思います。

Q155 登記申請 …共同根抵当権設定の仮登記の可否

共同根抵当権の設定の仮登記を申請した場合、受理されますか。

受理されません。

共同根抵当権の設定の仮登記については、これをすることができるとする見解もありますが、登記の実務においては、当該仮登記申請は受理すべきでないとされています（昭和47年11月25日民甲第4945号民事局長回答（『改訂先例・通達集』214頁、『登記研究』303号））。したがって、根抵当権の仮登記は、目的不動産ごとに申請しなければなりません。

Q156 登記申請 …離婚を条件とした財産分与の予約と所有権移転請求権仮登記の可否

離婚をした場合には財産分与をする旨の予約をしましたが、この予約を担保するために所有権移転請求権の仮登記をしたいと考えています。このような申請は受理されるでしょうか。

受理されないと解します。ただし、すでに離婚が成立し、財産分与による所有権が移転している場合には、「年月日財産分与」を原因とする所有権移転仮登記は受理されます。

離婚の予約の効果については、一般的には何らの効力を生じない

とされ、予約を前提とする財産分与の協議（予約）についても離婚の予約の一内容であるから認められず、したがって、これに基づく所有権移転請求権仮登記も認めるべきでないとされています（昭和57年1月16日民三第251号民事局長回答（『登記研究』419号））。また、財産分与請求権は、離婚の効力が生ずることによって発生する請求権であり、離婚の効力発生前においては財産分与請求権がないとされています（福岡地裁直方支部判決昭和37年11月15日判例時報331号29頁、青山修『（補訂版）仮登記の実務』53頁・新日本法規）。

　これに対して、次のような意見があります「この先例（昭和57年の先例）は離婚するかどうかまだ分からないけれども、「離婚するときには財産分与として、これを妻にやるよ」というような場合を前提としている事例ではないか。つまり、まだ離婚するかどうかははっきりしない状況の中での財産分与の予約ではないかということです。したがって、離婚することについての合意が成立し、その内容としての財産分与（給付が先になるという意味において）、すなわち離婚届の直前に行う離婚給付契約による財産分与予約の仮登記は、認められるのではないか」（藤原勇喜「不動産登記をめぐる諸問題についての若干の考察」（『登記研究』754号73頁））。

　なお、離婚を条件とした「贈与」を登記原因とする条件付き所有権移転仮登記の申請は受理される取扱いですが（『登記研究』429号質疑応答）、これは財産分与と異なり、贈与による請求権は離婚の前後に関係なく生じるからと思われます。

Q157 登記申請 …所有権移転仮登記の「相続」による移転

所有権移転仮登記をしていますが、相続を原因として移転した場合の登記は主登記による仮登記でよいでしょうか。

相続による所有権移転仮登記の移転は、主登記による仮登記になります(『登記研究』482号質疑応答)。

法105条1号の仮登記は、権利の変動はすでに生じているけれども登記申請に必要な手続上の条件が備わっていない場合にする登記です。したがって、仮登記を本登記する場合には、権利が移転した順番のとおりしなければなりません。

次の記録例で説明しましょう。

権利部（甲区）		（所有権に関する事項）	
順位番号	登記の目的	受付年月日・受付番号	権利者その他の事項
1	所有権保存	○○年○月○日 第○号	所有者　○市○町○番○号 A
2	所有権移転仮登記	○○年○月○日 第○号	原因　○○年○月○日売買 権利者　○市○町○番○号 B
	余白	余白	余白
3	2番仮登記所有権移転の仮登記	○○年○月○日 第○号	原因　○○年○月○日相続 権利者　○市○町○番○号 C
	余白	余白	余白

たとえば、順位番号2番の仮登記した所有権の移転を仮登記ではなくて本登記ですると、順位番号2番の余白にはC名義で本登記することになってしまいます。

それでは、あたかも相続人CがAから買ったような外観を呈することになり、またCからCが相続したような不都合な結果になります。したがって、順位番号3番の移転の登記は相続を原因とする場合にも仮登記ですることになります。

なお、本件と異なり、相続による所有権移転仮登記および所有権移転請求権仮登記は申請できませんので注意してください。

Q 158　登記申請
…「持分放棄」を原因とする所有権移転請求権仮登記の変更登記

A所有の不動産について、甲が代物弁済予約に基づいて所有権移転請求権の仮登記をした後、Aが死亡したので、B・Cが当該不動産を持分各2分の1とする相続の登記をしました。その後、甲がBの持分について権利放棄をしたため、権利放棄を登記原因として所有権移転請求権仮登記の変更登記をしたいのですが、その申請は受理されますか。受理される場合、その申請書の記載方法を教えてください。

受理されると考えます。

この場合の登記原因は「○○年○月○日B持分の放棄」、登記の目的は「○番所有権移転請求権仮登記をC持分の所有権移転請求権仮登記とする変更」とする取扱いです（『登記研究』381号質疑応答）。

なお、前記質疑応答では、登記原因を「○○年○月○日B持分の所有権移転請求権放棄」とすべきとされていますが、他の記録例との整合性から「所有権移転請求権」の文字は不要と考えます。

申請書例

```
               登 記 申 請 書

登記の目的    2番所有権移転請求権仮登記をC持分の所有権移転
             請求権仮登記とする変更
原    因    ○○年○月○日B持分の放棄
権 利 者    ○市○町○番○号
             B
義 務 者    ○市○町○番○号
             甲
添 付 情 報   登記原因証明情報    登記識別情報
             印鑑証明書    代理権限証明情報
○○年○月○日申請   ○法務局○出張所
 （以下省略）
```

記録例

権 利 部 （甲区）	（所有権に関する事項）		
順位番号	登記の目的	受付年月日・受付番号	権利者その他の事項
1	（省略）	（省略）	所有者　○市○町○番○号 　　　　　A
2	所有権移転請求権仮登記	○○年○月○日 第○号	原因　○○年○月○日代物弁済予約 権利者　○市○町○番○号 　　　　　甲
付記1号	余白 2番所有権移転請求権仮登記をC持分の所有権移転請求権仮登記とする変更	余白 ○○年○月○日 第○号	余白 原因　○○年○月○日B持分の放棄
3	所有権移転	○○年○月○日 第○号	原因　○○年○月○日相続 共有者　○市○町○番○号 　　　持分2分の1　　B 　　　○市○町○番○号 　　　　　2分の1　　　C

〔Q158〕登記申請　…「持分放棄」を原因とする所有権移転請求権仮登記の変更登記

Q159 登記申請 …根抵当権設定仮登記後、設定者が破産した場合の本登記手続

甲社を根抵当権者、乙社を根抵当権設定者兼債務者とする根抵当権設定仮登記（法105条1号）後、乙社が破産した場合の本登記手続を教えてください。

　当該本登記は、当該仮登記の義務者乙社の破産管財人と当該仮登記の権利者甲社とが共同で申請するか、または、当該管財人に対して当該本登記手続を命ずる確定判決を添付して、当該仮登記の権利者が単独で申請することになります。この場合、甲社は、被告を乙社とする当該仮登記の本登記手続を命ずる確定判決を添付して、仮登記の本登記手続の申請を単独ですることはできません（平成10年6月17日民三第1160号第三課長回答（『登記研究』616号））。破産手続開始の決定がされると、破産者が破産手続開始の時において有する一切の財産は破産財団となり（破産法34条1項）、その管理処分権は破産管財人に専属します（同法78条1項）。したがって、本登記手続を求める訴えの相手方は破産管財人となりますので、その被告の表示は「乙社破産管財人何某」となります。

　甲社と乙社の破産管財人が共同申請する場合の添付情報は次のとおりです。

① 登記原因証明情報
② 印鑑証明書
　破産管財人の市区町村長作成の印鑑証明書（令16条2項）または裁判所書記官の作成した印鑑証明書（規則48条1項3号）、法人である破産者につき選任された破産管財人は登

記官が作成した印鑑証明書を添付します。これらの印鑑証明書は作成後3か月以内のものを添付しますが（令16条3項）、裁判所書記官の作成した印鑑証明書については作成後3か月以内のものである必要はないとされています（『登記研究』709号カウンター相談）。これは、令16条3項の規定は、令16条2項による市町村長または区長、登記官が作成した印鑑証明書についての規定であり、裁判所書記官の作成した印鑑証明書には同条3項の規定は及ばないからとされています。

③　資格証明情報

　破産管財人の資格証明情報として裁判所書記官の交付した選任証書（破産規則23条3項）、または破産者が会社法人等番号を有する法人である場合には会社法人等番号を提供します。

④　代理権限証明情報

　登記申請を代理人に委任した場合には、委任状を添付します。

　なお、根抵当権設定の仮登記の本登記の申請の場合には登記義務者の登記識別情報の提供を要するのですが、登記義務者となる破産管財人は登記識別情報の通知を受けていないのですから登記識別情報を提供することはできません。したがって、このような場合には、法23条の制度（事前通知の方法（1項）、資格者代理人による本人確認情報の提供（4項1号）、公証人による認証（4項2号））を利用して申請することになると考えます。

〔Q159〕登記申請　…根抵当権設定仮登記後、設定者が破産した場合の本登記手続

Q160 登記申請 …死因贈与による仮登記の本登記

死因贈与に基づいて仮登記をしていましたが、この度、贈与者が死亡しましたので、その本登記をしたいと考えております。登記手続の方法を教えてください。

1 死因贈与と仮登記

死因贈与は、贈与者と受贈者の契約によって成立し、贈与者の死亡によって効力が生じ所有権が移転します（民法554条）。この場合において、死因贈与契約に基づいて法105条2号による仮登記をすることができます[注]。その場合の登記の目的は「始期付所有権移転仮登記」とし、登記原因は「年月日贈与（始期　何某の死亡）」とします。

仮登記の申請方法として、①受贈者（権利者）と贈与者（義務者）の共同申請による方法、②贈与者（義務者）の承諾書を添付して受贈者（権利者）が単独申請する方法、③判決等による単独申請する方法があります。

（注）　遺贈の場合には、贈与者生存中に「遺贈」を原因とする所有権移転請求権の仮登記はできないとされています（『登記研究』352号質疑応答）。

2 始期付所有権移転の仮登記の本登記の手続き

(1) 登記権利者

登記権利者は、受贈者です。

(2) 義務者

① 義務者は執行者の指定がある場合には、執行者^(注)です。

② 執行者の指定がない場合には、贈与者の相続人全員が登記義務者となります。

相続人全員の協力が得られない場合は、受贈者は家庭裁判所に死因贈与執行者の選任の申立てをして、その執行者とともに登記を申請します。

(注) 死因贈与は、その性質に反しない限り遺贈に関する規定を準用するため、死因贈与の執行者を選任することができます（民法554条、1006条1項、昭和41年6月14日民事1第277号第一課長回答）。

　　死因贈与執行者は、被相続人の所有権移転登記義務の承継人である全相続人の法定代理人として、死因贈与の履行を行うことができるとされています（吉野衞「死因贈与による登記（上）」『登記研究』662号35頁）。

▷ 昭和41年6月14日民事1第277号第三課長回答（藤原勇喜『新訂相続・遺贈の登記』832頁・テイハン）

要旨：公正証書による死因贈与契約において、その執行者を指定することができる。指定された執行者はその権限においてその目的物につき所有権移転の登記申請ができる。

3 添付情報

(1) 執行者の指定がある場合

① 登記原因証明情報

次のいずれかを添付すればよいと考えます。

ア 死因贈与契約書および贈与者の死亡を証する書面（贈与者の死亡の事実が記載されている戸籍または除籍の謄抄本）

登記簿に記録されている贈与者の住所と本籍が異なる場合には、登記簿に記録されている人物と戸籍上の人物が同一人

であることを証するために、贈与者の住民票の除票の写しまたは戸籍の附票の写しが必要と考えます。
　　イ　報告形式の登記原因証明情報
　　　死因贈与の場合は、遺贈の場合と異なり、その契約は通常の贈与契約と同様に不要式契約であるとされているので、報告形式の登記原因証明情報も認められると考えます。
　　　登記原因証明情報に贈与者の死亡の事実とその日付が記載されている場合には、贈与者の死亡を証する書面（贈与者の戸籍または除籍謄抄本）の添付は不要と考えます。
　　　しかし、実際には、贈与契約書が登記原因証明情報と執行者の代理権限証明情報を兼ねるので贈与契約書がある場合には報告形式の登記原因証明情報を作成するメリットは少ないと考えます。
　　　なお、遺贈の場合は、その遺言書が適法かどうかを判断するために、遺贈の場合には必ず遺言書の添付が必要とされています。
②　登記識別情報または登記済証
　　贈与者が、所有権の取得の登記をした際に取得した登記識別情報または登記済証。
③　執行者の印鑑証明書
　　執行者の発行後3か月以内の印鑑証明書が必要です。
④　執行者の代理権限証明情報
　　死因贈与契約書が、公正証書で作成されている場合と私署証書で作成されている場合とに分けて考えます。
　　なお、執行者の代理権限は贈与者の死亡によって効力が生じますので、下記アおよびイの場合には贈与者の死亡を証する書面（贈与者の死亡の事実が記載されている戸籍または除籍の謄抄本）も必要となります。ただし、これらの添付書面は登記原因証明情報をも兼ねることができますので、同一の書面は1通のみ添付すれば足ります。

ア　公正証書の場合
　　　執行者の指定のある死因贈与契約書が公正証書による場合には公正証書で足ります。
　　イ　執行者の指定のある死因贈与契約書が私署証書の場合には、死因贈与契約書に押印されている贈与者の印鑑証明書を添付するか、贈与者の相続人全員の承諾書（印鑑証明書付き）のいずれかを添付します（『登記研究』566号質疑応答）。
　　ウ　裁判所で執行者が選任された場合には、執行者選任審判書（発行後3か月以内のもの）
　　　この場合には、贈与者の死亡を証する書面の添付は不要です。
　⑤　受贈者の住所証明情報
　　受贈者（権利者）の住民票の写し（個人番号の記載のないもの）または戸籍の附票の写し。
　⑥　固定資産評価証明書
　　法定の添付書面ではないですが、登録免許税を計算するために贈与する不動産の登記申請をする年度の固定資産評価証明書。

(2) 執行者の指定がない場合

　①　登記原因証明情報
　　(1)の執行者の指定がある場合と同じ
　②　登記識別情報または登記済証
　　(1)の執行者の指定がある場合と同じ
　③　相続人全員の印鑑証明書
　　相続人全員の発行後3か月以内の印鑑証明書が必要です。
　④　相続を証する情報
　　死因贈与契約書に執行者の指定がない場合は、贈与者の相続人全員が登記申請人となりますので（法62条）、相続を証する情報を添付します（令7条1項5号イ）。

〔Q160〕登記申請　…死因贈与による仮登記の本登記

相続を証する情報として、申請人が贈与者の相続人であることと他に相続人がいないことを証明するために、相続人全員の戸籍謄抄本（相続開始後に発行されたもの）と贈与者の生まれたときから死亡までの戸籍・除籍・改製原戸籍謄本が必要です。

なお、相続人について、住所が本籍と異なる場合は、その相続人の住民票の写しも添付します。

⑤　受贈者の住所証明情報
　　⑴の執行者の指定がある場合と同じ
⑥　固定資産評価証明書
　　⑴の執行者の指定がある場合と同じ

4　登録免許税

　仮登記に基づく本登記をする場合の登録免許税の税率は、所有権移転の登記の税率から仮登記をした際に納付した税率を控除したものです。

　贈与の登記を申請する場合の税率は、不動産の価額の1000分の20ですので、仮登記の本登記をする際には、この1000分の20から仮登記した時点の税率1000分の10（登免税法別表第１、１、⑿を控除した税率1000分の10になります（登免税法17条１項）。

（注）　平成15年３月31日以前に仮登記をしている場合
　　　所得税法等の一部を改正する法律（平成15年法律第８号）が、平成15年４月１日に施行されましたので、平成15年３月31日以前に仮登記をしている場合には、改正後の登免税法17条１項の規定にかかわらず、改正後の所有権移転の登記の本則による税率から1000分の４を控除したものとされていますので（改正法附則24条４項）、1000分の20から1000分の４を控除した1000分の16の税率となります。

申請書例（死因贈与執行者がいる場合）

```
                    登 記 申 請 書

登記の目的    ○番仮登記の所有権移転本登記
原   因    ○○年○月○日贈与(注1)
権 利 者    ○市○町○番○号
            甲 某
義 務 者    ○市○町○番○号(注2)
            （亡）乙 某
            上記執行者
            ○市○町○番○号(注3)
            丙 某
添付情報     登記原因証明情報   登記識別情報   印鑑証明書
            住所証明情報   代理権限証明情報
○○年○月○日申請  ○地方法務局○出張所
代 理 人    ○市○町○番○号
            丁 某 ㊞
            連絡先の電話番号   ○○○−○○○○−○○○○
課税価格    金○○,000円
登録免許税   金○,○00円
不動産の表示
  （以下省略）
```

(注1) 死因贈与の場合でも原因は「贈与」とし、その日付は贈与者が死亡した日を記載します。

(注2) 贈与者の最後の住所を記載します。もし、登記記録に記録されている住所と、最後の住所が異なる場合には住所変更の登記が必要となります。

(注3) 執行者の氏名および住所を記載します（令3条3号）。ただし、執行者が登記申請を代理人に委任した場合には、氏名および住所の記載は必要ないとする考えもあります（昭和39年11月30日民三第953号第三課長回答（『登記研究』205号））。
　　　令3条3号では、「代理人によって登記を申請するときは、当該代理人の氏名又は名称及び住所並びに代理人が法人であるときはその代表者の氏名」とされています。この場合の代理人は委任代理人のみを指すのか、法定代理人も含むのか議論のあるところですが、法定代理人も含むものと考えます。委任代理人のみをいう場合には、令においては「委任による代理人」と表示しています

が（令16条、18条）、令16条1項では、「申請人又はその代表者若しくは代理人は、法務省令で定める場合を除き、申請情報を記載した書面に記名押印しなければならない。」としております。ここにいう、申請人とは、令3条1号の申請人であり、代表者とは同2号の代表者であり、代理人とは同3号の代理人を指します。そして、令16条2項では、「前項の場合において、申請情報を記載した書面には、法務省令で定める場合を除き、同項の規定により記名押印した者（委任による代理人を除く）…」とされていますので、令3条3号の代理人とは、委任代理人と法定代理のことを指すものと考えます。したがって、原則として、申請書には執行者の氏名および住所を記載しなければなりません。しかし、執行者が登記を委任した場合には、復代理人の場合と同様に申請書に氏名および住所の記載は要しないのかが問題となります。先例（昭和39年11月30日民三第953号第三課長回答）では、復代理人（会社等の法人が申請人である場合の当該法人の代表者の選任した代理人を含む）が登記の申請をする場合においては、申請書に代理人（会社等の法人の代表者を含む。いわゆる中間法人の代理人）の表示とすることを要しないとしています。

　この先例がまだ生きているかは不明です。なぜなら、もし、この先例がそのまま生きているならば、法人が申請人となる場合において、登記の申請を代理人に委任した場合には、その代表者の氏名の記載は要しないことになりますが、実際には、令3条2号に基づいて代表者の氏名を記載しているのが実情です。また、登記識別情報を提供できない場合には、執行者宛てに事前通知（法23条1項）をするかまたは執行者の本人確認情報（法23条4項1号）を提供することになりますが、その場合の事前通知の宛て先は、申請書に記載された住所に送付することになります。もちろん、委任状に記載された住所に送付すればよいという考えもありましょうが、委任状はあくまでも添付書面であって、登記手続はあくまで申請情報に基づいてするのが原則です。また、登記識別情報の通知の相手方としては、法定代理人が申請している場合には、当該法定代理人に通知をするのが原則ですので（規則62条1項1号）、登記識別情報の通知を委任代理人ではなく、法定代理人に郵送を希望した場合には、その宛て先は、申請書に記載した法定代理人の住所に送付しなければなりません。

　以上のことを考えますと執行者が登記申請を代理人に委任している場合でも、原則どおり氏名および住所を申請情報として記載すべきものと考えます。ただし、その記載がないことを理由に補正の対象にすることはできないと考えます。

申請書例（死因贈与執行者の指定がない場合）

```
                登 記 申 請 書

登記の目的    ○番仮登記の所有権移転本登記
原   因    ○○年○月○日贈与
権 利 者    ○市○町○番○号
          甲 某
義 務 者    ○市○町○番○号
          （亡）乙 某
          上記相続人
          ○市○町○番○号
          丙 某
          ○市○町○番○号
          丁 某
添 付 情 報   登記原因証明情報　登記識別情報　印鑑証明書
          住所証明情報　相続証明情報　代理権限証明情報
 （以下省略）
```

記録例

権 利 部 （甲区）	（所有権に関する事項）		
順位番号	登記の目的	受付年月日・受付番号	権利者その他の事項
何	始期付所有権移転仮登記	○○年○月○日 第○号	原因　○○年○月○日贈与 　　（始期　乙某の死亡） 権利者　○市○町○番○号 　　　甲 某
	所有権移転	○○年○月○日 第○号	原因　○○年○月○日贈与 所有者　甲 某

〔Q160〕登記申請　…死因贈与による仮登記の本登記

第12章 仮登記

抹消

Q161 登記申請 …1号仮登記に基づく仮登記の抹消の仮登記の可否

甲は、乙と売買契約をして所有権移転仮登記をしましたが、売買代金全額を返却し、売買契約を解除して、所有権移転仮登記を抹消したいと考えています。しかし、売買代金を数回に分けて返済するため、完済するまでには時間がかかるところから、その間に仮登記された権利が移転等の処分をされると困るので、仮登記の抹消の仮登記を申請したいと思っていますが、このような申請は受理されるでしょうか。

　受理されないものと考えます。登記の実務では、抹消の仮登記は認められています。たとえば、AからBに所有権移転登記がされたが、当該所有権移転の登記原因が無効であり、または取消し、解除により所有権がAに復帰している場合にBからCに所有権移転登記がされると、抹消権利者であるAはCに対して抹消を主張するのが困難になります。このように対抗関係が問題とされる場合には、抹消の仮登記をして順位保全をする実益があるので、抹消の仮登記は認められています。

　本問は、法105条1号仮登記の抹消の仮登記が認められるかどうかを問うものです。

　判例は、不動産登記法が仮登記を認めた趣旨は、対抗要件としての登記の申請に必要なる手続上の条件が具備しない場合、または物権の変動を目的とする請求権を保全しようとする場合において、登

記の遅延により生ずる不利益を救済するためにその登記の順位を保全するためであり、仮登記の抹消登記については登記上の利害関係人に影響を及ぼすことがないので、さらに仮登記をもってその抹消登記の順位を保全する必要がないことは明らかとしています（東京地決大正元年8月30日、判例研究会編『不動産登記判例集（一）』372頁・テイハン）。

本問は、甲から乙への所有権移転の仮登記がされていても、登記記録上の所有者は甲であり、仮に乙から丙へ仮登記所有権の移転登記がされても、依然として甲は自己の所有権を主張することができるのですから、甲はすでに自己の権利について対抗力を備えています。よって、仮登記をする実益がないことから、法105条1号による仮登記の抹消の仮登記は受理されないものと考えます。

Q162 登記申請…所有権移転に関する仮登記を共同申請で抹消する方法

所有権移転仮登記を「解除」を原因として、共同申請によって抹消する場合の申請書の書き方を教えてください。

　所有権に関する仮登記の抹消は、登記権利者と登記義務者（仮登記名義人）が共同で申請するのが原則です。登記権利者とは、権利に関する登記をすることにより登記上、直接利益を受ける者をいいますが（法2条12号）、所有権の仮登記の抹消の場合には、現在の所有権の登記名義人と仮登記義務者（仮登記した時の所有権の登記名義人）の両者を含むと解されていますので、どちらかが登記権利者として申請することができます。その他の方法として、仮登記

名義人による単独申請または仮登記名義人の承諾がある場合には当該仮登記の登記上の利害関係人による単独申請も可能です（法110条）。

登記権利者と登記義務者の共同で申請する場合の申請書の書式例は、次のようになります。

申請書例

```
　　　　　　　　　登　記　申　請　書

登記の目的　　　所有権仮登記抹消

原　　　因　　　○○年○月○日解除

抹消すべき登記　○○年○月○日受付　第○号

権　利　者　　　○市○町○番○号
　　　　　　　　　A

義　務　者　　　○市○町○番○号
　　　　　　　　　B

添付情報　　　　登記原因証明情報　　登記識別情報
　　　　　　　　印鑑証明書(注)　　　代理権限証明情報

○○年○月○日申請　○法務局○出張所
　（以下省略）
```

(注) 登記義務者である仮登記名義人Bの印鑑証明書を添付します。この印鑑証明書は作成後3か月以内のものです（令16条3項）。また、原本還付の請求はできません（令16条2項、18条2項、規則47条3号イ(1)、規則55条1項）。

Q163 登記申請 …所有権移転に関する仮登記の登記上の利害関係人による単独抹消

所有権移転に関する仮登記を、所有権の登記名義人が単独で抹消する場合の申請書の書き方を教えてください。

　登記上の利害関係人は、仮登記名義人の承諾を証する情報（印鑑証明書付き）またはこれに対抗することができる裁判があったことを証する情報（判決謄本）を提供して、仮登記の抹消を単独で申請できます（法110条後段、令別表の70の項添付情報欄ロ）。

　登記上の利害関係人とは、仮登記義務者およびその仮登記に基づいて本登記をした場合に自己の権利が否定されるかまたは不利益を受ける人であり、所有権に関する仮登記については法109条2項の規定により本登記がされるときにその登記が抹消される人をいいます。

　なお、当該仮登記の抹消について登記上の利害関係を有する第三者があるときは、その第三者の承諾を証するその第三者が作成した情報（印鑑証明書付き）またはその第三者に対抗することができる裁判があったことを証する情報（判決謄本）も提供しなければなりません（令別表の70の項添付情報欄ハ）。

申請書例(所有権移転請求権仮登記抹消の場合)

```
              登 記 申 請 書

登記の目的    所有権移転請求権仮登記抹消
原   因    ○○年○月○日解除
抹消すべき登記  ○○年○月○日受付 第○号
権利者兼利害関係人  ○市○町○番○号
(申請人)         A ㊞
          連絡先の電話番号 ○○○-○○○-○○○○
義 務 者    ○市○町○番○号
              B
添 付 情 報   登記原因証明情報  承諾書(注)
○○年○月○日申請 ○法務局○出張所
 (以下省略)
```

(注) 仮登記名義人の承諾書(印鑑証明書付き)または当該登記名義人に対抗することができる裁判があったことを証する情報(判決謄本)を添付します。承諾書とそこに添付した印鑑証明書は原本還付の請求はできません(令19条2項、規則55条1項)。なお、この印鑑証明書は作成後3か月以内のものでなくてもかまいません。

仮登記名義人の承諾書見本

```
              承  諾  書

○市○町○番○号
  A 殿
  ○○年○月○日受付第○号で、後記不動産について所有権移転請求
権仮登記をしたが、上記登記に対して○○年○月○日解除を原因とす
る抹消登記を申請することを承諾します。
                    ○○年○月○日
                     ○市○町○番○号
                        B ㊞

不動産の表示
  (以下省略)
```

Q164 登記申請 …所有権移転請求権仮登記と混同による抹消

A所有の不動産について所有権移転請求権仮登記をしたBが、Aを相続してその旨の登記をしました。当該仮登記を「混同」を登記原因として抹消登記の申請をしたいのですが、このような申請は受理されるでしょうか。受理されるとしたら、添付書面は何を添付すればよいですか。

1	所有者　A
2	所有権移転請求権仮登記　B
	余白
3	所有権移転　B

「混同」を原因とする抹消登記の申請は受理されます。

民法では債権および債務が同一人に帰属したときは、その債権は、混同により消滅するとされています（民法520条）。本問の場合は、所有権移転請求権者が当該不動産の所有権を取得したのですから、債権者と債務者が同一人に帰属したこととなるので、所有権移転請求権は混同によって消滅します。

申請は、Bの単独による申請となり、申請書には登記識別情報（または登記済証）およびBの印鑑証明書を添付します（『登記研究』531号質疑応答）。登記記録から混同の事実が確認することができるので、登記原因証明情報の添付は不要とされています（『登記研究』690号質疑応答）。

なお、法105条1号による所有権移転仮登記がされている物件について、同一人のために所有権移転登記がされても、「混同」を原因として仮登記の抹消をすることはできません（『登記研究』155号質疑応答）。なぜならば、法105条1号仮登記は、実体上は所有権が移転していますので、民法139条1項でいうところの「他の物権」に該当しないからです。

申請書例

```
                   登 記 申 請 書
登記の目的      所有権移転請求権仮登記抹消
原    因      ○○年○月○日混同(注)
抹消すべき登記   ○○年○月○日受付　第○号
権利者兼義務者   ○市○町○番○号
                B
                連絡先の電話番号　○○○-○○○-○○○○
添 付 情 報     登記識別情報　　印鑑証明書
○○年○月○日申請　　○法務局○出張所
登録免許税　金○,000円
不動産の表示
　（以下省略）
```

(注)　原因日付はAが死亡した日です。

Q 165 登記申請 …区分建物の敷地に設定されている所有権移転仮登記を抹消した場合

敷地に所有権移転の仮登記がされた後に、敷地権（所有権）たる旨の登記がされている区分建物があります。1個の専有部分を乙に売却してその旨の登記申請をすることを考えていますが、その場合、乙の取得する敷地の持分につき所有権移転の仮登記を「解除」により消滅する登記の記録例はどのようになりますか。

　敷地権付きの区分建物を取得した場合には、敷地に設定されている権利も一緒に移転します。本問の場合、敷地に所有権移転仮登記がされた後に敷地権たる旨の登記がされていたということですから、その専有部分を取得した乙は所有権移転仮登記がされている敷地を取得したことになります。本問は、取得した専有部分の敷地にされている仮登記の抹消登記を申請した場合、登記記録にどのように記録されるかを問うものですが、以下の記録例になるものと考えます。

記録例（土地の甲区）

権　利　部　（甲区）		（所有権に関する事項）	
順位番号	登記の目的	受付年月日・受付番号	権利者その他の事項
4	所有権敷地権	余白	（省略）
5	3番所有権移転仮登記を甲持分の所有権移転仮登記とする変更	○○年○月○日第○号	原因　○○年○月○日乙持分（家屋番号○町一丁目1番1の301の敷地権）解除

Q 166 登記申請 …1号仮登記を「権利放棄」を原因として抹消できるか

法105条1号によってされた売買による所有権移転の仮登記を抹消する場合、登記原因を「権利放棄」とした抹消登記は受理されますか。

　受理されないものと考えます。
　法105条1号仮登記の場合には、仮登記所有権者が実体上の所有権を取得していますので、「権利放棄」による仮登記の抹消を認めることは所有権の放棄を原因とする所有権移転登記の抹消を認めることになります。しかし、所有権を放棄すると、それは無主物となり、国庫に帰属することになりますから、権利放棄をしたからといって登記の抹消登記をすることはできません。
　なお、この場合の権利放棄を仮登記の効力である順位保全権を放棄するものであれば、登記は元来これをするかしないかは当事者の自由であるから、抹消登記の申請があれば受理せざるを得ないとする先例（大正5年5月17日民第759号法務局長回答）もあります。しかし、一度登記して公示されたものを当事者の都合で登記のみの放棄を認めるべきではないと解します。
　本問の場合、仮登記を抹消したいということですが、その場合には、前所有者と共同して売買契約を解除したいのであれば「解除」、誤って仮登記の申請がされたのであれば「錯誤」を原因として抹消登記を申請することになるものと考えます。
（参考：藤原勇喜『不動産登記の実務上の諸問題』318頁・テイハン）

第13章
利益相反行為

利益相反行為

Q 167 利益相反行為への該当・非該当
…父親の会社の債務を担保するための物上保証契約

父が代表取締役をしている会社の債務のために、その親権に服する子の不動産に抵当権を設定することは利益相反行為に該当しますか。

利益相反行為に該当しません。

民法826条1項は、「親権を行う父又は母とその子との利益が相反する行為については、親権を行う者は、その子のために特別代理人を選任することを家庭裁判所に請求しなければならない。」と規定しています。この場合の「その子との利益が相反する行為」とは、親権者の利益のためになされる行為の場合に限定すべきです。

本問のように、たとえ父親が会社の代表取締役をしている会社の債務を担保するために子の不動産に抵当権を設定するとしても、利益を受けるのは父親ではなく、父親が代表取締役をしている会社自体ですから、当該物上保証契約は利益相反行為に該当しません（昭和36年5月10日民甲第1042号民事局長回答（『登記研究』167号、青山修『〔補訂版〕利益相反行為の登記実務』17頁・新日本法規（以下この章においては『利益相反行為の登記実務』という）））。

なお、本問の場合、特別代理人を選任する必要はありませんが、もし、家庭裁判所において子のために特別代理人の選任の審判をし

た場合には、その審判は当然には無効ではないので、特別代理人によってなされた物上保証契約に基づく抵当権設定の登記申請は受理されます（前記通達）。

Q168 利益相反行為への該当・非該当…親権者と共有不動産の売買

親権者の母と未成年の子が共有している不動産を売る場合、親権者である母は子の代理人となることができますか。

　代理人となることができます。
　未成年の子と親権者が売主／買主となって売買する場合には利益相反行為に該当しますが、ご質問のケースでは、単に未成年の子と親権者が共有している不動産を第三者に売るということですので、民法826条1項の利益相反行為には該当しません。
　したがって、子について特別代理人を選任する必要はなく、母は子の親権者として当該不動産を売ることができます。
（参考：昭和23年11月5日民甲第2135号民事局長回答（『登記研究』14号、『利益相反行為の登記実務』52頁））

Q169 利益相反行為への該当・非該当
…他人の債務の保証のための抵当権設定

他人の債務を担保するために、父と未成年の子の共有名義となっている不動産を担保提供したいと考えていますが、この場合、子について特別代理人の選任が必要ですか。

　父と子の行為は利益相反行為に該当しませんので、特別代理人の選任は必要ありません（昭和37年10月9日民甲第2819号民事局長通達（『登記研究』182号、『利益相反行為の登記実務』16頁））。

　親と未成年の子との行為が利益相反行為に該当するか否かは、行為の外形から判断すべきであるとされています。父と未成年の子が物上保証人になること自体は、形式的に判断するとお互いに利害を生じさせる行為に該当しませんので、当該行為は利益相反行為には該当しないことになります。

　なお、家庭裁判所において子のために特別代理人の選任の審判をした場合には、その審判は当然には無効でなく、その特別代理人によってなされた物上保証契約に基づく抵当権設定の登記申請は受理して差し支えない、とされています（前記通達）。

Q170 利益相反行為への該当・非該当 …会社と取締役の直接取引

利益相反行為になる、会社と取締役の直接取引について教えてください。

取締役が自己または第三者のために会社と取引をするには株主総会または取締役会設置会社（会社法2条7号）においては取締役会（以下「株主総会等」という）の承認が必要です（会社法356条1項、365条1項）。この場合、その取締役が代表取締役か否か、また、自ら代表するかを問いません。そして、取締役の行為が自己のためにするか、第三者のためにするかに分けて考えることができます。

(1) 取締役が自己のためにする場合

次の場合は、いずれも株主総会等の承認が必要になります。甲会社（代表取締役A）とAが不動産の売買をする場合が、典型的な例です（①の場合）。

なお、Aが甲会社の代表取締役でない場合（取締役の場合）または甲会社を代表して取引をしない場合（他の代表取締役が代表した場合）でも、利益相反行為になりますので、甲会社の株主総会等の承認が必要になります（②の場合）。

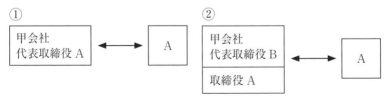

(2) 取締役が第三者のためにする場合

「第三者のため」とは、第三者の名において、という意味であり、取締役が第三者の代理人または代表者となる場合をいいます。たとえば、甲会社の代表取締役Aが乙会社を代表して不動産の売買をする場合などです。

次の例を参考にしてください。

① Aが甲・乙会社の代表取締役で両会社を代表して不動産の売買をする場合

　甲および乙会社の株主総会等の承認が必要です（昭和37年6月27日民甲第1657号（『利益相反行為の登記実務』137頁））。

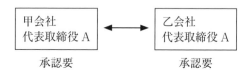

② Aが甲会社を代表し、Bが乙会社を代表して不動産の売買をする場合（ただし、Aは乙会社の取締役または代表取締役の場合）

　株主総会等の承認については、甲会社は不要ですが、乙会社は必要です。乙会社の取締役Aは、第三者である甲会社を代表して乙会社と取引をするから乙会社の株主総会等の承認が必要になります。これに対して、甲会社のAは、乙会社を代表して自己の会社甲と取引をしたわけではないので、甲会社の株主総会等の承認は必要ありません（『登記研究』517号質疑応答）。

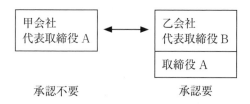

③ A以外の代表取締役が甲・乙を代表して取引をする場合
　甲および乙会社とも株主総会等の承認は不要です。
　Aは、甲および乙会社の代表取締役を兼ねていますが、Aは自己の会社（甲および乙）のために第三者（甲または乙）を代表して取引をしているわけではないからです（昭和52年11月14日民三第5691号（『利益相反行為の登記実務』138頁））。

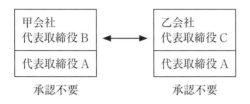

Q171 利益相反行為への該当・非該当 …会社分割

代表者が同一の会社へ会社分割を原因として所有権移転をする場合には、利益相反になるでしょうか。

利益相反にはならないものと考えます。

(1) 取締役と会社の取引

　取締役が会社から貸付を受け、または自己所有の不動産を会社に売るなど、取締役と会社の間で取引をするには、株主総会または取締役会設置会社においては取締役会（以下「株主総会等」という）の承認が必要です（会社法356条1項、365条1項）。他の取締役が会社を代表するときも、仲間意識から会社の利益を厳

密に検討しない危険がありますので、代表権の有無にかかわらず、すべての取締役にこの規制が加えられています。

　取締役は、次に掲げる場合には、株主総会等において、当該取引につき重要な事実を開示し、その承認を受けなければなりません（同法356条1項）。

---

① 取締役が自己または第三者のために株式会社の事業の部類に属する取引をしようとするとき
② 取締役が自己または第三者のために株式会社と取引をしようとするとき
③ 株式会社が取締役の債務を保証することその他取締役以外の者との間において株式会社と当該取締役との利益が相反する取引をしようとするとき

---

(2) 会社分割と利益相反

　会社分割には、新設分割と吸収分割があり、会社分割ができるのは株式会社と合同会社のみです。会社分割の定義としては、分割会社がその事業に関して有する権利義務の全部または一部を分割後他の会社または分割により設立する会社に承継させることだと定められています（会社法2条29号、30号）。したがって、利益相反の行為は会社と取締役との個別的な取引を規定したものですが、会社分割はそのような取引ではないので、会社法356条の適用はないと考えます。また、会社分割をするためには、株主総会の特別決議（同法783条1項、804条1項、309条3項3号、同条2項12号）の承認を要していることからしても、利益相反にならないものと考えます。

Q 172 成年被後見人と成年後見人の売買

成年被後見人Ａ所有の不動産を成年後見人Ｂに売却する場合には、誰が成年被後見人を代理するのですか。

第13章 利益相反行為

　成年後見監督人がある場合には、成年後見監督人が成年被後見人を代表し（民法851条4号）、売買契約を締結します。成年後見監督人が選任されていない場合には、成年後見人は、成年被後見人のために特別代理人の選任を家庭裁判所に請求して（同法860条、826条）、特別代理人を選任してもらい、その選任された特別代理人が成年被後見人を代理し、売買契約を締結します。

　登記の申請の際には、登記原因証明情報の有効性を担保するために後見監督人の資格を証する情報として後見監督人を記録した登記事項証明書または特別代理人の資格を証する情報として家庭裁判所の選任審判書を提供します。これらの書面は代理権限証明情報を兼ねることができます。

　登記申請は、申請人が成年被後見人の場合には、成年後見人が代理人となるのが原則です。しかし、売買契約を成年後見監督人または特別代理人が行った場合には、成年後見人または成年後見監督人、特別代理人のいずれからも申請できるものと考えられています（昭和32年4月13日民三第379号参照（『利益相反行為の登記実務』69頁））。

　その場合の代理権限証明情報は、成年後見人または成年後見監督人の場合には後見登記の登記事項証明書（作成後3か月以内のもの（令17条1項））、特別代理人の場合には家庭裁判所の選任審判書を添付します。この審判書は、作成後3か月以内のものでなくてもかまわないとされていますが（昭和31年12月14日民三第1367号第

三課長電報回答)、その取扱いには疑問を要するところです。相続財産管理人の選任書は作成後3か月以内のものを要するとされていること(『登記研究』806号質疑応答)との整合性がなくなります(Q088の**4**の⑤参照)。

〈被後見人のための特別代理人選任の申立てについて〉
＊申立先は、後見開始の審判をした家庭裁判所です(家事法117条2項、別表第1の12項)
＊申立てに必要な書類
　・申立書
　・登記事項証明書(法務局で発行する申立人が後見人等であることの証明書)
　・収入印紙800円
　・郵便切手：82円切手10枚、10円切手10枚
　・特別代理人候補者の住民票の写しまたは戸籍の附票の写し
　・その他にも申立ての目的と内容によって提出する書類がありますので、申立ての目的を整理した上で、家庭裁判所に問い合わせてください。
Q　特別代理人は、どのようなことをするのですか。
A　特別代理人は、家庭裁判所の審判で決められた行為(書面に記載された行為)について、代理権などを行使することになります(家庭裁判所の審判に記載がない行為については、代理などをすることができません。)。家庭裁判所で決められた行為が終了したときは、特別代理人の任務は終了します。
(以上、家庭裁判所のホームページ参照)

Q 173 代表取締役の議決権行使の可否

第13章 利益相反行為

代表取締役を同じくする甲・乙会社間で不動産の売買契約をする場合に、取締役会の決議においてその代表取締役Aは議決権を行使できますか。

　登記の実務では、議決権を行使できるとされています。しかし、この結論には異論があるため、実際には当該取締役は欠席して決議している場合が多いでしょう。

　Aは甲および乙会社の代表取締役をしていて、その会社の間で売買契約をするのですから当該行為は利益相反行為となり、両会社の株主総会または取締役会設置会社においては取締役会の承認が必要となります（会社法356条1項、365条1項）。

　本問では、取締役会で売買契約についての承認決議をしようとする場合、Aが取締役会の決議に参加することができるかどうかが問題となります。

　特別の利害関係を有する取締役は、取締役会の決議に参加することができないとされています（同法369条2項）。この特別の利害関係を有する取締役とは、具体的には、競業取引（取締役が自己または第三者のために株式会社の事業の部類に属する取引をすること）をしようとする取締役、会社と取引をしようとする取締役をいいます。

　本問の場合、Aは特別利害関係人には該当しないものと考えます。なぜならば、本問の不動産の売買契約は会社間の取引であり、A個人は利益を得ることはないからです。これに対して特別利害関係人に該当するという見解もありますが（小山稔・二宮照興『改訂版利益相反行為の判断と処理の実際』200頁・新日本法規）、登記の先例は、特別利害関係人に該当しないという見解です（昭和

34年3月31日民甲第669号民事局長回答（『登記研究』139号））。

　ただし、本問の場合は、利益相反行為に該当しますので、所有権移転登記の申請書には、取締役会設置会社の場合は、甲・乙両会社の取締役会の承認を証する書面（取締役会議事録）の添付が必要となります。

　取締役会議事録には、出席取締役全員が署名または記名押印することになりますが、代表取締役は法務局にあらかじめ届出している印を押すことになります。その他の取締役は市区町村に届出している実印を押し、印鑑証明書を添付します。

▶参考

① 昭和34年3月31日民甲第669号民事局長回答（『登記研究』139号）
要旨：生協の理事長と労働金庫の理事長が同一人の場合、労働金庫が生協への貸出の決議をする場合、所問の理事は議決権を行使することができる。

② 昭和37年6月27日民甲第1657号民事局長回答（『登記研究』177号）
要旨：代表取締役を同じくする株式会社相互の売買による所有権移転登記の申請には、両株式会社の取締役会議事録を添付すべきである。

③ 昭和41年8月10日民甲第1877号民事局長回答（『登記研究』227号、『利益相反行為の登記実務』217頁）
要旨：甲会社が債務者となり乙会社の不動産に根抵当権を設定する場合、甲・乙会社の取締役全員が同一の場合（ただし、両会社の代表取締役は異なる）、乙会社の取締役会の承認決議は有効である。各取締役は特別利害関係人に該当しない。

④ 『登記研究』454号質疑応答
要旨：株式会社が取締役会の構成員を同じくする他の有限会社のために物上保証人となって抵当権を設定する場合における取締役会の承認に関しては、各取締役は議決権を行使することができる。

Q174 取締役全員が同一の会社間の保証を行う場合の取締役会の決議の有効性

債務者甲会社（代表取締役A）のために、乙会社（代表取締役B）の不動産に根抵当権を設定する場合、甲・乙両会社の取締役全員が同一の場合には取締役会の決議は有効にできますか。

有効にできると考えます。

(1) 取締役会の承認決議について

甲会社（代表取締役A、取締役B・C）の債務のために乙会社（代表取締役B、取締役A・C）の不動産を担保提供するわけですから、乙会社が取締役会設置会社であれば取締役会の承認が必要になります（会社法356条1項3号）。しかし、甲会社は物上保証をしてもらうだけで何ら不利益がないので、甲会社の取締役会または株主総会の承認決議は不要です。

(2) 特別利害関係人と取締役会

会社法369条2項によると、取締役会の決議には特別の利害関係を有する取締役は決議に参加できないことになっています。したがって、本問の場合、甲・乙会社の取締役が全員同一のため有効な決議ができるかどうかが疑問点となります。登記の実務としては、各取締役は特別利害関係人に該当しないとして、取締役会においては有効に議決権の行使ができるものとされています（昭和41年8月10日民甲第1877号民事局長回答（『登記研究』227号、『利益相反行為の登記実務』217頁））。

(3) 特別利害関係とは

　会社法は、何が特別利害関係なのか具体的には定めてはいませんが、競業行為および自己取引についての承認を求める取締役は特別利害関係人とされています。

　本問の場合は、債務者甲会社と根抵当権設定者乙会社の取締役が同一ですが、利益相反となるのは乙会社自身の行為であって、取締役個人の権利義務には直接には関係ないので、本問の場合には各取締役は特別利害関係人には該当しないと解されています。

Q175 株式会社の場合の第三者の承諾を証する情報

利益相反となる取引をする場合には、第三者の承諾を証する情報を提供しなければならないとされていますが、株式会社の場合には、何を提供すればよいでしょうか。

　取締役会非設置会社の場合には株主総会議事録、取締役会設置会社（会社法2条7号）の場合には取締役会議事録を提供します。

　なお、会社法319条1項の規定により株主総会の決議があったものとみなされた場合には株主全員の同意の意思表示があったことを証する情報または会社法370条の規定により取締役会の決議があったものとみなされた場合には取締役全員の同意の意思表示があったことを証する情報（監査役設置会社（会社法2条9号）においては、これに加えて監査役が異議を述べなかったことを証する情報）を提供します（平成18年3月29日民二第755号民事局長通達（『改訂先例・通達集』48頁、『登記研究』700号））。

　なお、これら議事録等は原本還付できますが、議事録等に添付し

た印鑑証明書は原本還付できません（令19条2項、規則55条1項ただし書）。

1 承認を受ける取引

会社法において、取締役が次に掲げる場合には、株主総会において、その取引につき重要な事実を開示し、その承認を受けなければならないとされています（会社法356条1項）。また、取締役会設置会社においては、株主総会の代わりに取締役会の承認を受けなければなりません（同法365条1項）。

> ① 取締役が自己または第三者のために株式会社の事業の部類に属する取引をしようとするとき
> ② 取締役が自己または第三者のために株式会社と取引をしようとするとき
> ③株式会社が取締役の債務を保証することその他取締役以外の者との間において株式会社と当該取締役との利益が相反する取引をしようとするとき

2 第三者の承諾を証する情報

(1) 取締役会非設置会社の場合

利益相反行為を承認した場合には、次のいずれかの情報を提供しなければなりません。

① 株主総会議事録
取締役会非設置会社においては、利益相反行為に対する承認は株主総会の普通決議で行いますので（会社法309条1項、356条1項）、登記の申請には、株主総会議事録を提供します。
株主総会の議事については、法務省令（会社法施行規則72

条）で定めるところにより、議事録は、書面または電磁的記録をもって作成しなければならないとされています（会社法318条1項、会社法施行規則72条2項）。

　記載すべき議事録の内容は、会社法施行規則72条3項に規定されていますが、議事録の作成に関しては、議事録の作成に係る職務を行った取締役の氏名を記載することとされています（同項6号）。なお、改正前の商法244条3項では、議長および出席した取締役が署名することとなっていましたが、この規定が廃止されたため議長および出席取締役は署名する義務がなくなりました。

　株主総会議事録は、令7条1項5号ハに規定する第三者の承諾を証する情報を記載した書面であり、その書面には公証人等が認証した場合を除き記名押印しなければなりません（令19条1項、規則50条）。また、その書面には、記名押印した者の印鑑証明書を添付しなければなりません（令19条2項）。もし、代表取締役が議事録の作成に係る職務を行った取締役であるならば、代表取締役が議事録に記名押印し、登記官が作成した会社代表者の印鑑証明書を添付します（規則50条2項の場合を除く）。また、記名押印した取締役の資格を証する情報（登記事項証明書等。ただし、会社法人等番号に代えることができる）も添付します（『登記研究』535号質疑応答）。

② 　株主総会を開催しないで書面決議による場合の株主総会議事録

　　取締役または株主が株主総会の目的である事項について提案した場合において、当該提案につき株主の全員が書面または電磁的記録により同意の意思表示をしたときは、当該提案を可決する旨の株主総会の決議があったものとみなされますが（会社法319条1項）、その場合については、株主総会の決議があったものとみなされた事項の内容、当該事項を提案した者の氏名または名称、株主総会の決議があったものとみなされた日を内

容とした議事録を作成します。この場合、議事録には議事録の作成に係る職務を行った取締役の氏名を記載することとされていますので（同法施行規則72条4項1号ニ）、当該取締役が記名押印して印鑑証明書と資格を証する情報（会社法人等番号に代えることができる）を添付します。

③　株主全員の同意書

②の株主総会議事録に代えて、この株主全員の同意書を第三者の承諾書とすることができますが（平成18年3月29日民二第755号民事局長通達（『改訂先例・通達集』48頁、『登記研究』700号））、その場合には総株主全員が記名押印し、市区町村長が発行した印鑑証明書を添付します。

(2)　取締役会設置会社の場合

利益相反行為を承認した場合には、次のいずれかの情報を提供しなければなりません。

①　取締役会議事録

取締役会議事録を書面をもって作成したときは、出席した取締役および監査役は、これに署名し、または記名押印しなければならないとされています（会社法369条3項）。会社法では、議事録には署名または記名押印と規定されているため署名があれば押印は不要に思われますが、令19条に規定する第三者の承諾を証する情報を記載した書面には公証人等が認証した場合を除き記名押印しなければなりません（令19条、規則50条）。また、その書面には、記名押印した者の印鑑証明書を添付しなければなりませんので（令19条2項）、出席した取締役（特別利害関係を有する取締役を含む）および監査役は議事録に押印し、印鑑証明書を添付することになります。なお、代表取締役の印鑑は、登記官が作成した会社代表者の印鑑証明書を添付し（規則50条2項の場合を除く）、他の取締役および監査役は市

区町村長作成の印鑑証明書を添付します（令19条2項）。また、記名押印した取締役の資格を証する情報（登記事項証明書等。ただし、会社法人等番号に代えることができる）も添付します（『登記研究』535号質疑応答）。

② 取締役会を開催せず書面決議による場合の取締役会議事録

取締役設置会社では、定款の定めにより取締役全員（特別の利害関係を有する取締役を除く）の同意の意思表示をしたときは、当該提案を可決する旨の取締役会の決議があったものとみなされますが（会社法370条）、この場合には、取締役会の決議があったものとみなされた事項の内容、取締役会の決議があったものとみなされた日等を内容とした議事録を作成します。この議事録には議事録の作成に係る職務を行った取締役の氏名を記載することとされていますので（同法施行規則101条4項1号ニ）、当該取締役が押印して印鑑証明書を添付します。

なお、監査役設置会社の場合には、監査役が異議を述べたときは取締役会の決議があったものとはみなされませんから、第三者が承諾したことを証する情報の一部として、監査役が異議を述べなかったことを証する情報も必要になります。また、記名押印した取締役および監査役の資格を証する情報（会社法人等番号に代えることができる）と定款の添付も要するものと考えます。

③ 取締役全員の同意書

②の取締役会議事録に代えて、特別の利害関係を有する取締役を除く取締役全員の同意書（監査役設置会社においては、これに加えて監査役が異議を述べなかったことを証する情報）を第三者の承諾書とすることができますが（平成18年3月29日民二第755号民事局長通達（『改訂先例・通達集』48頁、『登記研究』700号））、その場合には取締役全員（特別の利害関係を有する取締役を除く）が記名押印し、市区町村長が作成した印鑑証明書を添付します。ただし、代表者印を登記所に届けて

いる代表取締役は届出印を押し、登記官が作成した会社代表者の印鑑証明書を添付します（規則50条2項の場合を除く）。また、記名押印した取締役および監査役の資格を証する情報（会社法人等番号に代えることができる）と定款の添付も要するものと考えます。

3 株主総会議事録に記載すべき内容

株主総会議事録には、次に掲げる事項を記載しなければなりません（会社法施行規則72条3項）。

① 株主総会が開催された日時および場所
② 株主総会の議事の経過の要領およびその結果
③ 次に掲げる規定により株主総会において述べられた意見または発言があるときは、その意見または発言の内容の概要
　会社法342条の2第1項、同条の2第2項、同条の2第4項、345条1項（同条4項および5項において準用する場合を含む）、同条2項（同条4項および5項において準用する場合を含む）、361条5項、同条6項、377条1項、379条3項、384条、387条3項、389条3項、398条1項、398条2項、399条の5
④ 株主総会に出席した取締役、執行役、会計参与、監査役または会計監査人の氏名または名称
⑤ 株主総会の議長が存するときは、議長の氏名
⑥ 議事録の作成に係る職務を行った取締役の氏名

第13章 利益相反行為

株主総会議事録見本（取締役会非設置会社の場合）

臨時株主総会議事録

　〇〇年〇月〇日午前〇時〇分から、当会社本店会議室において臨時株主総会を開催した。

　　株主総数　　　　　　　　　　　　〇名
　　発行済株式の総数　　　　　　　　〇株
　　議決権を行使できる株主数　　　　〇名
　　この議決権の数　　　　　　　　　〇個
　　出席株主数（委任状による者を含む）〇名
　　この議決権の数　　　　　　　　　〇個
　　出席取締役　A・B

　定刻、代表取締役Aは議長席につき、開会を宣言し、上記のとおり定足数を充足していることを述べ、議事に入った。

　　議案　利益相反取引承認の件

　議長は、当社が所有する下記不動産を代表取締役Aに売却することは利益相反行為に該当するため、株主総会の承認を得る必要がある旨を説明し、その賛否を議場に諮ったところ満場一致をもって承認可決された。

　　　　　　　　　　　　記

　不動産の表示（省略）

　以上をもって本日の議事を終了したので、議長は午前〇時〇分閉会を宣言した。この決議を明確にするため、この議事録を作成する。
　　〇〇年〇月〇日
　　　　　　　甲株式会社
　　　　　　　議事録作成者　代表取締役　A　㊞

（注）　利益相反取締役も、株主総会において議長になることができます。また利益相反取締役が株主であるときは、株主として議決権を行使することができます（『利益相反行為の登記実務』142頁・143頁）。

〔Q175〕株式会社の場合の第三者の承諾を証する情報

〈株主リストの添付の要否〉

　商業登記規則では、登記すべき事項につき株主総会の決議を要する場合には、登記申請書に、いわゆる株主リストを添付することになっていますが（商業登記規則61条3項）、不動産登記の場合にはそのような規定がないので、本件株主総会議事録等には添付は不要と考えます。

4 取締役会議事録に記載すべき内容

　取締役会議事録には、次に掲げる事項を記載しなければなりません（会社法施行規則101条3項）。
① 取締役会が開催された日時および場所
② 取締役会が会社法373条2項の取締役会であるときは、その旨
③ 取締役会が次に掲げるいずれかのものに該当するときは、その旨
　イ　会社法366条2項の規定による取締役の請求を受けて招集されたもの
　ロ　会社法366条3項の規定により取締役が招集したもの
　ハ　会社法367条1項の規定による株主の請求を受けて招集されたもの
　ニ　会社法367条3項において準用する会社法366条3項の規定により株主が招集したもの
　ホ　会社法383条2項の規定による監査役の請求を受けて招集されたもの
　ヘ　会社法383条3項の規定により監査役が招集したもの
　ト　会社法399条の14の規定により監査等委員会が選定した監査等委員が招集したもの
　チ　会社法417条1項の規定により指名委員会等の委員の中から選定された者が招集したもの

リ　会社法417条2項前段の規定による執行役の請求を受けて招集されたもの
　　ヌ　会社法417条2項後段の規定により執行役が招集したもの
④　取締役会の議事の経過の要領およびその結果
⑤　決議を要する事項について特別の利害関係を有する取締役があるときは、その取締役の氏名
⑥　次に掲げる規定により取締役会において述べられた意見または発言があるときは、その意見または発言の内容の概要
　　会社法365条2項（同419条2項において準用する場合を含む）、367条4項、376条1項、382条、383条1項、399条の4、406条
⑦　取締役会に出席した執行役、会計参与、会計監査人または株主の氏名または名称
⑧　取締役会の議長が存するときは、議長の氏名
⑨　出席した取締役および監査役の署名または記名押印（会社法369条3項、4項）

取締役会議事録見本（取締役会設置会社の場合）

取締役会議事録

　○○年○月○日午前○時○分から、当会社本店会議室において取締役会を開催した。

　　取締役総数　　　○名
　　出席取締役　　　○名
　　監査役総数　　　○名
　　出席監査役　　　○名

　定刻、代表取締役Aは議長席につき、開会を宣言し、上記のとおり定足数を充足していることを述べ、議事に入った。
　議案　取締役の利益相反取引承認の件
　議長は、当社は別紙契約書のとおり、下記不動産を取締役Bに売

却する予定であるが、この契約は利益相反行為に該当するため、取締役会の承認を得る必要がある旨を説明した。慎重な審議の後、その賛否を議場に諮ったところ満場一致をもって承認可決された。なお、取締役Bは、特別利害関係を有するので、議決権を行使せず、定足数にも参入しなかった。

記

不動産の表示（省略）

以上をもって本日の議事を終了したので、議長は午前〇時〇分閉会を宣言した。この決議を明確にするため、この議事録を作成し、出席取締役全員が次に記名押印する。
　〇〇年〇月〇日

甲株式会社
代表取締役　A　㊞
出席取締役　B　㊞
出席取締役　C　㊞
出席監査役　D　㊞

（注）　特別利害関係人である取締役は、特別利害関係のある議案の決議に関する定足数の算定の基礎となる取締役の総数および出席取締役の数には算入されないので、当該議案の決議に関しては、利害関係を有する取締役の数を差し引いた数を記載するとされています（『登記研究』457号質疑応答、会社法369条1項、2項参照）。

第13章　利益相反行為

〔Q175〕株式会社の場合の第三者の承諾を証する情報

第14章
登記名義人表示変更

住所変更

Q176 登記申請…所有権登記名義人の住所変更の登記

住所を移転しました。住所変更の登記手続について教えてください。

　登記された不動産の所有者（所有権の登記名義人）の住所が移転した場合には、登記記録上の所有者の住所が現在の住所と相違することになりますので、不動産の所有者は「登記名義人住所変更登記」を申請し、その表示を現在の正しい表示に変更することができます。

　登記名義人の表示変更の登記申請書には、変更を証する市町村長、登記官その他の公務員が職務上作成した情報を提供しなければなりません（令別表の23の項添付情報欄）。具体的には、住所移転の場合には、登記記録に記録されている住所から現在の住所の移転の経緯のわかる「住民票の写し」または「戸籍の附票の写し」を添付します。この住民票の写しは、現在の住所地である市区町村長が作成したものを添付します（『登記研究』494号質疑応答）。

　登記申請書に記載する登記原因の日付は、住民票の写しまたは戸籍の附票の写しに記載されている住所移転の日です。

　なお、住所移転をした日が所有権移転の登記をした日より前であれば、「登記名義人住所更正登記」を申請することになります。そ

の場合、申請書に記載する登記原因は「錯誤」とし、原因の年月日は記載しません。所有権移転の登記をした日と住所移転の日が同一の場合には、変更登記と更正登記、どちらを申請してもかまいませんが、一般的には変更登記を申請しています。

　このような誤りは、たとえば、甲市に住むAさんが乙市にある家を取得し、その旨の登記を代理人に委任して住民票の写しを渡したが、その後、所有権移転の登記を申請する前にAさんが取得した家に転居した場合などに起こります。この場合、住所移転した旨を代理人に連絡しないと、代理人は渡された住民票の写しをもとに申請書を作成するため、申請書にはAさんの転居する前の住所が記載され、そのまま登記がされてしまいます。所有権移転の登記をする場合において新しく登記名義人となる所有者の住所は、登記の申請時点の住所を登記しなければなりませんので、移転前の住所を登記した場合には誤った登記をしたことになります。よって、現在の住所を登記する場合には更正の登記となります。

〈住所が数回移転している場合〉

　住所が数回移転している場合には、中間の住所移転の登記を省略して、直接、同一の申請書で現在の住所移転の登記を申請できます（規則35条8号）。その場合の原因日付は、最後の住所移転の日付のみを記載します（『登記研究』381号質疑応答）。

　なお、その場合には、登記記録に記録されている所有者の住所から現在の住所への住所移転の経緯がわかる住所証明書（住民票の写しまたは戸籍の附票の写し）を添付します。

〈住民票・戸籍の附票の保存期間（住民基本台帳法施行令34条）〉

　市町村長は、転出・死亡・転居等によって消除された住民票・戸籍の附票および改製前の住民票および戸籍の附票は消除または改製した日から5年間保存します（住民基本台帳法施行令34条1項）。

　ただし、消除時に死亡者を除く、戸籍の附票に住所の記載の修正

によって国内における住所の記載をしていない者（在外者等）に関する記載をした戸籍の附票は消除した日から150年間保存します（同条2項）。

戸籍の附票見本

	全部証明
改製日	○○年○月○日
本籍 氏名	東京都○市○町○番地 法務　太郎
附票に記載されている者	【名】太郎 【住所】東京都甲市甲町1番1号 【住定日】平成30年3月3日 【住所】東京都○市○町○番○号 【住定日】○○年○月○日
	以下余白

この写しは戸籍の附票の原本と相違ないことを証明する。
○○年○月○日
　　　　　東京都○市長　　○○○○

申請書例

　　　　　　　　　　登 記 申 請 書

登記の目的　　　所有権登記名義人住所変更

原　　因　　　　〇〇年〇月〇日住所移転

変更後の事項　　住所　　〇市〇町〇番〇号

申　請　人　　　〇市〇町〇番〇号
　　　　　　　　法　務　太　郎
　　　　　　　　連絡先の電話番号　〇〇〇－〇〇〇－〇〇〇〇

添付情報　　　　変更証明情報

〇〇年〇月〇日申請　〇法務局〇出張所

登録免許税　　　金 1,000 円(注1)

不動産の表示
　不動産番号　　0120123456789 (注2)
　所　　在　　　〇市〇町一丁目
　地　　番　　　100番
　地　　目　　　宅地
　地　　積　　　100.00 平方メートル

(注1)　登録免許税は、不動産1個につき1,000円ですので、その金額を記載します。
(注2)　不動産番号を記載した場合には、土地については所在、地番、地目、地積、建物については所在、家屋番号、種類、構造、床面積の記載を省略することができますが、不動産番号の記載がない場合には、これらの記載を省略できませんので「登記事項証明書」に記録されているとおりに記載してください。

Q177 登記申請 …和解調書に基づく所有権移転登記と住所変更登記の要否

裁判上の和解により所有権移転登記を申請するのですが、登記義務者の住所が現在の住所と異なる場合、和解調書に登記記録上の住所と現在の住所が併記してある場合には、住所変更の登記を省略することはできますか。

　所有権移転登記の前提として住所変更の登記をする必要があります（『登記研究』476号質疑応答）。この取扱いは、和解調書の場合だけではなく、判決による所有権移転登記を申請する場合において、判決書に登記義務者である被告の住所として、登記記録上の住所と現住所が併記されているときであっても同様に、その前提として登記名義人表示変更（更正）の登記を省略することはできません（『登記研究』611号質疑応答）。

　登記義務者が住所変更の登記申請をしない場合には、和解調書または判決書を代位原因証書として、登記権利者が代位して住所変更の登記を申請することになります（『登記研究』276号質疑応答）。

Q178 添付書面 …在外日本人の住所証明書

外国に住所を有する日本人ですが、出国後、各国を移転したため、現在の在留証明書を発行する領事館の国名と住民票の除票の写しに記載されている出国先の国名が異なります。そのような場合、何を提供すればよいでしょうか。

第14章
住所変更
氏名変更

　中間の住所移転の経緯について在外公館の証明を得ることができない場合（一部の在外公館では過去の住所証明を出してくれるところもあります）において、在留証明書と住民票の除票の写し、戸籍謄抄本により本人の同一性が確認できるときには、これらの書面に加えて中間の住所移転の経緯およびこれについての証明を得ることができない旨の本人の上申書を提供すれば足りるとされています（昭和48年11月17日民三第8525号第三課長通知（『改訂先例・通達集』62頁、『登記研究』314号））。

　なお、在外公館が遠方にありその在留証明書を得ることが困難な場合には、外国の公証人によるものでも便宜受理される取扱いです（昭和40年6月18日民甲1096号民事局長回答（『登記研究』213号））。

▶参考事例

① アメリカ在住の日本人の住所証明書は、アメリカの現地の公証人の在留証明を添付しても差し支えない（昭和40年6月18日民甲1096号民事局長回答参照（『登記研究』213号））。
② 台湾在住の日本人の住所証明書は、財団法人交流協会在外事務所長が発行する在留証明書を添付しても差し支えない（昭和48年8月11日民三第6365号民事局長通達（『登記研究』310号））。
③ ブラジル在住の日本人の住所証明書は、ブラジルの公証人の署名証明でも差し支えない（昭和54年6月29日民三第3549号第三課長通知（『登記研究』381号））。

Q179 添付書面 …在日外国人の住所証明書

日本に在住する外国人ですが、所有者の住所変更の登記を申請したいと考えていますが、何を添付すればよいでしょうか。

(1) 外国人登録法の平成24年7月9日廃止にともない、外国人登録証明書および外国人登録原票の制度も廃止され、住民基本台帳法の一部を改正する法律による改正後の住民基本台帳法により、中長期在留者および特別永住者を含む一定の在留資格等を有する外国人住民については、市区町村が発行する住民票の写しが発行されることとなりました（住民基本台帳法30条の45）。したがって、住所変更証明書としては、その住民票の写しを提供することになります。なお、住民票の写しに代えて住民票コードを提供したときには住民票の写しの提供は要しません。

(2) 申請人が中長期在留者または特別永住者等以外の外国人の場合には、当該外国人の本国の政府機関等が発行した当該本国における住所の証明書、日本における当該外国人の本国の在外公館が発行した日本の住所の記載がある在留証明等の提供が必要となります。

(3) 住民票には平成24年7月9日時点の住所が記録され、同日以降の住所変更について記録されるにすぎませんから、同年7月8日以前に住所が変更している場合には、住民票の写しは変更証明書とはなりません。
　　また、市町村で管理していた外国人登録原票は、7月9日以後、法務大臣に速やかに送付することとされたため、住所変更の登記

の申請における住所変更の履歴を証する情報として外国人登録原票が必要な場合には、「行政機関の保有する個人情報の保護に関する法律」に基づいて、法務省大臣官房秘書課個人情報保護係宛てに開示請求をして外国人登録原票の写しの交付を受けてください。ただし、この法律の開示請求の対象となる個人情報は、生存する個人に関する情報に限られていますので、亡くなった外国人の情報は、同法による開示請求はできません。

　亡くなった外国人に係る外国人登録原票の写しの交付請求先については、法務省のホームページ等で確認してください。

　なお、平成24年7月8日以前の外国人登録原票の写しまたは当該原票に記載した事項に係る証明書については、外国人登録法の廃止にともないその根拠を失ったものですから、同年7月8日までに住所変更があったことを証する場合にのみ利用されるべきであり、現在の住所証明書として取り扱うのは相当ではないと考えられています（『登記研究』773号「カウンター相談」）。

〈住民票が発行される外国人（住民基本台帳法30条の45）〉

　次の外国人住民には、住民票が発行されます。

　①　中長期在留者（出入国管理及び難民認定法（以下「入管法」という）19条の3に規定する中長期在留者をいう）

　②　特別永住者（日本国との平和条約に基づき日本の国籍を離脱した者等の出入国管理に関する特例法に定める特別永住者をいう）

　③　一時庇護許可者（入管法18条の2第1項の許可を受けた者をいう）

　④　仮滞在許可者（入管法61条の2の4第1項の許可を受けた者をいう）

　⑤　出生による経過滞在者（国内において出生した日本の国籍を有しない者のうち入管法22条の2第1項の規定により在留することができるものをいう）

〔Q179〕添付書面　…在日外国人の住所証明書

⑥ 国籍喪失による経過滞在者（日本の国籍を失った者のうち同項の規定により在留することができるものをいう）

（参考）
●生存する外国人に係る外国人登録原票の開示請求先
　法務省大臣官房秘書課個人情報保護係
　〒100-8977　東京都千代田区霞が関1−1−1
　電話　03−3580−4111　（内線）2034

Q180 添付書面 …所有権の仮登記名義人の住所変更と添付書面

所有権の仮登記名義人の住所が変更したので、住所変更の登記をする予定ですが、その場合、住民票の写しを添付するのですか。仮登記をしたときには、住民票の写しは添付しなかったのですが。

　住所の変更を証する情報として、「住民票の写し」または「戸籍の附票の写し」を添付します。

　所有権の仮登記を申請する際には、住所を証する書面は添付書面ではありませんので（昭和32年5月6日民甲第879号民事局長通達）、ご質問のような疑問を持たれたのかと思います。住所を証する書面を添付しなくてもよいのは、仮登記の設定登記の場合に限らず、賃借権の設定登記、抵当権の設定登記等のように所有権以外の登記の場合にも住所を証する書面は添付書面とはなっていません。しかし、これらの登記名義人の表示変更登記を申請する場合には、変更を証する情報として、市町村長、登記官その他の公務員が職務上作成した情報（住民票の写しまたは戸籍の附票の写し）を提供することになります（令別表の23の項添付情報欄）。この取扱いは、仮登記の場合にも同じです。

氏名変更

Q181 登記申請 …氏名変更と原因日付

氏名変更の登記原因とその日付について教えてください。

1 登記原因

登記名義人の氏名が変更する理由としては、結婚、離婚、養子縁組、離縁、帰化等がありますが、登記原因はいずれも「氏名変更」とします。氏または名のいずれかの変更の場合であっても「氏名変更」とします。

2 原因日付

氏名の変更は原則として戸籍の届出によって効力が生じますので（民法739条1項、764条、799条）、登記原因日付は市区町村長へ届けた日となります。ただし、裁判上の離婚および離縁による場合は、裁判上の離婚および離縁が確定した日が登記原因の日となります。

(1) 婚姻の場合

　婚姻は届け出ることによって効力が生じますが（民法739条1項）、婚姻によって夫婦は夫または妻の氏を称することになります（同法750条）。したがって、夫婦の一方の氏名変更の日は、婚姻の届出の日となります。戸籍の記録事項証明書の【婚姻日】がその日です。

(2) 養子縁組の場合

　縁組は届け出ることによって効力が生じますが（民法799条、739条1項）、養子は縁組の成立によって養親の氏を称することになります（同法810条）。したがって、養子の氏名変更の日は養子縁組の届出の日となります。戸籍の記録事項証明書の【縁組日】がその日です。

(3) 協議上の離婚の場合

　協議上の離婚は届け出ることによって効力が生じますが（民法764条、739条1項）、婚姻によって氏を改めた夫または妻は、協議上の離婚によって婚姻前の氏に復するので、夫婦の一方の氏名変更の日は、離婚の届出の日となります。戸籍の記録事項証明書の【離婚日】がその日です。

　ただし、離婚によって婚姻前の氏に復した夫または妻は、離婚の日から3か月以内に届け出ることによって、離婚の際に称していた氏を称することができます（同法767条2項、戸籍法77条の2）。たとえば、所有権の登記名義人の甲野花子さんが、離婚していったん乙野花子さんに氏の変更があったけれども、また甲野花子さんに変更されたということですので、この場合には、氏名変更の登記をする必要はありません（『登記研究』459号質疑応答）。

(4) 裁判上の離婚の場合

　裁判上の離婚が成立するのは、離婚の調停成立、和解成立、請求の認諾、審判確定または判決確定の日ですので、その日が氏名変更日となります。戸籍の記録事項証明書の【離婚の裁判確定日】または【離婚の調停成立日】等がその日です。

(5) 協議離縁の場合

　協議上の離縁は、届け出ることによって離縁が成立しますが、養子は離縁によって縁組前の氏に復するのが原則ですので（民法816条）、協議離縁による氏の変更日は届出の日となります（同法812条、739条1項）。戸籍の記録事項証明書の【離縁日】がその日です。

(6) 裁判上の離縁の場合

　裁判上の離婚の場合と同様です。戸籍の記録事項証明書の【離縁の裁判確定日】または【離縁の調停成立日】等がその日です。

(7) 帰化の場合

　法務大臣は、帰化を許可したときは、官報にその旨を告示しなければなりませんが、帰化の効力はその告示の日から生じます（国籍法10条2項）。ただし、帰化した人の氏は、任意に設定することができるとされていますので、帰化した人の氏が確定するのは、氏の創設を明示した戸籍法上の帰化の届出をした時です（『登記研究』501号質疑応答）。戸籍の記録事項証明書の【届出日】がその日です。

(8) 戸籍法107条1項による変更

やむを得ない事由によって氏を変更しようとするときは、戸籍筆頭者およびその配偶者は、家庭裁判所の許可を得て、変更をすることができます。やむを得ない事由とは、氏の変更をしないとその人の社会生活において著しい支障を来す場合をいうとされています。

氏の変更届出には、家庭裁判所の許可審判書謄本と確定証明書を添付し、届出を行い、それが受理されて効力が生じますので、戸籍事項証明書の【氏変更日】が登記原因の日となります。

▶戸籍法

77条の2：民法第767条第2項（同法第771条において準用する場合を含む。）の規定によって離婚の際に称していた氏を称しようとする者は、離婚の年月日を届書に記載して、その旨を届け出なければならない。

107条1項：やむを得ない事由によって氏を変更しようとするときは、戸籍の筆頭に記載した者及びその配偶者は、家庭裁判所の許可を得て、その旨を届け出なければならない。

Q182 登記申請　…外国人と結婚した場合の氏の変更

外国人と結婚しましたが、氏を外国人配偶者の氏に変更することはできますか。できる場合、その登記原因の日付はいつになりますか。

　昭和60年1月1日以降は、戸籍の筆頭者以外の者が外国人と結婚した場合には、日本人同士が結婚した場合と同じに新たな戸籍が編製されます（戸籍法16条3項）。したがって、外国人と結婚しても、その人の国籍および氏に変動が生じるわけではありません。氏を変更する場合には、家庭裁判所の許可を得て、その旨を届け出なければなりません（戸籍法107条1項）。しかし、婚姻の日から6か月以内に限り、家庭裁判所の許可を得ないでも、市区町村長に届け出るだけで、その氏を外国人配偶者の称している氏に変更することができます（同法107条2項）。したがって、この場合の氏名変更の日は、婚姻の日ではなく、氏変更の届出の日となります。戸籍の記録事項証明書の【氏変更日】がその日です。

戸籍の記録事項証明書例

氏の変更	【氏変更日】〇〇年7月7日 【氏変更の事由】戸籍法107条2項の届出

　なお、婚姻の日から6か月を過ぎて外国人配偶者の氏を称するには、家庭裁判所の許可を要します。

＊戸籍法107条2項：外国人と結婚をした者がその氏を配偶者の称している氏に変更しようとするときは、その者は、その婚姻の日から6箇月以内に限り、家庭裁判所の許可を得ないで、その旨を届け出ることができる。

Q183 添付書面 …氏名変更の登記の添付書面

結婚して氏名が変わりましたので、その変更登記をしたいと考えていますが、その際に戸籍謄抄本のほかに住民票の写しも必要だ、と言われました。なぜですか。

　氏名変更を証する書面は、その旨の記録がされている戸籍事項証明書（戸籍謄本または抄本）となります。しかし、登記記録には所有者を特定するために住所と氏名が記録されていますが、戸籍には住所が記録されていませんので、登記記録に記録されている人物と戸籍に記録されている人物が同一人物であるか否かの手がかりは氏名のみとなり、両者が同一人物であることの証明としては充分ではありません。この証明がされなければ、戸籍は氏名変更を証する書面としては充分ではありません。

　そこで、登記記録に記録されている人物と戸籍に記録されている人物が同一人物であることを証明するために、住所証明書（住民票の写し（個人番号の記載のないもの）または戸籍の附票の写し）が必要になります（ただし、登記記録に記録されている所有者の住所が本籍と同一の場合には、住所証明書の添付は不要です）。

　住民票の写しには、住所、氏名、生年月日および本籍が記録されていますので、登記記録に記録されている所有者の住所および氏名と住民票の写しに記録されている住所および氏名が合致すれば両者が同一人物であることが証明されたことになります。

　また、戸籍に記録されている人物の氏名、生年月日および本籍と住民票の写しに記録されている人物の氏名、生年月日および本籍が合致すれば、両者が同一人物であることが証明されます（少なくとも、氏名と生年月日の二つが合致すれば証明は十分と考えますが、住民票の写しについては、本籍の記載があるものを求める登記官も

ありますので、本籍の記載がある住民票の写しを添付するのが無難でしょう）。よって、登記記録に記録されている所有者と戸籍に記録されている人物とが同一人物であることが証明されたことになります。

　戸籍の附票の写しには、本籍、氏名および住所が記録されていますので、登記記録の所有者の住所および氏名が合致すれば、戸籍に記録された人物と登記記録に記録された人物とが同一人物であることが証明されたことになります。

　以上のことから、結婚して氏名が変更した場合には、氏名変更の事実がわかる戸籍事項証明書と、登記記録に記録されている所有者と戸籍に記録されている人物が同一人物であることの証明書としての住所証明書（住民票の写しまたは戸籍の附票の写し）の添付が必要となります（ただし、住所と本籍が同一の場合には住所証明書は不要です）。

戸籍の記録事項証明書例

本　　　籍 氏　　　名	○県甲市○町○番地 甲野太郎
戸籍事項 　戸籍編製	【編製日】平成 30 年 7 月 7 日
戸籍に記録されている者	【名】太郎 （以下省略）
身分事項	（省略）
戸籍に記録されている者	【名】桃子 【生年月日】平成 3 年○月○日　【配偶者区分】妻 【父】乙野忠治 【母】乙野さくら 【続柄】二女
身分事項 　出　　生	【出生日】平成 3 年○月○日 【出生地】東京都○区 【届出日】平成 3 年○月○日 【届出人】父 【送付を受けた日】平成 3 年○月○日 【受理者】東京都○区長
婚　　姻	【婚姻日】平成 30 年 7 月 7 日 【配偶者氏名】甲野太郎 【従前戸籍】東京都○区○町○番地　乙野忠治(注)

（注）【従前戸籍】には、婚姻前の戸籍の表示として本籍と筆頭者の氏名が記載されます。このことから、桃子さんの旧姓は乙野であることがわかります。
　　　乙野桃子さんは、甲野太郎さんと平成 30 年 7 月 7 日結婚して、氏を夫の氏とし、夫婦のために新戸籍を編製したことがわかります。

第15章
財 団

第15章 財団

消 滅

Q184 工場財団の職権による消滅

工場財団に設定されている抵当権が全部抹消してから6か月内に新たな抵当権設定登記をしないと工場財団は消滅するとされていますが、その場合の職権による消滅手続について教えてください。

　工場財団は、抵当権の登記が全部抹消された後6か月内に新たな抵当権の設定登記を受けない場合には、消滅するものとされています（工抵法8条3項）。

　抵当権の設定登記の中に仮登記も含まれるかどうかですが、法105条1号の仮登記は実体的には抵当権が成立しているので、本登記と同一に見るべきであるとされています（昭和14年8月16日民甲第897号民事局長回答）。しかし、法105条2号仮登記の場合は、まだ抵当権が存在しないのであるから、6か月内に本登記がされない限り、工場財団は消滅するものとされています（昭和40年4月28日民三第419号第三課長代理回答（『登記研究』211号））。

　工場財団の職権による消滅登記の手続きは、以下のとおりです。

(1) **工場財団登記簿の処理**

　　登記官は、工場抵当法10条により所有権保存の登記が失効した場合、または同法8条3項の規定により工場財団が消滅したと

きは、工場財団の消滅の登記をして工場財団の登記記録を閉鎖します（工抵法48条1項、工抵規則35条）。したがって、工場財団が消滅したときは、登記官は、職権で消滅の登記をするのですが、受付はどうするのか、すなわち、通常の受付をするのか法28条に基づいて立件をするのかという疑問がありますが、法28条に基づいて立件して処理すべきかと考えます。そのためには、登記官は、工場財団が消滅したことがわかる「工場財団消滅予定簿」なる帳簿を備えておくのが便利かと考えます。

工場財団の登記記録を閉鎖するには、表題部に工場財団が消滅した旨を記録し、当該工場財団の登記記録の表題部の登記事項を抹消する記号を記録し、当該登記記録を閉鎖します（工抵規則35条）。閉鎖された工場財団目録および工場図面は、工場財団の登記記録を閉鎖した日から20年間保存されます（同規則36条）。

具体的には、「工場抵当法第8条第3項の規定により工場財団消滅〇〇年〇月〇日登記」と記録して登記官が捺印します（『登記研究』412号質疑応答）。閉鎖の事由とその年月日は「工場財団消滅〇〇年〇月〇日閉鎖」と記録して、登記官が捺印して、工場財団の表示を朱抹して（工抵規則35条、同附則3条4号）、登

▶6か月の期間計算

民法140条の期間計算の規定が適用され、初日、すなわち抵当権の最後の抹消登記の日は算入されず、その翌日から起算します。この日付は、抵当権の抹消原因の日付とは関係ありません。したがって、実体上、抵当権全部が消滅して6か月が経過しても、抹消登記後6か月が経過しない限り工場財団は消滅しません。

6か月の満了は、6か月目の月の起算日に応答する日の前日が終了する時です。たとえば3月9日に最後の抵当権の抹消登記を申請すると、起算日は3月10日になりますから、応答日が9月10日となり、9月9日の夜中の12時に満了します。したがって、9月10日が消滅の登記日となります。

〔Q184〕工場財団の職権による消滅

記記録を閉鎖します。その場合、登記目録の「登記用紙除却の年月日及び事由」欄に「○○年○月○日消滅」と記録して登記番号を朱抹します。そして、登記記録を除却して閉鎖登記簿に編綴します。

なお、差押えの登記がされていても、抵当権の登記が全部抹消されている場合には、その登記記録を閉鎖することができます。この場合、その旨を差押登記嘱託官庁に通知します（昭和26年5月7日民甲第945号民事局長回答（『登記研究』41号））。

(2) 不動産登記簿の記録

消滅した財団の組成物件で登記あるものについては、工場抵当法23条および34条の記録がされているので、工場財団消滅の登記をした場合には、これらの記録も抹消しなくてはなりません。具体的には、「○番○番登記抹消」として抹消される登記を記録し、原因として「工場抵当法第8条第3項の規定により工場財団消滅」と記録し、登記年月日を記録します（『登記研究』412号質疑応答）。

(3) 目録等の処理

工場財団の登記記録を閉鎖した場合には、工場財団目録の表紙および工場の図面の表面余白の適宜の箇所に、登記記録を閉鎖した旨およびその年月日（「○○年○月○日登記用紙閉鎖」）を記録します（昭和31年6月14日民甲第1273号民事局長通達）。

(4) 他の登記所または登録官庁への通知

登記または登録のある物件が他の登記所または登録官庁に属している場合には、管轄登記所の登記官は財団消滅の旨を他の登記

所または登録官庁に通知します（工抵法44条2項、4項、48条2項）。

通知は、各種通知簿にその要旨、通知を受ける者および通知を発した年月日を記載し、財団登記準則附録16号様式によって通知します（財団登記準則22条）。

通知を受けた登記所は、受付帳に通知事項の要旨、通知を発した登記所の名称、通知の受付年月日および受付番号を記録し、通知書には通知の受付年月日および受付番号を記載したうえ、通知を受けた物件の登記簿につき、工場抵当法23条および34条の記録を抹消します（工抵法44条3項）。

通知を受けた登録官庁は、通知に係る物件の登録原簿に工場抵当法23条および34条の記録の抹消手続をとります。

工場財団登記簿記載例

表題部　財団の表示					
○年○月○日受付	工場の名称及び位置 ○○工場 ○市○町○番地	主たる営業所 ○市○町○番○号	営業の種類 ○○製造	○年○月○日登記 工場抵当法第八条第三項の規定により工場財団消滅	○年○月○日閉鎖 工場財団消滅

［Q184］工場財団の職権による消滅

第15章 財団

記録例（工場財団に属している不動産）

権利部　（甲区）		（所有権に関する事項）	
順位番号	登記の目的	受付年月日・受付番号	権利者その他の事項
1	所有権保存	○○年○月○日 第○号	所有者　○市○町○番○号 　　　　○○株式会社
2	本物件は工場財団に属すべきものとしてその財団につき所有権保存の登記の申請があった	○○年○月○日 第○号	余白
3	本物件は工場財団に属した	余白	○○年○月○日登記
4	2番3番登記抹消	余白	工場抵当法第8条第3項の規定により工場財団消滅 ○○年○月○日登記

分　割

第15章
消　滅
分　割
工場財団の目的

Q185　工場財団の管轄指定

工場を分割する場合、管轄指定が必要な場合があると言われました。管轄指定の方法を教えてください。

　工場財団の登記は、工場の所在地の法務局もしくは地方法務局またはその支局もしくは出張所が管轄登記所となって、登記申請を受け付けます（工抵法17条1項）。工場が数個の登記所の管轄にまたがるとき、または工場財団を組成する数個の工場が数個の登記所の管轄地内にあるときは、申請により法務省令の定めるところにより、法務大臣または法務局もしくは地方法務局の長において管轄登記所を指定します（同条2項）。

1　管轄指定を受ける場合

　次の場合には、管轄する登記所の指定を受けなければなりません。
① 工場財団の分割により、従前の工場財団から独立した一個または数個の工場財団でその組成する工場すべてが分割前の工場財団の管轄登記所の管轄地内に存しなくなるものがある場合（工抵法17条2項）。
　　➡たとえば、甲登記所の管轄地内にあるA工場と乙登記所の

管轄地内にあるB工場および丙登記所の管轄地内にあるC工場で工場財団を組成していて、その管轄登記所が甲登記所と指定されていた場合、この工場財団をA工場につき甲工場財団、B工場およびC工場につき乙工場財団というように分割した場合には、乙工場財団については工場が数個の登記所の管轄にまたがるため、このような分割の登記を申請する場合には、あらかじめ管轄登記所の指定を受けておく必要があります。

② 工場の滅失、分離等による工場財団目録記載の変更登記を申請する場合に、工場財団を組成する工場が従前の登記所の管轄地内に存しなくなった場合において、他の工場が数個の登記所の管轄にまたがる場合、または数個の登記所の管轄地内にある場合（財団準則6条1項）

　➡たとえば、甲登記所の管轄地内にあるA工場と乙登記所の管轄地内にあるB工場および丙登記所の管轄地内にあるC工場で工場財団を組成していて、その管轄登記所が甲登記所と指定されていた場合において、A工場の滅失、分離等により工場財団の目録記載の変更登記を申請する際には、残りのB工場およびC工場によって組成される工場財団については、工場が数個の登記所の管轄にまたがるため、このような登記を申請するには、あらかじめ管轄登記所の指定を受けておく必要があります。

③ 合併しようとする数個の工場財団が、数個の登記所の管轄に属する場合

　➡このような場合には、あらかじめ管轄登記所の指定を受けて、その指定を受けた登記所に合併の登記を申請しなければなりません。ただし、合併しようとする数個の工場財団のうち、既登記の抵当権が設定されてある工場財団があるときは、その工場財団の登記を管轄する登記所を管轄登記所とします（工抵法17条3項）。

2　管轄指定の手続き

(1)　申請方法

　管轄登記所の指定の申請は、管轄登記所指定申請書（以下「申請書」という）によってしなければなりません（財団準則2条1項）。

(2)　記載事項

　申請書には、次の事項を記載します（財団準則）。

---
① 　工場の名称および位置（2条2項）
② 　工場に属する土地または建物の全部（同項）（ただし、不動産目録2通を添付した場合には記載は不要）
③ 　工場財団の所有権の保存の登記、分割の登記または合併の登記を申請するために必要がある旨（同項）
④ 　工場の分離等の場合は、工場の分離、廃止、滅失または管轄転属により管轄登記所の指定を申請する旨（6条3項）

　なお、申請人が指定を希望する管轄登記所名も記載できます（同準則2条3項）。

(3)　添付情報

　申請書には次の書類を添付します（財団準則）。

---
① 　不動産目録2通（3条）
　　土地の所在および地番、建物の所在および家屋番号を記

載した不動産目録2通を添付した場合には、申請書には工場に属する土地または建物を記載する必要はありません。
　　不動産目録を2通添付する理由は、1通は申請書の一部となり、もう1通は管轄登記所指定書を作成する際に指定書の一部として使用するためです。
② 資格証明書（4条1号）
　　申請人が法人のときは、その法人の代表者の資格を証する書面。ただし、申請人が会社法人等番号を有する法人であるときは、会社法人等番号の提供に代えることができるものと考えます（令7条1項1号イ、工抵法14条1項）。
③ 代理権限証書（4条2号）
　　代理人によって申請するときは、当該代理人の権限を証する書面として委任状等を添付します。

　申請人の印鑑証明書を添付している事例が多いですが、その必要はないと考えます。

(4) 申請書の提出先

　申請書の提出先については、特段の規定はありませんが、指定事務の迅速な処理のためには、指定を希望する登記所を経由して提出するのがよいでしょう。
　管轄の指定は、次の区分に従い各号に掲げる者が指定し、その他の場合には法務大臣が指定しますので（不動産の管轄登記所等の指定に関する省令1条）、申請書の宛先は、指定する者となります。

① 数個の工場を管轄する登記所が同一の法務局管内の登記所の場合にはその法務局長
② 数個の工場を管轄する登記所が同一の地方法務局管内の

登記所の場合にはその地方法務局長
③　①②の場合を除き、数個の登記所が同一の法務局の管轄区域（法務省組織令69条2項の事務に関する管轄区域をいう）内の登記所である場合は、その法務局長

(5) 管轄登記所の指定

　法務大臣または法務局長もしくは地方法務局長は、管轄指定の申請があったときは財団準則附録第1号様式による管轄登記所指定書によって、管轄登記所を指定します（財団準則5条）。

　管轄登記所指定書の交付方法については、特段の規定はありませんが、申請人またはその代理人に手交または送付することとし、その際、申請人に管轄登記所指定受領証の提出を求めているのが実務の取扱いです。受領証には、管轄登記所指定申請書に押印した申請人または代理人の印鑑と同一の印鑑を押捺します。

申請書例（工場財団の分割の場合）

管轄登記所指定申請書

法務大臣（または○法務局長若しくは○地方法務局長）殿

　申請人は、甲地方法務局登記第○号の工場財団を後記のとおり甲、乙二個の工場財団に分割する登記の申請をしたいのですが、乙工場財団を組成する工場が乙地方法務局西出張所及び丙地方法務局南出張所の管轄地内に属しているので、工場抵当法第17条第2項の規定により、管轄登記所の指定を申請します。
　なお、乙地方法務局西出張所を管轄登記所として指定されることを希望します。

添付情報
　不動産目録　　2通

第15章　消滅　分割　工場財団の目的

〔Q185〕工場財団の管轄指定

　　　　会社法人等番号

　　　　　　　　　〇〇年〇月〇日
　　　　　　　　　〇市〇町〇番〇号
　　　　　　　　　株式会社〇〇
　　　　　　　　　（会社法人等番号　1234－56－789011）
　　　　　　　　　代表取締役　〇〇〇〇　㊞
　　　　　　　　　連絡先の電話番号　〇〇〇－〇〇〇－〇〇〇〇
工場財団の表示（甲地方法務局東出張所登記第〇号）
　1　分割前の工場財団
　　　　工場の名称及び位置（甲地方法務局東出張所管轄）
　　　　　A工場
　　　　　甲市〇町〇番地
　　　　工場の名称及び位置（乙地方法務局西出張所管轄）
　　　　　B工場
　　　　　乙市〇町〇番地
　　　　工場の名称及び位置（丙地方法務局南出張所管轄）
　　　　　C工場
　　　　　乙市〇町〇番地
　2　分割後の工場財団
　　　甲工場財団
　　　　工場の名称及び位置（甲地方法務局東出張所管轄）
　　　　　A工場
　　　　　甲市〇町〇番地
　　　乙工場財団
　　　　工場の名称及び位置（乙地方法務局西出張所管轄）
　　　　　B工場
　　　　　乙市〇町〇番地
　　　　工場の名称及び位置（丙地方法務局南出張所管轄）
　　　　　C工場
　　　　　乙市〇町〇番地

工場財団の目的

第15章
消　滅
分　割
工場財団の目的

Q186 工場財団と信託

工場財団を信託することはできますか。

できないと思われます。

　工場財団は、工場財団登記簿に所有権保存登記をすることによって成立します。そして、工場財団は所有権保存登記をすることによって不動産とみなされますが（工抵法14条1項）、所有権および抵当権以外を権利の目的とすることはできません（同条2項）。なぜならば、工場財団は、抵当権の目的とするために不動産と擬制されたものだからです。したがって、工場財団を信託することはできないと解されています。ただし、工場財団に設定されている抵当権の信託およびその登記は可能と解されています（『登記研究』785号質疑応答）。

第16章
抵当証券

第16章 抵当証券

発　行

Q187 登記申請 …抵当証券発行後の追加設定

抵当証券が発行されている抵当権設定の登記に追加設定した場合の登記記録例を教えてください。

　抵当証券発行の定めのある既設定登記の抵当権について、債権分割による抵当権変更後、抵当証券を発行した後に追加設定する場合には1件の申請書でできます。その場合、登記記録には、登記の原因として「○○年○月○日金銭消費貸借○○年○月○日債権分割○○年○月○日設定」のように債権契約の日付と債権の種類のほかに債権分割の日付とその旨も記録し、抵当権設定の日付を記録します。

記録例

権利部（乙区）		（所有権以外の権利に関する事項）	
順位番号	登記の目的	受付年月日・受付番号	権利者その他の事項
1	抵当権設定	○○年○月○日第○号	原因　○○年○月○日金銭消費貸借同日債権分割○○年○月○日設定 債権額金　14,000万円 分割後の債権　弁済期 　　○○年5月8日 　　金1,100万円 　　○○年5月8日 　　金1,200万円 （中略） 　　ただし、利息その他の債務の履行を怠ったときは、期限の利益を失う 利息　年5.100% 利息の支払時期　毎年5月8日及び11月8日の年2回各々6ヶ月分を一括後払い 元本利息の支払場所 　　○市○町○番○号 　　株式会社A銀行B支店 損害金　年14％（年365日日割計算） 特約　抵当証券を発行することができる 債務者　○市○町○番○号 　　株式会社C 抵当権者　○市○町○番○号 　　D株式会社 共同担保　目録（う）第○号
付記1号	1番抵当権につき○○年6月7日付第○号ないし第○号の抵当証券に○○年7月12日追加記載交付	余白	○○年7月12日付記

第16章

発　行

移　転

抹　消

〔Q187〕登記申請　…抵当証券発行後の追加設定

Q 188 登記申請 …抵当証券発行後の債権分割登記の可否

抵当証券発行後に債権分割による変更の登記は可能でしょうか。

　変更の登記はできないものと考えます。債権の分割とは、1個の債権を複数の債権に分割することですが、抵当証券は1個の債権につき1通発行されます。したがって、抵当証券発行後に債権分割の変更をする場合、すなわち、再分割をする場合には、抵当証券の廃止をした後でなくてはできないものと考えます。

Q 189 登記申請
…抵当証券を発行した抵当権を通常の抵当権に戻す方法

債権の分割をして抵当証券を発行した抵当権を通常の抵当権に戻したいと考えていますが、登記の申請方法と登記記録例を教えてください。

次の順番で登記の申請をします。
① 抵当証券交付の付記登記の抹消登記の申請
② 債権分割契約解除を原因とする変更登記の申請
③ 抵当証券発行の定めの廃止の登記の申請

申請書例（①抵当証券交付の付記登記の抹消）

```
　　　　　　　　　登　記　申　請　書
登記の目的　　1番付記2号抵当証券交付付記抹消
原　　　因　　○○年7月7日抵当証券廃止
権　利　者　　○市○町○番○号
　　　　　　　甲　某
義　務　者　　○市○町○番○号
　　　　　　　株式会社　A抵当証券
　　　　　　　（会社法人等番号　1234－56－789022）
　　　　　　　代表取締役　乙　某
添付情報　　　登記原因証明情報　　登記識別情報　　抵当証券
　　　　　　　代理権限証明情報　　会社法人等番号
○○年○月○日申請　○法務局○出張所
　（以下省略）
```

（注）登記官は、この登記をしたら抵当証券に抵当証券法施行細則の附録第13号様式による「廃棄」の印を押して、還納証券綴込帳に綴り込みます。
　　　抵当証券交付の登記の抹消を申請するときは、当該抵当証券または非訟事件手続法118条1項の規定により当該抵当証券の無効とする旨を宣言する除権決定があったことを証する情報を提供します（令別表の26の項添付情報欄リ）。

申請書例（②債権分割契約解除）

```
　　　　　　　　　登　記　申　請　書

登記の目的　　　1番抵当権変更
原　　因　　　　○○年7月7日債権分割契約解除
権　利　者　　　○市○町○番○号
　　　　　　　　甲　某
義　務　者　　　○市○町○番○号
　　　　　　　　株式会社　A抵当証券
　　　　　　　　（会社法人等番号　1234－56－789022）
　　　　　　　　代表取締役　乙　某
添　付　情　報　登記原因証明情報　登記識別情報　代理権限証明情報
　　　　　　　　会社法人等番号
○○年○月○日申請　○法務局○出張所
　（以下省略）
```

（注）登記官は、この登記をしたら分割後の債権の表示に下線を引きます。
　　　なお、この登記は抵当証券が発行されている場合にはできないと考えます。したがって、この登記をするためには抵当証券交付の付記登記の抹消登記をした後でなくてはできないと考えます。

申請書例（③抵当証券発行の定めの廃止）

```
　　　　　　　　　登　記　申　請　書

登記の目的　　　1番抵当権変更
原　　因　　　　○○年7月7日変更
変更後の事項　　抵当証券発行の定の廃止
権　利　者　　　○市○町○番○号
　　　　　　　　甲　某
義　務　者　　　○市○町○番○号
　　　　　　　　株式会社　A抵当証券
　　　　　　　　（会社法人等番号　1234－56－789022）
　　　　　　　　代表取締役　乙　某
添　付　情　報　登記原因証明情報　登記識別情報　代理権限証明情報
　　　　　　　　会社法人等番号
○○年○月○日申請　○法務局○出張所
　（以下省略）
```

（注）登記官は、この登記をしたら、特約・弁済期・利息の支払時期・元本または利息の支払場所の記録に下線を引きます。

〔Q189〕登記申請　…抵当証券を発行した抵当権を通常の抵当権に戻す方法

記録例

権利部（乙区）		（所有権以外の権利に関する事項）	
順位番号	登記の目的	受付年月日・受付番号	権利者その他の事項
1	抵当権設定	○○年7月8日 第○号	原因　○○年○月○日金銭消費貸借同日設定 債権額　金1億円 <u>弁済期　○○年から○○年まで毎年8月31日 　　各々金1,000万円 　　○○年から○○年まで毎年8月31日 　　各々金500万円 　　ただし、利息の支払いを1回でも怠ったときは、期限の利益を失う</u> 利息　年○％ <u>利息の支払時期　毎年6月15日及び12月15日の年2回、各々6ヶ月分を一括後払い</u> <u>元本利息の支払場所 　○市○町○番○号 　株式会社B銀行○支店</u> 損害金　年○％ <u>特約　抵当証券を発行することができる</u> 債務者　○市○町○番○号 　　　　甲　某 抵当権者　○市○町○番○号 　　　　株式会社A抵当証券 共同担保　目録（か）第○号
付記1号	1番抵当権変更	○○年7月8日 第○号	原因　○○年7月10日債権分割 <u>分割後の債権 　金1,000万円5口 　金500万円10口</u>
付記2号	1番抵当権につき○○年8月25日第331号ないし第335号抵当証券交付	余白	○○年8月25日付記

第16章

発　行

移　転

抹　消

〔Q189〕登記申請　…抵当証券を発行した抵当権を通常の抵当権に戻す方法

付記3号	1番抵当権変更	○○年7月7日 第1235号	原因　○○年7月7日債権分 　　　割契約解除
付記4号	1番抵当権変更	○○年7月7日 第1236号	原因　○○年7月7日変更 抵当証券発行の定の廃止
2	1番付記2号抵当証券交付付記抹消	○○年7月7日 第1234号	余白

（注）　登記官は次のような処理を行います。
　　①　2番で「抵当証券交付付記抹消」の登記をしたら、1番付記2号の登記に下線を引きます。
　　②　付記3号で「債権分割契約解除」の登記をしたら、付記1号に記録されている分割後の債権の表示に下線を引きます。
　　③　付記4号で「抵当証券発行の定めの廃止」の登記をしたら、「特約」「弁済期」「利息の支払時期」「元本利息の支払場所」の表示に下線を引きます。

移 転

第16章
発　行
移　転
抹　消

Q 190　登記申請
…抵当証券が分割発行されている抵当権の移転登記手続

抵当証券が分割発行され、それぞれの証券が別人に裏書譲渡されている場合、当該抵当権の移転の登記申請手続はどのようにすればよいでしょうか。

　抵当証券が発行されている場合の抵当権および債権の移転は、裏書のみによって完全に効力を生じ、抵当権の移転の登記をしなくても第三者に対抗することができます。しかし、抵当権の移転の登記を禁ずるものではありませんから、抵当証券の裏書による譲渡と共に抵当権の移転の登記をすることは何ら差し支えありません。

　抵当権の移転の登記手続は、抵当証券の裏書の順を追ってその登記をしなければならず、抵当証券が発行されている場合における抵当権の移転の登記は、抵当証券の第一裏書人から順を追って登記をすることが必要です。すなわち、抵当証券がA→B→Cと裏書譲渡されている場合にはA→B、B→Cの各移転の登記を順次することが必要で、A→CまたはB→Cのみの移転の登記をすることは認められません。

　ところで、分割発行された抵当証券がそれぞれ別人に裏書譲渡されているわけですから、ある証券はA→B→Cと、他の証券はA→D→Eと裏書譲渡されていると思われます。この場合、

A→BおよびA→Dの移転は、抵当権の一部移転にほかなりません。さらにB→CおよびD→Eは、債権の一部譲渡を受けた人がその債権をさらに譲渡した場合にほかなりませんから、「何番抵当権B（またはD）持分移転」の登記を申請することになるものと考えます。

なお、抵当証券の交付の付記登記がなされている抵当権の移転の登記申請書には、抵当証券の裏書欄によって抵当権が移転していますので、登記原因証明情報として抵当証券を提出しなければなりません（令7条1項5号ロ）。

記録例

権利部（乙区）		（所有権以外の権利に関する事項）	
順位番号	登記の目的	受付年月日・受付番号	権利者その他の事項
1	抵当権設定	○○年○月○日 第○号	（省略） 抵当権者　○市○町○番○号 A
付記1号	1番抵当権変更	（省略）	（省略）
付記2号	1番抵当権につき○○年○月○日第○号ないし第○号抵当証券交付	余白	○○年○月○日付記
付記3号	1番抵当権一部移転	○○年○月○日 第○号	原因　○○年○月○日債権一部譲渡 譲渡額　金○万円 抵当権者　○市○町○番○号 B
付記3号の付記1号	1番抵当権B持分移転	○○年○月○日 第○号	原因　○○年○月○日債権譲渡 抵当権者　○市○町○番○号 C

Q191 登記申請　…弁済期到来後の移転登記

抵当証券の裏書が弁済期の到来した後の日付をもってされています。この証券を添付して同日債権譲渡を原因とする抵当権移転の登記をしたいと考えていますが、申請は受理されるでしょうか。

　受理されません（平成11年4月28日民三第911号第三課長依命通知（『登記研究』627号））。

　抵当証券法は、手形の裏書について規定した手形法を抵当証券の裏書について準用していますが、抵当証券法40条が認めている裏書は、無担保裏書（手形法15条1項）、取立委任裏書（同法18条1項）があります。

　手形法は弁済期到来後の裏書（以下「期限後裏書」という）を認めていますが（手形法20条1項）、抵当証券法にはその準用規定がないため抵当証券について期限後裏書は認められないものと解されています（大関和夫・関實『一問一答抵当証券と登記実務』123頁・日本加除出版）。

　抵当証券が発行されている場合に抵当権の移転登記を申請する際には、裏書された抵当証券が登記原因証明情報となりますので、必ず抵当証券を添付することになります。

　しかし、弁済期到来後の裏書のある抵当証券は登記原因証明情報とは認められませんので、抵当証券が発行された状態では抵当権の移転登記が申請できません。したがって、本問の場合、抵当権の移転登記を申請するためには抵当証券交付の付記登記を抹消してからでなければなりません。

第16章 抵当証券

抹　消

Q192 登記申請　…共同抵当証券と弁済による抹消

A・B両登記所による共同抵当証券が発行されている抵当権について、弁済による抵当権の抹消登記を申請する場合、AとB、どちらの登記所に申請すればよいのですか。

　債権が全部消滅したことによって抵当権の抹消登記を申請する場合に、それが共同抵当証券の発行されているものであるときには、嘱託庁または受託庁のどちらを先に申請してもかまいません。先に申請された登記所では、抵当証券に抵当証券法施行細則の附録第13号様式による「廃棄」の印を押したうえ、綴りをそのままにして申請人に還付します。そして、最後に「廃棄」の印を押した登記官はその編綴を解いて、各証券をそれを作成した登記所に送付して、作成登記所において還納証券綴込帳に綴り込みます。たとえば、先にB登記所に申請した場合には次のとおりになります。

① 　B登記所に抵当権抹消の登記申請をします。
② 　B登記所の登記官は、抵当権の抹消登記をした後、B登記所作成の抵当証券にのみ「廃棄」の印を押して、綴りを解かないで申請人に還付します。
③ 　次に、A登記所に抵当証券の抹消登記を申請します。A登記所の登記官は、抵当権の抹消登記をした後、A登記所作成

の抵当証券にのみ「廃棄」の印を押して、その綴りを解き、A登記所作成の抵当証券を還納証券綴込帳に綴り込みます。B登記所作成の抵当証券はB登記所に送付します。B登記所は送付された抵当証券を還納証券綴込帳に綴り込みます（抵当証券法施行細則56条）。

Q193 登記申請 …「解除」を原因とする抹消登記の可否

抵当証券が発行されている抵当権の共同担保物件全部を「解除」を原因として抹消の登記申請は受理されますか。

　受理されません（平成10年7月27日第1391号第三課長通知（『登記研究』626号））。抵当証券は、抵当権とその被担保債権を一体化して証券化し、これに裏書することにより抵当権の移転登記手続をすることなく抵当権の移転の対抗力を与えようとするものです。抵当権とその被担保債権が一体として証券化された結果、抵当権と債権を分離して処分することはできません（抵当証券法14条2項）。「弁済」を原因として抹消登記を申請する場合には、債権の全部が消滅した結果、抵当権も消滅するため問題はないのですが、「解除」が原因の場合には抵当権のみの消滅となり、抵当権と債権との分離処分禁止の規定に違反します。

　したがって、「解除」を原因として共同担保物件の全部を抹消する登記の申請は受理されません。共同担保物件の一部について解除等によって抹消登記を申請することはできますが、その場合には担保の十分性を証する書面の添付を要するとされています（平成元年10月16日民三第4200号民事局長通達（『登記研究』504号））。

Q194 登記申請…共同証券の一つについて「解除」を原因とする抹消登記の可否

甲・乙両登記所において共同抵当証券が発行されている場合、甲登記所に抵当証券の廃止の登記を申請すると共に「解除」を登記原因とする抵当権の抹消登記を申請することはできますか。

担保の十分性を証する書面の添付があれば申請できます。

抵当証券が発行されている場合でも、数個の不動産に設定されている抵当権の一部を抹消することは可能ですが、その場合には担保の十分性を証する書面の添付が必要になります（平成元年10月16日民三第4200号民事局長通達（『登記研究』504号））。

数個の不動産のうち一部について抵当証券の特約を廃止すれば、その不動産については担保の十分性を証する書面の添付がなくても抹消できるということにはなりません。

抵当証券が発行されている場合には、弁済および債権放棄以外の登記原因で抵当権の全部の抹消登記はできません。

すなわち、抵当証券は債権と抵当権が一体となったものであり、分離して処分することができませんので（抵当証券法14条2項）、抵当権のみを放棄するとか抵当権設定契約の解除などにより抵当権の全部を消滅させることは担保の十分性の問題が生じ認められません。したがって、抵当権全部を解除しようとする場合には、その前提として抵当証券の廃止の手続きが必要になります。

本問の場合は共同抵当証券ですので、甲・乙両登記所で抵当証券廃止の登記をした後でなくては、抵当権の全部の抹消登記はできないことになります。また、抵当権の一部の抹消の場合においては、担保の十分性を証する書面を添付すれば解除等を原因として抹消登記ができますが、その不動産について抵当証券発行の特約を廃止したからといって担保の十分性を証する書面の添付が不要になるものではありません。

（参考：『民事月報』平成4年47巻号外「抵当証券事務の解説」199頁）

第17章
信託登記

信託の設定

Q195 信託の成立

信託はどのようにして成立するのですか。

　信託とは、その言葉のとおり、信じて自己の財産を託することといえます。託す人を委託者、託される人を受託者といい、信託から利益を受ける人を受益者といいます。

　信託を設定する行為を信託行為といいますが（信託法2条2項）、信託法3条は次の三つの方法を定めています。

> ① 信託契約を締結する方法
> ② 遺言による方法
> ③ 自己信託（信託宣言）による方法

(1) 信託契約を締結する方法

　信託契約を締結する方法とは、特定の者との間で、当該特定の者に対し財産の譲渡、担保権の設定その他の財産の処分をする旨ならびに当該特定の者が一定の目的に従い財産の管理または処分

およびその他の当該目的の達成のために必要な行為をすべき旨の契約（以下「信託契約」という）を締結する方法をいいます（信託法3条1号）。

特定の者とは、委託者と受託者のことをいい、委託者と受託者との間で財産の移転等をする契約をしますが、この契約を信託契約といいます。受益者は信託契約の当事者ではありません。そして、信託契約成立のためには、実際の財産の移転等は必要ではなく、委託者と受託者との間の信託契約によって契約の効力が生じます（信託法4条1項）。

ただし、信託行為に停止条件または始期が付されている場合は、当該停止条件の成就または始期の到来によって効力が生じます（同条4項）。

(2) 遺言による方法

遺言による方法とは、特定の者に対し財産の譲渡、担保権の設定その他の財産の処分をする旨ならびに当該特定の者が一定の目的に従い財産の管理または処分およびその他の当該目的の達成のために必要な行為をすべき旨の遺言をする方法のことです（信託法3条2号）。

遺言者は、遺言によって受託者を指定して、その者に一定の目的に従い財産の管理または処分およびその他の当該目的の達成のために必要な行為をすべきことを命じることができます。

遺言信託は、遺言の効力が発生することによって効力が発生します（信託法4条2項）。すなわち、受託者が指定されていない場合、または指定されていても引受けの承諾をしていない場合においても、委託者の死亡によって遺言信託の効力が発生します。

ただし、信託行為に停止条件または始期が付されている場合は、当該停止条件の成就または始期の到来によって効力が生じます（同条4項）。

〔Q195〕信託の成立

なお、信託法では、遺言の方式については何も規定していませんので、民法の遺言の方式に従うことになります（民法960条以下）。したがって、公正証書遺言はもちろん、自筆証書遺言、秘密証書遺言によっても信託は可能です。しかし、信託を速やかに、また安全確実に行うためには、公正証書遺言によってするべきでしょう。

(3) 自己信託（信託宣言）による方法

自己信託（信託宣言）とは、特定の者が一定の目的に従い、自己の有する一定の財産の管理または処分およびその他の当該目的の達成のために必要な行為を自らすべき旨の意思表示を、公正証書その他の書面または電磁的記録（電子的方式、磁気的方式その他人の知覚によっては認識することができない方式で作られる記録であって、電子計算機による情報処理の用に供されるものとして法務省令で定めるものをいう。以下同じ）で、当該目的、当該財産の特定に必要な事項その他の法務省令（信託法施行規則3条）で定める事項を記載しまたは記録したものによってする方法です。

すなわち、委託者自身が、自己の有する一定の財産について、これを信託財産とすることを宣言し、自分自身に信託することをいいます。

自己信託制度は、高齢者や障害者等の生活支援等に活用できるとされていますが、その反面、財産の隠蔽、強制執行の免脱行為など債権者詐害の問題があるといわれています。

自己信託は、次の場合に効力が生じます。ただし、いずれも信託行為に停止条件または始期が付されている場合は、当該停止条件の成就または始期の到来によって効力が生じます（信託法4条4項）。

① 公正証書または公証人の認証を受けた書面もしくは電磁的記録（以下、公正証書等という）によってされる場合には、これらの書面の作成によって効力が生じます。
② 公正証書等以外の書面または電磁的記録によってされる場合は、受益者となるべき者として指定された第三者（当該第三者が２人以上ある場合にあっては、その１人）に対する確定日付のある証書による当該信託がされた旨およびその内容の通知によって効力が生じます（信託法４条３項２号）。

第17章
信託の設定
民事信託
信託の終了

▶定義（信託法２条）

1 この法律において「信託」とは、次条各号に掲げる方法のいずれかにより、特定の者が一定の目的（専らその者の利益を図る目的を除く。同条において同じ。）に従い財産の管理又は処分及びその他の当該目的の達成のために必要な行為をすべきものとすることをいう。
2 この法律において「信託行為」とは、次の各号に掲げる信託の区分に応じ、当該各号に定めるものをいう。
 一 次条第一号に掲げる方法による信託　同号の信託契約
 二 次条第二号に掲げる方法による信託　同号の遺言
 三 次条第三号に掲げる方法による信託　同号の書面又は電磁的記録（同号に規定する電磁的記録をいう。）によってする意思表示
（以下省略）

民事信託

Q196 民事信託

最近、民事信託のことが話題になっていますが、民事信託とはどのような信託をいうのですか。

　英米法では、信託については民事信託と商事信託という区別がないといわれていますが（樋口範雄『入門信託と信託法（第2版）』54頁・弘文堂）、日本においては民事信託と商事信託という分類がされてきました。しかし、信託法においてはそれらの明確な定義があるわけではありません。

　一般的には、営業として信託を受託したものを「商事信託」、営業として信託を受託していないものを「民事信託」と分類しておりますが、このような分類は適切ではなく、単純に、家族や親族の生活の支援をするための信託が民事信託と考えられます。その場合、家族の中の信頼できる人を受託者とする場合が多いでしょう。民事信託の中には、「福祉型信託」あるいは「家族信託」といわれるものがあり、高齢者、身体障害者、知的障害者等の生活を支援するためにこれらの信託の利用が考えられています。これらの問題は、相続、成年後見等の制度でも対応できますし、併用することも可能ですが、信託はこれらの制度よりもより柔軟に対応することができるものと考えられています。

たとえば、妻に相続させ、妻の死亡後には長男の妻Aに遺贈したいと思って、その旨の遺言書を作成しても、長男の妻Aへの遺贈の部分については遺言の効力が及びません。この場合には信託を利用して、「妻を当初受益者とし、妻が亡くなったら長男の妻Aを第二次受益者とする」といった受益者が連続する「後継ぎ遺贈型信託」を設定することによって目的を達成することができます。

Q 197 福祉型信託

私Aは賃貸用のマンションを所有しています。私には成人に達した2人の子（B・C）がいますが、Cは重度の知的障害を患っています。私の死後のことを考えるとCの将来が不安です。知人に相談すると、信託を利用するとよいと言われました。信託を利用するとはどういうことでしょうか。

Aさんの目的を達成する方法として三つの方法が考えられます。一つは遺言を利用する方法です。二つ目は、成年後見制度を利用する方法です。三つ目は、信託を利用する方法です。

(1) 遺言を利用する方法

相続人が複数いる場合に、たとえば私の全財産をBさんに相続させる代わりにCさんの面倒をみるように、という遺言をする方法です。しかし、Bさんがこの遺言を守るかは保証がありませんし、Bさんにとっては重い負担になるかもしれません。

(2) 成年後見制度を利用する方法

　後見制度には、任意後見制度と法定後見制度があり、法定後見制度には、本人の精神上の状態により、補助（精神上の障害により事理を弁識する能力が不十分な人を対象。民法15条）、保佐（精神上の障害により事理を弁識する能力が著しく不十分な人を対象。同11条）、後見（精神上の障害により事理を弁識する能力を欠く常況にある人を対象。同7条）の三つがあります。

　Cさんが精神上の障害により事理を弁識する能力が欠く常況にある場合には、後見の制度を利用することになります。その場合、家庭裁判所が後見開始の審判をして本人（成年被後見人）のために成年後見人を選任します（同7条）。成年後見人は、本人の財産に関するすべての法律行為（たとえば、預金の管理、重要な財産の売買、介護契約等）を本人に代わってすることができます（同859条1項）。

(3) 信託を利用する方法

　信託とは、人を信じて自己の財産を託すことといえます。託す人を委託者、託された人を受託者といい、信託から利益を受ける人を受益者といいます。

　信託とは、信託契約、遺言による方法、自己信託による方法のいずれかの方法により設定され、特定の者（受託者）が一定の目的（専らその者の利益を図る目的を除く）に従い財産の管理または処分およびその他の当該目的の達成のために必要な行為をなすべきものとすることをいう、とされています（信託法2条1項）。遺言による信託は、あなたが死亡しなければ効力が生じませんので、あなたが元気なうちにはっきりさせておきたいならば、信託契約による信託がよいでしょう。また、自己信託は、委託者が受託者となりますので、費用が安く済むというメリットがあります

が、あなたが元気な間はよいですが、病気になったりした場合には、十分な信託の目的にあった行動がとれない心配があります。

(a) 信託契約

ここでは、あなたAさんを委託者、Bさんを受託者、Cさんを受益者とする信託契約を締結する方法が考えられます。

(b) 信託登記手続

登記は、所有権移転の登記と信託の登記を同一の申請書で申請します。

① 申請人

当該不動産の所有権の登記名義人である委託者であるAさんが登記義務者となり、受託者であるBさんが登記権利者となって、所有権移転の登記を共同で申請します。信託の登記は、受託者が単独で申請することができます（法98条2項）。

② 添付情報

添付情報として、登記原因証明情報、登記義務者の登記識別情報（登記済証）、印鑑証明書（登記義務者のもの）、会社法人等番号（申請人が会社法人等番号を有する法人の場合）、住所証明情報（登記権利者のもの）、代理権限証明情報（代理人に委任した場合）、信託目録に記録すべき情報を提供します。

③ 登録免許税

信託による所有権移転分については、登録免許税法7条1項1号により非課税となります。

信託登記の分は、評価額の1,000分の4(注)を掛けて算出された額のうち100円未満を切り捨てた金額となります（登免税法別表第1、1、(10)イ）。

(注) 土地については、2021年3月31日までは、1,000分の3（租税特別措置法72条1項）。

第17章 信託登記

申請書例

登　記　申　請　書

登記の目的　　所有権移転及び信託
原　　因　　　〇〇年〇月〇日信託
権利者兼信託登記申請人
　　　　　　　〇市〇町〇番〇号
　　　　　　　　　B
義　務　者　　〇市〇町〇番〇号
　　　　　　　　　A
添 付 情 報
　　　登記原因証明情報　　登記識別情報　　印鑑証明書
　　　住所証明情報　　代理権限証明情報
　　　信託目録に記録すべき情報

〇〇年〇月〇日　申請　〇〇法務局　〇〇出張所

代　理　人　　〇市〇町〇〇番〇号
　　　　　　　　〇〇〇〇　　㊞
　　　　　　　連絡先の電話番号　〇〇〇－〇〇〇－〇〇〇〇
課 税 価 格　　金〇〇,000円
登録免許税　　金〇〇00円
　　　　　　　移転分　登録免許税法第7条1項1号により非課税
　　　　　　　信託分　金〇〇00円
不動産の表示
　（以下省略）

報告形式の登記原因証明情報見本

登記原因証明情報

1　登記申請情報の要項
　(1)　登記の目的　　　所有権移転及び信託
　(2)　登記の原因　　　〇〇年〇月〇日信託

448　〔Q197〕福祉型信託

(3)　当　事　者　　受託者　○市○町○番○号
　　　　　　　　　　　　　　　　B
　　　　　　　　　　　委託者　○市○町○番○号
　　　　　　　　　　　　　　　　A
　(4)　不動産の表示　　後記のとおり
　(5)　信託目録に記録すべき情報　　後記のとおり

2　登記の原因となる事実又は法律行為
　(1)　委託者A及び受託者Bは、○○年○月○日、後記不動産について後記信託目録に記録すべき情報のとおり管理又は処分を目的とする信託契約を締結した。
　(2)　よって、本件不動産の所有権は、同日、AからBに移転した。

○○年○月○日　○○法務局○○出張所　御中
　上記の登記原因のとおり相違ありません。
　　受託者　○市○町○番○号
　　　　　　　　B　　　㊞
　　委託者　○市○町○番○号
　　　　　　　　A　　　㊞
不動産の表示
　（省略）

信託目録に記録すべき情報

1　委託者に関する事項(注1)
　　　○市○町○番○号　　A
2　受託者に関する事項(注2)
　　　○市○町○番○号　　B
3　受益者に関する事項等(注3)
　　　○市○町○番○号　　C
　　受益者Cの代理人
　　　○市○町○番○号　　D

4 信託条項(注4)
(1) 信託の目的
本信託は、受益者のために信託不動産を管理運用及び処分を行い、受益者の日常生活の支援と福祉の確保を目的とする。
(2) 信託財産の管理方法
受託者は、信託財産の管理運営及び処分を行うこととし、居住用不動産については受益者の生活の本拠地として、賃貸用不動産については安定的な収益を図ることとして管理運用する。
(3) 信託の終了の事由
一 受益者Cが死亡したとき。
二 信託不動産が消滅したとき。
(4) その他の信託の条項
一 本信託の受益権は譲渡できない。
二 残余財産の帰属
信託終了後、残余財産は、以下の者に次のような順序で帰属する。
① 受託者
② 受益者代理人

(注1) 委託者に関する事項として、委託者の氏名または名称および住所を記載します(法97条1項1号)。
(注2) 受託者に関する事項として、受託者の氏名または名称および住所を記載します(同1号)。
(注3) 受益者に関する事項等として、次の事項を記載します。
1 受益者の氏名または名称および住所(法97条1項1号)
法97条1項2号から6号までに掲げる事項のいずれかを登記したときは、同項1号の受益者(同項4号に掲げる事項を登記した場合にあっては、当該受益者代理人が代理する受益者に限る)の氏名または名称および住所を登記することを要しない(同条2項)。ただし、受益者が現に存在し、その氏名等を特定することができる場合には、それらの各号に定められた事項を登記するとともに、受益者の氏名等を併せて登記しても差し支えない、とされています(平成19年9月28日民二第2048号民事局長通達第2、1)。
2 受益者の指定に関する条件または受益者を定める方法の定めがあるときは、その定め(同2号)
3 信託管理人があるときは、その氏名または名称および住所(同3号)
4 受益者代理人があるときには、その氏名または名称および住所(同4号)
5 受益証券発行信託であるときは、その旨(同5号)
6 受益者の定めのない信託であるときは、その旨(同6号)

　　　　7　公益信託であるときはその旨（同7号）
（注4）　信託条項として、次の事項を記載します。
　　　　1　信託の目的
　　　　2　信託財産の管理方法
　　　　3　信託の終了の事由
　　　　4　その他の信託の条項

(c) 信託目録に記録すべき情報

　信託目録には、「1 委託者に関する事項」、「2 受託者に関する事項」、「3 受益者に関する事項等」、「4 信託条項」の4つの欄が設けられています。また、信託の登記事項は、法97条1項に掲げられています。そのうち、同項1号から7号まではそれぞれ委託者、受託者および受益者に関する事項に分類して記録し（同項3号から7号までは「3 受益者に関する事項等」に記録することとされ）、8号から11号については、「4 信託条項」に記録することとされています（平成19年9月28日民二第2048号民事局長通達第2、1（『改訂先例・通達集』249頁））。

〔Q197〕福祉型信託

Q198 後継ぎ遺贈型信託

私Aが死亡したときには私の所有するアパートを妻Bに相続させ、妻のものになるようにしたいと考えております。また、その後、妻が死亡したときは、私の弟Cに相続させたいと思っていますが、どのような方法がありますか。私たち夫婦には子はいません。また、両親もすでにいません。

　アパートは妻Bに相続させる、その後、Bが死亡したときは弟Cに相続させる旨の遺言書を作成しても、その後のCさんへの相続の部分についての効力は認めないとする否定的な説が有力です。したがって、BさんにCさんへ当該アパートを遺贈する旨の遺言書を作成しておいてもらわないと、Bさんが相続したアパートは、Bさんの相続人であるBさんの兄弟姉妹が相続することになります。

　この場合には、委託者兼当初受益者をAさん、受託者を信頼して任せることのできるDさん、第二次受益者をBさんとし、第三次受益者をCさんとする信託契約を締結する方法があります。このように、受益者の死亡により順次他の者が受益権を取得する信託を「後継ぎ遺贈型信託」といいます。しかし、この信託は、当該信託がされた時から30年を経過した時以後に現に存する受益者が当該定めにより受益権を取得した場合であって、当該受益者が死亡するまでまたは当該受益権が消滅するまでの間、その効力を有する（信託法91条）と定められています。

信託目録に記録すべき情報（参考例）

1　委託者に関する事項
　　○市○町○番○号　　A

2　受託者に関する事項
　　○市○町○番○号　　D

3　受益者に関する事項等
　①　当初受益者（第一次受益者）　委託者と同じ。
　②　第一次受益者が死亡したときは、その妻B（住所　○市○町○番○号）を第二次受益者とする。ただし、第二次受益者が第一次受益者よりも先に死亡した場合には、第一次受益者の弟C（住所　○市○町○番○号）を受益者とする。
　③　第二次受益者が死亡したときは、第一次受益者の弟C（住所○市○町○番○号）を第三次受益者とする。(注)

4　信託条項
　(1)　信託の目的
　　　本信託の目的は、受託者が受益者のために信託不動産を管理運用及び処分することとする。
　(2)　信託財産の管理方法
　　　受託者は、受益者の指図に従い、信託財産の管理運営を行うこととする。
　　　信託不動産を、譲渡、質入、担保設定、その他受益者に不利益になる処分はすることはできない。
　(3)　信託の終了の事由
　　　本信託は、次の各号のいずれかに該当したときは終了する。
　　①　信託期間が満了したとき。
　　　　本契約は、○○年○月○日から満30年間とする。
　　②　信託不動産が消滅したとき。
　(4)　その他の信託条項
　　一　受益権は譲渡することができない。
　　二　残余財産は、以下の者に次の順序で帰属する。
　　①　信託終了時の受益者
　　②　受託者

(注)　②③については、4の信託条項に記載されている例もあります。

第17章
信託の設定
民事信託
信託の終了

〔Q198〕後継ぎ遺贈型信託

信託の終了

Q199 共有不動産に対する信託の終了

A（持分3分の2）およびB（持分3分の1）共有の土地について信託による所有権移転登記がされています。受託者はX株式会社で、受益者はAおよびBです。
信託の終了事由として、「本信託の信託期間（○○年○月○日からAの相続開始時まで）の満了時に終了する。」と定められています。
信託財産の帰属については、「本信託の終了時において、信託不動産については、X株式会社は、A及びBまたはAの相続人のうちX株式会社が任意に選択する者に対し信託の抹消及び所有権移転の登記を行い、現状有姿のまま引き渡す。」とされています。
今度、Aが亡くなりましたので、「信託財産引継」を原因とする所有権移転と信託抹消の登記を申請したいと考えています。その場合の登記手続と登録免許税を教えてください。

1 清算受託者について

　所有権が信託によって移転している場合において信託の終了事由が生じた場合には、受託者は清算手続等をしなければなりませんが、この清算事務が結了するまで、信託はなお存続するものとみなされます（信託法176条）。
　信託が終了した時以後の受託者のことを清算受託者といい、次の職務を行います（信託法177条）。

① 現務の結了
② 信託財産に属する債権の取立ておよび信託債権に係る債務の弁済
③ 受益債権（残余財産の給付を内容とするものを除く）に係る債務の弁済
④ 残余財産の給付

　清算受託者がこれらの手続きを終了すると、残余財産は原則として信託行為で指定された残余財産受益者または帰属権利者に帰属します（信託法182条1項）。

2 登記手続

(1) Bが委託した分については、信託終了後は信託条項によるとBに帰属しますので、Bを権利者、X株式会社を義務者として信託財産引継を原因として「所有権一部移転」の登記を申請します。

　原因およびその日付は、信託の終了事由とその日付ではなく、清算を終了して信託財産が帰属権利者に引き継がれた日となります。

(2) Aが委託した分については、信託終了後は信託条項によるとAの相続人のうちX株式会社が任意に選択する者に対し、信託の抹消及び所有権移転の登記を行い、現状有姿のまま引き渡すとされていますので、Aの相続人のうちX株式会社が選択した者が権利者となりXが義務者となります。

　信託の抹消登記は、信託財産に属する不動産に関する権利の移転の登記もしくは変更の登記または当該権利の登記の抹消の申請と同時にしなければなりませんが、信託の登記の抹消は、受託者が単独で申請することができます（法104条）。

〔Q199〕共有不動産に対する信託の終了

3　登記原因証明情報の記載

　登記の申請書には、登記原因証明情報を添付しなければなりませんが（令別表26の項添付情報欄ホ、同別表30の項添付情報欄イ）、それには「登記原因となる事実又は法律行為」として次の事項を記載しなければなりません。
　①　信託の終了事由およびその年月日
　②　信託財産の引継年月日
　③　帰属権利者等が信託行為によって指定された者であるときはその旨

4　登録免許税

(1)　Bへの持分移転については、非課税となります。
　　なぜならば、信託の効力が生じた時から引き続き委託者のみが信託財産の元本の受益者である信託の信託財産を受託者から当該受益者（当該信託の効力が生じた時から引き続き委託者である者に限る）に移す場合には非課税となるからです（登免税法7条1項2号）。
(2)　信託財産を受託者から受益者に移す場合であって、かつ、当該信託の効力が生じた時から引き続き委託者のみが信託財産の元本の受益者である場合において、当該受益者が当該信託の効力が生じた時における委託者の相続人または合併承継人であるときは、当該信託による財産権の移転の登記を相続または合併による財産権の移転の登記とみなして、登録免許税は、不動産価額の1000分の4となります（登免税法7条2項、同法別表第1、1、(2)イ）。
　　したがって、Aの相続人への持分移転については1000分の4の免許税が課されると考えます（参考『登記研究』724号質疑応答）。

(3) 信託登記の抹消の登録免許税は、不動産1個につき1,000円です（登免税法別表第1、1、(15)）。

申請書見本1

```
　　　　　　　　　　登 記 申 請 書

登記の目的　　所有権一部移転
原　　　因　　○○年○月○日信託財産引継
権　利　者　　○市○町○番○号
　　　　　　　持分3分の1　B
義　務　者　　○市○町○番○号
　　　　　　　Ｘ株式会社
　　　　　　　（会社法人等番号　1234－56－789012）
　　　　　　　代表取締役　○○○○
添付情報　　　登記原因証明情報　登記識別情報　印鑑証明書
　　　　　　　代理権限証明情報　住所証明情報　会社法人等番号
○○年○月○日　申請　○法務局○出張所
代　理　人　　○市○町○番○号
　　　　　　　司法書士　○○○○　㊞
　　　　　　　連絡先の電話番号　○○○－○○○－○○○○
登録免許税　　登録免許税法7条1項2号により非課税
不動産の表示
（以下省略）
```

第17章
信託の設定
民事信託
信託の終了

〔Q199〕共有不動産に対する信託の終了

登記原因証明情報見本 1

登記原因証明情報

1　登記申請情報の要項
　(1)　登記の目的　　所有権移転及び信託登記抹消(旧所有者B持分)
　(2)　登記の原因　　〇〇年〇月〇日信託財産引継
　(3)　当　事　者　　権利者　　〇市〇町〇番〇号
　　　　　　　　　　　　　　　　持分3分の1　B
　　　　　　　　　　　義務者　　〇市〇町〇番〇号
　　　　　　　　　　　　　　　　X株式会社
　(4)　不動産
　　　所　在　〇市〇町〇丁目
　　　地　番　〇番〇
　　　地　目　宅地
　　　地　積　〇〇〇.〇〇m²
　(5)　信託目録番号第〇号
2　登記の原因となる事実又は法律行為
　(1)　X株式会社とBは、本件不動産につき、〇〇年〇月〇日にAとBを委託者兼受益者とする信託契約書を締結し、登記を経由した（〇〇年〇月〇日〇法務局〇出張所受付第〇〇〇〇号）。
　(2)　上記契約には、信託期間が終了したときは、受益者兼委託者B持分は受益者Bへ信託財産を引継ぐ旨の条項がある。
　(3)　〇〇年〇月〇日Aの死亡により信託期間が終了した。また清算手続が〇〇年〇月〇日終了し同日X株式会社からBへ信託財産を引き継ぐことができた。よって、本件不動産の持分一部（3分の1）はXからBへ移転し、信託は終了した。

申請書見本2

　　　　　　　　　登 記 申 請 書
登記の目的　　X株式会社持分全部移転及び信託登記抹消
原　　　因　　〇〇年〇月〇日信託財産引継
権　利　者　　〇市〇町〇番〇号
（委託者A相続人）　持分3分の1　B
　　　　　　　〇市〇町〇番〇号
　　　　　　　持分3分の1　C
義務者兼信託抹消登記申請人
　　　　　　　〇市〇町〇番〇号
　　　　　　　X株式会社
　　　　　　　（会社法人等番号　1234－56－789012）
　　　　　　　代表取締役　〇〇〇〇
添 付 情 報　　登記原因証明情報(注)　登記識別情報　印鑑証明書
　　　　　　　代理権限証明情報　住所証明情報　相続証明書
　　　　　　　会社法人等番号
〇〇年〇月〇日　申請　〇法務局〇出張所
代　理　人　　〇市〇町〇番〇号
　　　　　　　司法書士　〇〇〇〇　㊞
　　　　　　　連絡先の電話番号　〇〇〇－〇〇〇－〇〇〇〇
課税価格　　　金〇,〇〇〇,000円
登録免許税　　移転分　金〇〇〇,〇00円
　　　　　　　抹消分　金〇,000円

不動産の表示
（以下省略）

（注）　本件においては、登記原因証明情報として、報告形式の登記原因証明情報のほかに、Aの相続を証する証明情報として、Aの最後の戸籍謄抄本、B・Cの戸籍謄抄本（相続開始後に発行されたもの）、登記簿上のAと戸籍上のAが同一人物であることを証するための住民票の除票の写し、または戸籍の附票の写しの添付が必要と考えます。なお、上記戸籍謄抄本等に替えて法定相続証明情報の一覧図の写しでもかまいません。

〔Q199〕共有不動産に対する信託の終了

登記原因証明情報見本 2

登記原因証明情報

1　登記申請情報の要項
　(1)　登記の目的　　所有権移転及び信託登記抹消(旧所有者A持分)
　(2)　登記の原因　　○○年○月○日信託財産引継
　(3)　当 事 者　　権利者　　○市○町○番○号
　　　　（委託者A相続人）　持分3分の1　B
　　　　　　　　　　　　　　○市○町○番○号
　　　　　　　　　　　　　　持分3分の1　C
　　　　　　　　　義務者　　○市○町○番○号
　　　　　　　　　　　　　　X株式会社
　(4)　不動産
　　　　所　在　　○市○町○丁目
　　　　地　番　　○番○
　　　　地　目　　宅地
　　　　地　積　　○○○.○○ m^2
　(5)　信託目録番号第○号
2　登記原因となる事実又は法律行為
　(1)　X株式会社とA及びBは、本件不動産につき、○○年○月○日にAとBを委託者兼受益者とする信託契約書を締結し、登記を経由した（○○年○月○日○法務局○出張所受付第○○○○号）。
　(2)　○○年○月○日A（持分3分の2）は死亡し、法定相続人であるBが3分の1、Cが3分の1の相続分の割合で、共有し相続することになった。
　(3)　その後、X株式会社は、信託契約第○条第○項（信託目録四(4)に基づき、信託財産の承継者を、B（持分3分の1）、C（持分3分の1）とすることを任意に指定した。
　(4)　よって、Aが死亡し、相続が開始したことにより、○○年○月○日信託期間が終了し、また清算手続が○○年○月○日終了し、同日、財産引継を原因として、本件不動産の所有権一部（3分の2）はX株式会社からBに3分の1、Cに3分の1ずつの割合で移転し、信託は終了した。

〔Q199〕共有不動産に対する信託の終了

参考記録例

順位番号	登記の目的	受付年月日・受付番号	権利者その他の事項
2	所有権移転	○○年○月○日 第○号	原因　○○年○月○日売買 共有者 　○市○町○番○号 　持分3分の2 　A 　○市○町○番○号 　3分の1 　B
3	共有者全員持分全部移転	○○年○月○日 第○号	原因　○○年○月○日信託 受託者　○市○町○番○号 　X株式会社
	信託	余白	信託目録第○号
4	所有権一部移転	○○年○月○日 第○号	原因　○○年○月○日信託財産引継 共有者　○市○町○番○号 　持分3分の1 　B
5	X株式会社持分全部移転	○○年○月○日 第○号	原因　○○年○月○日信託財産引継 共有者　○市○町○番○号 　持分3分の1 　B 　○市○町○番○号 　3分の1 　C
	3番信託登記抹消	余白	原因　信託財産引継

第18章
登録免許税

登録免許税の計算

Q200 登録免許税の一覧表と租税特別措置法

登録免許税の税率について教えてください。

1 登録免許税の税率

主な登記に関する登録免許税の税率は次の表のとおりになります（租税特別措置法の適用がある場合には軽減されます）。

登記の種類・原因	課税標準	税率
1　所有権の保存	不動産の価額	1,000分の4
2　所有権の移転 　イ　相続または法人の合併^(注)	不動産の価額	1,000分の4
ロ　共有物の分割 　　(1)　登録免許税法施行令9条の要件を充たす場合	不動産の価額	1,000分の4
(2)　上記要件を充たさない場合	不動産の価額	1,000分の20
ハ　その他の原因（売買、遺贈、贈与、財産分与、真正な登記名義の回復、代物弁済、交換、時効取得等）による場合	不動産の価額	1,000分の20

3	地上権・永小作権・賃借権または採石権の設定、転貸または移転		
	イ　設定または転貸	不動産の価額	1,000 分の 10
	ロ　相続または法人の合併による移転	不動産の価額	1,000 分の 2
	ハ　共有に係る権利の分割による移転	不動産の価額	1,000 分の 2
	ニ　その他の原因による移転	不動産の価額	1,000 分の 10
4	地役権の設定の登記	承役地の不動産の個数	1 個につき 1,500 円
5	先取特権の保存、質権もしくは抵当権の設定、強制競売、担保不動産競売、強制管理もしくは担保不動産収益執行に係る差押え、仮差押え、仮処分または抵当権付債権の差押えその他権利の処分の制限	債権金額、極度金額または不動産工事費用の予算金額	1,000 分の 4
6	先取特権、質権または抵当権の移転		
	イ　相続または法人の合併による移転	債権金額または極度金額	1,000 分の 1
	ロ　その他の原因による移転	債権金額または極度金額	1,000 分の 2
7	根抵当権の一部譲渡または法人の分割による移転	一部譲渡または分割後の共有者の数で極度金額を除して計算した金額	1,000 分の 2
8	抵当権の順位の変更	抵当権の件数	1 件につき 1,000 円
9	賃借権の先順位抵当権に優先する同意	賃借権および抵当権の件数	1 件につき 1,000 円
10	信託の登記		
	イ　所有権の信託	不動産の価額	1,000 分の 4
	ロ　先取特権、質権または抵当権の信託	債権金額または極度金額	1,000 分の 2
	ハ　その他の権利の信託	不動産の価額	1,000 分の 2
11	相続財産の分離		
	イ　所有権の分離	不動産の価額	1,000 分の 4
	ロ　所有権以外の権利の分離	不動産の価額	1,000 分の 2

第18章　登録免許税の計算　還付

〔Q200〕登録免許税の一覧表と租税特別措置法

12　所有権の登記のある不動産の表示の変更登記で次に掲げるもの		
イ　土地の分筆または建物の分割もしくは区分による登記事項の変更	分筆または分割もしくは区分後の不動産の個数	1個につき1,000円
ロ　土地の合筆または建物の合併による登記事項の変更	合筆または合併後の不動産の個数	1個につき1,000円
13　登記名義人の表示の変更または更正	不動産の個数	1個につき1,000円
14　登記の抹消（土地または建物の表題部の登記の抹消を除く） （同一の申請書により20個を超える不動産について登記の抹消を受ける場合には、申請件数1件につき2万円）	不動産の個数	1個につき1,000円

（注）　相続人に対する遺贈も税率は1,000分の4となります。ただし、その場合には相続を証する書面を添付しなければなりません。

2　土地の売買による所有権移転および信託登記の税率の軽減

　平成25年4月1日から2021年3月31日までの間に、土地の売買による所有権移転の登記を申請した場合の税率は、1,000分の15、所有権の信託の登記は1,000分の3となります（租税特別措置法72条1項）。

　これは、土地の取引を活発化させて、経済を好転させようとするものですので、「相続分の売買」を原因とする場合には、軽減の適用がありません（平成22年4月2日民二第908号第二課長通知（『改訂先例・通達集』260頁、『登記研究』750号））。

土地の売買等の税率

登記の種類	本　則	軽減措置
所有権の移転	1,000分の20（0.02）	1,000分の15（0.015）
所有権の信託	1,000分4（0.004）	1,000分の3（0.003）

3 住宅用家屋の所有権の保存および移転登記の税率の軽減

(1) 保存登記の特例

個人が、昭和59年4月1日から2020年3月31日(注)までの間に住宅用の家屋で、政令で定めるものを新築し、または建築後使用されたことのない住宅用家屋を取得し、その個人の居住の用に供した場合の所有権の保存登記の税率は、その住宅用家屋の新築または取得後1年以内に登記をした場合に限り、1,000分の1.5となります（租税特別措置法72条の2）。

(注) 適用される期間は、毎年更新されているのが実情です。

(2) 移転登記の特例

個人が、昭和59年4月1日から2020年3月31日(注)までの間に建築後使用されたことのない住宅用家屋または建築後使用されたことのある住宅用家屋のうち政令で定めるものの取得（売買または競落に限る（租税特別措置法施行令42条3項））をし、その個人の居住の用に供した場合には、これらの住宅用家屋の所有権の移転の登記に係る税率は、これらの住宅用家屋の取得後1年以内（1年以内に登記ができないことにつき政令で定めるやむを得ない事情がある場合には、政令で定める期間内）に登記をしたものに限り、1,000分の3となります（租税特別措置法73条）。

(注) 適用される期間は、毎年更新されているのが実情です。

(3) 添付情報

上記の軽減措置は、その登記の申請書に、その家屋の所在する市区町村長発行の「住宅用家屋証明書」を添付した場合に限って適用されます（租税特別措置法施行規則25条、25条の2）。

住宅用家屋の税率

登記の種類	本　則	軽減措置
所有権の保存	1,000分の4（0.004）	1,000分の1.5（0.0015）
所有権の移転	1,000分20（0.02）	1,000分の3（0.003）

4 特定認定長期優良住宅の税率の軽減

(1) 保存登記の特例

　個人が、長期優良住宅の普及の促進に関する法律の施行の日から2020年3月31日までの間（特定期間）に新築し、または建築後使用されたことのない特定認定長期優良住宅を取得し、その個人の居住の用に供した場合の所有権の保存登記の税率は、その特定認定長期優良住宅の新築または取得後1年以内に登記をした場合に限り、1,000分の1となります（租税特別措置法74条1項）。

(2) 移転登記の特例

　個人が、特定期間内に建築後使用されたことのない特定認定長期優良住宅を売買または競落により取得し、その個人の居住の用に供した場合の所有権の移転登記の税率は、その特定認定長期優良住宅の取得後1年以内に登記をした場合に限り、1,000分の1（一戸建の特定認定長期優良住宅の場合は1,000分の2）となります（租税特別措置法74条2項）。

(3) 添付情報

　上記の軽減措置は、その登記の申請書に、その家屋の所在する市区町村長発行の「住宅用家屋証明書」を添付した場合に限って適用されます（租税特別措置法施行規則26条1項、2項）。

特定認定長期優良住宅の税率

登記の種類		本　　則	軽減措置
所有権の保存		1,000分の4（0.004）	1,000分の1（0.001）
所有権の移転	区分建物 1,000分20（0.02）		1,000分の1（0.001）
	戸建住宅 1,000分20（0.02）		1,000分の2（0.002）

5 認定低炭素住宅の税率の軽減

(1) 保存登記の特例

　個人が、都市の低炭素化の促進に関する法律の施行の日から2020年3月31日までの間（特定期間）に同法2条3項に規定する低炭素建築物で住宅用家屋に該当するもの（認定低炭素住宅）の新築をし、または建築後使用されたことのない認定低炭素住宅の取得をし、当該個人の居住の用に供した場合には、当該認定低炭素住宅の所有権の保存の登記に係る登録免許税の税率は、新築または取得後1年以内に登記を受けるものに限り、1,000分の1となります（租税特別措置法74条の2第1項）。

(2) 移転登記の特例

　個人が、特定期間内に建築後使用されたことのない認定低炭素住宅を売買または競落により取得し、当該個人の居住の用に供した場合には、当該認定低炭素住宅の所有権の移転の登記に係る登録免許税の税率は1,000分の1となります（租税特別措置法74条の2第2項）。

(3) 添付情報

　上記の軽減措置は、その登記の申請書に、その家屋の所在する市区町村長発行の「住宅用家屋証明書」を添付した場合に限って

適用されます（租税特別措置法施行規則26条の2第1項）。

認定低炭素住宅の税率

登記の種類	本　　則	軽減措置
所有権の保存	1,000分の4（0.004）	1,000分の1（0.001）
所有権の移転	1,000分20（0.02）	1,000分の1（0.001）

6 土地の相続に係る所有権移転登記の免税措置

(1) 個人が相続（相続人に対する遺贈を含む）により土地の所有権を取得した場合において、その個人がその相続による土地の所有権の移転の登記を受ける前に死亡したときは、平成30年（2018年）4月1日から2021年3月31日までの間にその個人をその土地の所有権の登記名義人とするために受ける登記については、登録免許税が課されないことになりました（租税特別措置法84条の2の3第1項）。

非課税となるのは、土地の相続の場合であり、かつ死亡している相続人名義にする相続（相続人に対する遺贈も含む）登記の場合に限ります。

たとえば、登記名義人である被相続人Aから相続人Bが相続により土地の所有権を取得した場合において、相続人Bが被相続人Aからの相続による土地の所有権の移転の登記を受ける前に死亡した場合を想定しています。その場合、平成30年（2018年）4月1日から2021年3月31日までの間にB名義への相続による移転登記の場合には登録免許税は非課税となるということです。

(2) **共同相続した場合の取扱い**

たとえば、被相続人Aの相続により、死亡しているBと生存しているCが共同相続した場合には、Bの持分についてのみ非課税となります。

(3) 非課税証明書について

　租税特別措置法84条の2の3第1項の適用を受けるための特段の証明書は不要です。

　その場合、申請書には、たとえば、登録免許税の欄に「租税特別措置法第84条の2の3第1項により非課税」、「租税特別措置法第84条の2の3第1項により一部非課税」などと記載します。
（参考：平成30年3月31日民二第168号第二課長通知『登記研究』845号）

7 信託財産の特例（登免税法7条）

(1) 信託による財産権の移転の登記または登録で次の各号のいずれかに該当する場合は、登録免許税は課されません。
　① 委託者から受託者に信託のために財産を移す場合における財産権の移転の登記または登録
　　たとえば、「所有権移転および信託」の登記の場合は、所有権移転の原因が「信託」となりますので所有権移転については非課税ですが、信託の登記は不動産価額の1,000分の4となります。
　② 信託の効力が生じた時から引き続き委託者のみが信託財産の元本の受益者である信託の信託財産を受託者から当該受益者（当該信託の効力が生じた時から引き続き委託者である者に限る）に移す場合における財産権の移転の登記または登録
　③ 受託者の変更に伴い受託者であった者から新たな受託者に信託財産を移す場合における財産権の移転の登記または登録

(2) 信託の信託財産を受託者から受益者に移す場合であって、かつ、当該信託の効力が生じた時から引き続き委託者のみが信託財産の元本の受益者である場合において、当該受益者が当該信託の効力

が生じた時における委託者の相続人（当該委託者が合併により消滅した場合にあっては、当該合併後存続する法人または当該合併により設立された法人）であるときは、当該信託による財産権の移転の登記または登録を相続（当該受益者が当該存続する法人または当該設立された法人である場合にあっては、合併）による財産権の移転の登記または登録とみなして登録免許税法の規定を適用します。

Q201 不動産の価額

不動産の価額とは、具体的にどの価額のことをいうのですか。

　不動産の価額とは、当該登記の申請時における不動産の価額のことをいいます。たとえば、2年前に相続した不動産を登記する場合の不動産の価額というのは、2年前の不動産の価額をいうのではなく、登記をする現在の価額のことです。

　不動産の価額とは、登記を申請する時の不動産の時価を原則としますが、登記を迅速に処理することから、当分の間、その登記の申請日の属する年の前年12月31日現在、またはその申請日の属する年の1月1日現在において、地方税法341条9号に掲げる固定資産課税台帳に登録された当該不動産の価格を基礎として政令（登免税法施行令附則3項）で定める価額によることができるとされています（登免税法附則7条）。

　登免税法施行令附則3項では、登記の申請日がその年の1月1日から3月31日までの期間内であるものは、その前年の12月31日

現在において固定資産課税台帳に登録された当該不動産の価格とし、登記の申請日がその年の4月1日から12月31日までの期間内のものはその年の1月1日現在において固定資産課税台帳に登録された当該不動産の価格とされています。

したがって、平成31年（2019年）4月1日から2020年3月31日の間に登記申請する場合には、平成31年（2019年）度の不動産価格となります。

Q202 課税標準の金額の端数処理

課税標準の価額は、何円単位までの金額を出せばよいのですか。

　不動産の価額または債権金額等の課税標準を計算する場合、その金額に1,000円未満の端数があるときは、その端数は切り捨てます（国税通則法118条1項）。ただし、課税標準の金額を計算する場合において、その全額が1,000円に満たない場合は、1,000円とします（登免税法15条）。

　なお、同一の申請書で同時に数個の物件の登記をする場合には、当該登録免許税の課税標準の額は、当該登記に係る不動産の価額の合計額とすると定められていますので（登免税法施行令7条）、各個の不動産の価額を合算した後に端数計算をします（昭和42年7月26日民三第794号第三課長通知『登記研究』237号）。

Q203 登録免許税の計算方法

所有権移転登記の登録免許税の計算方法を教えてください。

登録免許税は、課税価格に登録免許税法別表第1に定める税率を掛けて算出された金額から100円未満の端数を切り捨てた金額となります（国税通則法119条1項）。

なお、計算して出てきた金額が1,000円に満たない場合には、1,000円が登録免許税となります（登免税法19条）。

(1) 不動産が1個の場合

「固定資産評価証明書」に記載されている評価額の1,000円未満を切り捨てた額が課税価格となり（国税通則法118条1項）、それに登録免許税法別表第1に定める税率を掛けて算出された額から100円未満を切り捨てた額が登録免許税となります（国税通則法119条1項）。

たとえば、評価額が1,234,500円の土地を、贈与を原因として所有権移転登記を申請する場合には、次の計算によります。

1,000円未満を切り捨てますので、1,234,000円が課税価格となり、その額に登記原因による税率を掛けます。

贈与の場合の税率は1,000分の20です。

1,234,000 × 1,000分の20 = 24,680

100円未満を切り捨てますので、登録免許税は24,600円となります。

(2) 不動産が複数の場合

複数の不動産を同一の申請書で申請する場合には、複数の不動産の評価額を合算した後に（登免税法施行令7条）、1,000円未満を切り捨てた額が課税価格となります。その課税価格に税率を掛けて算出された額から100円未満を切り捨てた額が登録免許税となります。

たとえば、評価額が1,234,500円の土地と524,700円の建物を、贈与を原因として所有権移転登記をする場合には、次の計算によります。

各不動産の評価額をそのまま合計します。

1,234,500 + 524,700 = 1,759,200

合計した額の1,000円未満を切り捨てますので、課税価格は1,759,000円となり、それに税率を掛けます。

1,759,000 × 1,000分の20 = 35,180

100円未満を切り捨てますので、35,100円が登録免許税となります。

(3) 持分を移転した場合

所有権の一部を取得した場合には、当該不動産の評価額に取得した持分を掛けて算出された額（登免税法10条2項）から1,000円未満を切り捨てた額が課税価格となります。その課税価格に税率を掛けて算出された額から100円未満を切り捨てた額が登録免許税となります。

たとえば、評価額が12,357,800円の土地の3分の1を、贈与を原因として所有権一部移転の登記をする場合には、次の計算によります。

12,357,800 × 3分1 = 4,119,266.666

1,000円未満を切り捨てますので、課税価格は4,119,000円とな

ります。

　　4,119,000 × 1,000 分の 20 ＝ 82,380

　100 円未満を切り捨てますので、82,300 円が登録免許税となります。

(4) **税率が異なる場合**

　土地と建物の売買による所有権の移転の登記の申請を1件の申請書でする場合

　税率の異なる不動産の登録免許税は、各不動産の課税価格について各税率を掛けて出てきた額を合計した後、端数の処理をします（国税通則法 119 条）。

　土地の売買による所有権移転登記の税率は、2021 年 3 月 31 日までに申請する場合には、1,000 分の 15 とされています。

　建物の税率は、1,000 分の 20 です。

　たとえば、評価額が 1,234,500 円の土地と 524,700 円の建物を、売買を原因として1件の申請書で所有権移転登記をする場合には、次の計算によります。

（課税価格）

土地　1,234,500 のうち、1,000 円未満を切り捨てます。

　ゆえに、土地の課税価格は 1,234,000 円。

建物　524,700 のうち 1,000 円未満を切り捨てます。

　ゆえに建物の課税価格は 524,000 円。

（税率）

土地の売買の税率は 1,000 分の 15

　ゆえに、1,234,000 × 1,000 分の 15 ＝ 18,510

　となります。しかし、ここで端数処理はしません。

建物の売買の税率は 1,000 分の 20

　ゆえに、524,000 × 1,000 分の 20 ＝ 10,480

（登録免許税）
　　18,510 ＋ 10,480 ＝ 28,990
　100円未満を切り捨てますので、28,900円が登録免許税となります。
（参照：昭和43年6月10日民事三発第50号第三課長回答『登記研究』586号、475号質疑応答）

Q204　登録免許税額
　　　　…所有権保存登記の更正を行う場合

甲は、所有権保存登記をするときに租税特別措置法72条の2の住宅用家屋証明書を添付して保存登記を完了しています。今般、所有者を甲・乙共有名義に更正したいと考えているのですが、登録免許税はどのようになりますか。

⑴　更正登記の申請書に住宅用家屋証明書が添付されていない場合

　当初の保存登記の登録免許税との差額分のみ（新たな共有者乙の登録免許税額に係る部分）を、その更正登記申請時における目的物件の価格を基準として算出し、納付します。
　この場合、更正登記申請書の登録免許税の箇所に、「租税特別措置法第72条の2の適用により一部納付済」と記載します。

⑵　更正登記の申請書に住宅用家屋証明書が添付されている場合

　甲・乙についての住宅用家屋証明書が添付されている場合は、「更正登記」のみの登録免許税として不動産の個数1個につき1,000円となります。
（参考：『登記研究』587号質疑応答）

Q205 登録免許税額 …相続人が受贈者の場合の死因贈与時の税率軽減の有無

「死因贈与」を登記原因とする所有権移転登記の場合ですが、受贈者が相続人の場合には、「遺贈」と同じく登録免許税の軽減がありますか。

　軽減の規定はありません。

　死因贈与とは、贈与者が生前に受贈者と贈与契約を締結し、贈与者の死亡を効力発生条件（停止条件）とするものです（民法554条）。

　「遺贈」を原因とする所有権移転登記の場合の登録免許税の税率は、原則として1,000分の20です。ただし、受遺者が相続人であり、その旨の証明書（遺言書、被相続人の死亡を証する戸籍事項証明書、受遺者が相続人であることを証する戸籍事項証明書等）を添付した場合には、相続と同じ税率（1,000分の4）となります（平成15年4月1日民二第1022号民事局長通達（『民事月報』平成15年10月号））。これは、遺言書の記載を「相続」させるつもりで「遺贈」と記載する事例が多いため、受遺者が相続人である場合の登録免許税は相続のときと同じ取扱いにしたものと思われます。しかし、遺贈は遺言によってなされる遺言者の単独行為であるが、死因贈与は受贈者と受遺者の贈与契約によって成立するものですから、遺贈と異なり、受遺者が推定相続人の場合でも原則どおり税率は1,000分の20となります（『登記研究』667号質疑応答）。

Q 206 登録免許税額 …工場財団と土地または建物を共同担保にした場合

工場財団と土地または建物を共同担保にした場合の登録免許税はいくらになりますか。

　債権額または極度金額の 1,000 分の 2.5 になります。

　土地または建物の不動産に対する抵当権または根抵当権の設定登記の登録免許税の税率は、債権金額または極度金額の 1,000 分の 4 となります（登免税法別表第 1、1、(5)）。一方、工場財団に対する抵当権または根抵当権の設定登記の登録免許税の税率は、債権金額または極度金額の 1,000 分の 2.5 となります（同表第 1、5、(2)）。登録免許税法では、同一の債権のために数個の不動産等に関する権利を目的とする先取特権、質権または抵当権の保存もしくは設定の登記を受ける場合において、当該設定登記に係る不動産に関する権利の種類の別により登録免許税法別表第 1 に掲げる税率が異なるときは、そのうち最も低い税率をもって当該設定登記の登録免許税の税率とするとされています（登免税法 13 条 1 項後段）。工場財団は不動産とみなされますので（工抵法 14 条 1 項）、本条の適用があり、税率の低い、1,000 分の 2.5 が適用されます。

　管轄が異なる登記所に対して、工場財団と不動産を共同担保とする抵当権または根抵当権を設定する場合には、最初にどちらを申請するかによって税率が異なります。

　たとえば、最初に工場財団について登記申請をすれば、税率は 1,000 分の 2.5 となり、不動産については、財務省令（登免税法施行規則 11 条）で定める書類を添付してすれば、不動産等に関する権利の件数 1 件につき 1,500 円となります（登免税法 13 条 2 項）。

最初に不動産について登記申請をすれば、税率は1,000分の4となり、工場財団については、財務省令で定める書類を添付してすれば、不動産等に関する権利の件数1件につき1,500円となります。

> **Q207 登録免許税額**
> **…複数の抵当権抹消登記を同一の申請書で申請する場合**
>
> 敷地権（所有権）付きのマンションに専有部分を2個所有していますが、各専有部分には、抵当権者が同一の抵当権が設定されています。この抵当権の抹消登記を同一の申請書で申請する場合、登録免許税は4,000円ですか、それとも3,000円ですか。敷地は1筆です。抹消の登記原因およびその日付は同一です。

　3,000円です。

　同一の土地に複数の抵当権が設定されていても、申請人が同一であり、抹消の登記原因およびその日付が同一の場合には、同一の申請書で申請することができますが、その場合の登録免許税は不動産1個につき1,000円となります（登免税法別表第1、1、(15)）。

　本問の場合は、抵当権者、所有権の登記名義人、抹消の登記原因およびその日付が同じということですので、建物が2個、土地が1個と計算し、登録免許税は3,000円になります（『登記研究』527号質疑応答）。

還　付

Q208　登録免許税の還付

過誤納の登録免許税は、どのような方法で還付されるのですか。

　過誤納の登録免許税は、原則として登記を申請した人または登記を受けた人の納税地の所轄税務署長に対する登記官の通知に基づき、当該税務署長が還付します。

　なお、登記の申請代理人も、還付金を受領する受領権限を委任された場合には受領することができます（平成21年6月16日民二第1440号第二課長、商事課長依命通知（『登記研究』739号））。

(1)　登記官は、①登記申請を却下したとき、②登記の申請が取り下げられたとき、③過誤納の事実があることを発見したときは、遅滞なく登録免許税または過大に納付された登録免許税の額および政令で定める事項（登免税法施行令20条1項）を、登記を申請した人または登記を受けた人の納税地（登免税法8条2項の納税地）の所轄税務署長に通知しなければならないとされています（同法31条1項1号）。この場合に、登記の申請をした人または登記を受けた人が2人以上である場合には、そのうち登記官が選定した人の納税地の所轄税務署長に通知することができることになっ

ています（同項）。

(2) 登記官から税務署長に対して通知がされると、税務署長は、国税通則法56条の規定により過誤納金または還付金を金銭で還付しなければならないものとされており、この場合に還付を受けるべき人について納付すべきことになっている国税があるときは、この金銭還付に代えてその還付金をまずその国税に充当しなければならないものとされています（国税通則法57条1項）。したがって、納税義務者が充当の対象たる他の未納の国税の納税義務が存しないときは、過誤納等のある人は、当然その金額の還付を受けることができます。この場合には、過誤納等の金額のほか、その還付金になる登録免許税の納付があった日の翌日から、その還付のための支払決定の日までの期間に応じて、その金額に年7.3パーセントの割合を乗じて計算した金額が加算されます（同法58条1項）。

(3) 過誤納について登記官がその事実を発見できない等の場合は、登記を受けた人が登記官に申し出て、所轄税務署長への通知をすべき旨の請求をすることができます（登免税法31条2項）。

なお、この請求の期間は、登記を受けた日から5年を経過する日までとされています（同項）。この通知をすべき旨の請求は、登免税法施行令31条2項の規定により所要の事項を記載した還付通知請求書を登記所に提出してすべきものとされています。

Q209 代理人による還付金の受領

登記の申請代理人も還付金の受領ができるということですが、還付を受ける際に注意すべきことを教えてください。

　登録免許税の還付金について、登記の申請代理人も受領することができるようになりましたが、その取扱いについては、次の点について注意してください。

① 　還付を受けることのできる代理人は、資格者代理人（弁護士、司法書士、土地家屋調査士）に限らず、すべての申請代理人がした登記の申請が対象となります。

② 　登記の申請の取下げ（一部取下げも含む）、または過誤納により登録免許税の全部または一部を還付する場合に適用があります。登記の申請が却下された場合には適用がないとされていますので、その場合には登免税法31条1項に規定する登記等の申請した人または登記等を受けた人に登録免許税を還付します。

③ 　代理受領申出書および受領委任状を提出した場合に限ります。後掲の別記第1号様式および別記第2号様式により作成した書面またはこれらの様式に準じて作成した書面（代理受領申出書）を提出する必要があります。ただし、登記申請書に添付した委任状に登録免許税の還付金の代理受領に係る権限の記載がある場合（たとえば「登記に係る登録免許税の還付金を受領すること」）は、当該委任状の写しに登記官が認証することにより、これを別記第2号様式により作成した書面または当該様式に準じて作成した書面（受領委任状）に代えることができます。

④ 　オンライン申請による場合で、その添付情報が電磁的記録で作成されているとき、または、書面により登記の申請をした場合で

あって、その添付情報が令15条の規定により電磁的記録により作成され、提出されているときは、登記の申請に係る添付情報から委任者の印影を照合することができないので、代理受領申出書面のほか、委任者の印鑑証明書（市区町村長または登記官が作成したものであって、代理受領申出書面を提出した日の前3か月以内に作成されたものに限る）の提出が必要となります。この印鑑証明書は原本還付することができます。原本還付の時期は、登記官が印影の照合をした後になります。

⑤　復代理人により登記の申請がされている場合には、申請人が還付金の受領を代理人に委任することおよび代理人がこれを復代理人に委任することが必要です。したがって、その場合には、申請人および代理人がそれぞれ作成した委任状を添付します。ただし、登記の申請の復代理人が還付金受領については申請人から直接受任しているときは、その復代理人に還付金の受領が認められますが、復代理人を選任した場合において代理人が還付金受領を受任しているとき（還付金の受領については復代理がされていないとき）は、その代理人に還付金の受領が認められます。

⑥　登記の申請代理人（復代理人を含む）となった人以外の人を還付金受領の代理人とすることは認められません。

（参考：平成26年5月9日民事局民事第二課補佐官、民事局商事課補佐官事務連絡）

別記第1号様式（代理人が還付金を受領する場合）

還 付 通 知 請 求 ・ 申 出 書	
還付を受くべき金額	金　　　　　　　　円
納　税　地	（住所に同じ）
納付方法及び収納機関の名称	1　印紙　2　領収証書　（銀行　郵便局／支店　税務署） 3　電子納付
希望する還付場所	受領代理人の口座　（銀行　郵便局／支店　税務署） フリガナ（　　　　　） 受領代理人氏名（　　　　　）（普通・当座）口座（　　　　　）
備　　考	受領代理人への還付を希望 受領代理人連絡先　〇〇－〇〇〇〇－〇〇〇〇 添付書類 還付金の代理受領権限を証する委任状 委任者の印鑑証明

上記のとおり登録免許税法第31条第2・5・6項の規定により申し出ます。

〇〇　年　月　日
　　　　　　申請人　住所
　　　　　　　　　　氏名

　　　　　　申請代理人　住所
　　　　　　　　　　　　氏名　　　　　　　　　印
　　　　　　　支　局
法務局　　　　　　　御中
　　　　　　　出張所

第18章　登録免許税の計算　還付

〔Q209〕代理人による還付金の受領

第18章 登録免許税

別記第2号様式（代理人が還付金を受領する場合に必要となる委任状）

委 任 状

受任者　　フリガナ
　　　　　氏　　名
　　　　　住　　所

上記の者に下記登記に係る登録免許税の還付金の受領権限を委任する。

登記の目的	
受付年月日	○○　年　　月　　日
受付番号	第　　　　　号
管轄法務局	法務局・地方法務局　　　支局・出張所

○○　年　　月　　日
委任者（登記申請人）

（フリガナ）
氏名又は名称　　　　　　　　　　　　　　印
住　　所

御注意
①委任状には、登記の申請書又は委任状に押した印鑑を押印願います。
②委任状を提出された場合でも、委任者に未納の国税等があるときは、国税通則法第57条（充当）及び地方税法附則第9条の10（委託納付）の規定の適用により、当該未納の国税に充当及び委託納付されるため、委任状の受任者に還付されないことがあります。

（※）　本見本は、登記申請代理人が還付金を受領する場合の委任状の見本です（平成21年6月16日民二第1440号第二課長・商事課長依命通知（『登記研究』739号））。

Q210 過誤納された登録免許税の還付

平成29年10月に土地を購入し、所有権移転の登記を完了しましたが、昨年、市役所の税務担当部署から、平成29年度の固定資産課税台帳に登録された課税価格の記載に誤りがあり、課税価格の修正がされたとの通知を受け取りました。この通知書により、登記した時に納付した過誤納分の登録免許税の還付が受けられるでしょうか。

第18章 登録免許税の計算 還付

　還付を受けられるものと考えます。

　登録免許税の課税標準は、当該登記における不動産の価額（時価）とされており（登免税法10条）、この価額は当分の間、固定資産課税台帳（以下「課税台帳」という）に登録された当該不動産の価格を基礎として政令で定める価額によることができるものとされています（同法附則7条）。そして、課税台帳に登録された価格のある不動産については、その価格に100分の100を乗じて計算した金額に相当する価額を課税標準としています（同法施行令附則3項）。

　ご質問のケースについては、課税台帳に登録された価額に基づき計算した金額を登録免許税として納付し、登記を完了したところ、その後、市役所の課税台帳に登録された価格が過去にさかのぼって修正されたのですから、その修正した時点で価額にも誤りがあったのであり、その結果、過誤納が生じていたのであれば、その過誤納分について還付を受けられるものと考えます。

　市区町村長は、課税台帳に登録された価格を修正した場合、納税者にその旨を通知する（地方税法417条1項、435条1項）とともに、当該不動産を管轄する登記所にも通知しなければならないものとされています（同法422条の3）。

　登記官は、この通知を受領した後、遅滞なく所轄税務署長に還付の通知をするか、登記申請人からの登免税法31条2項の規定による還付通知の申出があり次第、還付の通知をしなければならないこ

ととされています。

　したがって、市長から価格を修正した旨の通知を受け取ったにもかかわらず、登録免許税の還付がされない場合には、当該不動産を管轄する登記所にお尋ねになればよいと思います。

　なお、還付金等に係る国に対する請求権は、その請求することができる日から5年間行使しないと時効により消滅する（国税通則法74条1項）のですが、ご質問のケースについては、登記を受けた日から5年以内の送付請求ですので、同条の規定の適用はないものと考えます。また、たとえ登記後5年経過したものであっても、価額が修正された日から5年以内であれば還付の手続きができるものとされているのが登記実務の取扱いです（昭和55年6月6日民三第3249号第三課長電信回答）。

8訂版		平成 6 年 6 月 20 日	初版発行
事項別 不動産登記のQ&A 210選		平成 31 年 4 月 10 日	8訂初版
		令和 3 年 9 月 10 日	8訂 2 刷

検印省略

著 者	日 本 法 令 不動産登記研究会
発行者	青 木 健 次
編集者	岩 倉 春 光
印刷所	三 報 社 印 刷
製本所	国 宝 社

日本法令®

〒101-0032
東京都千代田区岩本町 1 丁目 2 番 19 号
https://www.horei.co.jp/

（営　業）	TEL	03-6858-6967	Eメール	syuppan@horei.co.jp
（通　販）	TEL	03-6858-6966	Eメール	book.order@horei.co.jp
（編　集）	FAX	03-6858-6957	Eメール	tankoubon@horei.co.jp

（バーチャルショップ）https://www.horei.co.jp/iec/
（お詫びと訂正）https://www.horei.co.jp/book/owabi.shtml
（書籍の追加情報）https://www.horei.co.jp/book/osirasebook.shtml

※万一、本書の内容に誤記等が判明した場合には、上記「お詫びと訂正」に最新情報を掲載しております。ホームページに掲載されていない内容につきましては、FAXまたはEメールで編集までお問合せください。

・乱丁、落丁本は直接弊社出版部へお送りくださればお取替えいたします。
・JCOPY 〈出版者著作権管理機構 委託出版物〉
本書の無断複製は著作権法上での例外を除き禁じられています。複製される場合は、そのつど事前に、出版者著作権管理機構（電話 03-5244-5088、FAX 03-5244-5089、e-mail: info@jcopy.or.jp）の許諾を得てください。また、本書を代行業者等の第三者に依頼してスキャンやデジタル化することは、たとえ個人や家庭内での利用であっても一切認められておりません。

© Nihonhorei Hudosantoki Kenkyukai 2019. Printed in JAPAN
ISBN 978-4-539-72662-4